Für Leyla als
Erinnerung an

Katrin

Wittlich, d. 22.07.15

genderforschung
frauen**gesundheit**

Petra Geistbrich

ISBN 978-3-938580-23-3
Copyright © Internationale Gesellschaft für Menschenrechte
(IGFM), Deutsche Sektion e. V.
1. Auflage 2011

Erschienen im DIAMETRC VERLAG, Würzburg

DIAMETRIC VERLAG Jutta A. Wilke e.K.
Versbacher Str. 181, 97078 Würzburg
info@diametric-verlag.de

Umschlaggestaltung: Eckhard Hundt, München
Korrektorat: Inlitura Annett Keck, Börnichen
Druck: AZ Druck & Datentechnik GmbH, Kempten

Unter www.diametric-verlag.de finden Sie
• unser aktuelles Verlagsprogramm
• kostenlose Leseproben
• unsere ebook-Reihe
• **frauenpower** Veranstaltungskalender
• Frauengesundheit *kurz* und *kritisch*

Petra Geisbüsch
IGFM, Deutsche Sektion e.V. (Hrsg.)

Glaube – Liebe – Sattelschlepper

Katrin Bornmüller: Drei Jahrzehnte im Einsatz
für die Menschenrechte

DC DIAMETRIC
VERLAG

Inhalt

Als »Kontrabandisten« zwölf Mal um die Erde!

Grußwort

Das vorliegende Buch erzählt die Geschichte einer beeindruckenden Frau. Einer Frau, in deren Lebensmittelpunkt neben der Familie ein
bemerkenswertes, selbstloses, ehrenamtliches Engagement steht. Ein
Engagement, das vielen Menschen von Osteuropa bis nach Afrika Hoffnung und Lebensqualität gebracht hat. Die Frau, von der dieses Buch
handelt, heißt Katrin Bornmüller. Katrin Bornmüller hat in ihrem Leben wirklich Außerordentliches und Außergewöhnliches geleistet, was
höchsten Respekt und Anerkennung verdient. In vieler Hinsicht ist die
Lebensbilanz von Katrin Bornmüller rekordverdächtig. Seit 1975 wurde
sie von den Bürgerinnen und Bürgern Wittlichs ohne Unterbrechung in
den Stadtrat von Wittlich gewählt. Das sind 36 Jahre kommunalpoliti-
sches Engagement, 36 Jahre, in denen sie viele Dinge zum Wohle ihrer
Heimatstadt mit auf den Weg gebracht hat. Für die vielen, vielen Stunden in diversen Rats- und Fraktionssitzungen sowie bei den Terminen
vor Ort kann man nur ausdrücklich Danke sagen, vor allem, wenn man
weiß, dass zu Hause auch noch eine Familie mit vier Kindern zu versorgen war.

Der Name Katrin Bornmüller wird neben der politischen Arbeit in der Stadt Wittlich für immer mit der IGFM, den Konferenzen
für Sicherheit und Zusammenarbeit sowie den Hilfstransporten nach
Rumänien, Litauen, Lettland, Kroatien, Bosnien und Albanien in Verbindung gebracht werden. Hier hat sich Katrin ein Denkmal gesetzt,
jedoch keines aus Stein und Marmor, sondern ein Denkmal in den Herzen der Menschen, das jedes Steindenkmal weit überstrahlt. Katrins
Aktivitäten in den 1980er-Jahren haben letztlich dazu geführt, dass über
sie als Staatsfeindin und Mitglied einer Feindorganisation eine dicke
Stasiakte angelegt wurde. Diese Akte liest sich wie ein Roman, ist aber
leider tatsächlich reelle deutsche Geschichte, die, Gott sei es gedankt,
vorüber ist. Letztlich ist es den vielen mutigen Menschen wie Katrin
Bornmüller zu verdanken, die durch ihren Einsatz und ihr Engagement

den Menschen auf der anderen Seite des Eisernen Vorhangs Hoffnung gegeben und somit letztlich mit zum Einsturz der Mauer beigetragen haben.

Unmittelbar nach dem Fall der Mauer hat Katrin ein neues Kapitel ihrer Aktivitäten aufgeschlagen, indem sie begann, Hilfstransporte zu organisieren, um mit direkter Hilfe Not zu lindern. Mittlerweile hat sie mit ihrem ehrenamtlichen Team 314 Transporte organisiert. Das hört sich sehr abstrakt und bürokratisch an. Da ich aber selbst schon öfter bei Ladeaktionen dabei war (mitgeholfen wäre anmaßend), weiß ich, was Katrin und ihr Team leisten. Sie ist Motor und Seele der Helferschar. Organisieren heißt bei Katrin: Sammeln von Hilfsgütern, Sortieren, Verpacken, Lagern, Verladen, Sammeln von Spenden, um die Speditionen zu bezahlen, Zollpapiere beantragen etc. Kurzum: Es ist ein Managementjob, allerdings ohne Managergehalt, der ausschließlich bedürftigen Menschen direkte Hilfe bringt.

Erwähnen möchte ich in diesem Grußwort – und als langjähriger Freund der Familie denke ich, dies tun zu dürfen – auch Katrins Ehemann Hermann Bornmüller, der alle Aktivitäten seiner Frau nicht nur erduldet, sondern mit höchstem persönlichen Einsatz unterstützt hat und auch weiterhin unterstützen wird. Hier zeigt sich, was der Zusammenhalt eines Paares bewirken kann, das auf einem festen christlichen Wertefundament gründet, nämlich »Glaube, Liebe, Hoffnung«, wie Katrin es ausdrückt.

Katrin Bornmüller ist eine exzellente Botschafterin der Menschlichkeit, für unser Land und unsere Stadt. Sie betrachtet die Not anderer Menschen ganz im Sinne christlicher Nächstenliebe: als Aufforderung zu uneigennütziger Hilfe. Möge dieses Buch viele geneigte Leser finden, die sich von der außergewöhnlichen Persönlichkeit Katrin Bornmüllers inspirieren lassen, Gutes zu tun.

Joachim Rodenkirch, im Januar 2011

Vorwort

Jeder hinterlässt Spuren im Leben anderer Menschen. Für Katrin Bornmüller, Vorsitzende der Deutschen Sektion der Internationalen Gesellschaft für Menschenrechte, gilt dies in besonderem Maße. Bis heute hat sie der Menschenrechtsarbeit ungezählte Stunden geschenkt. Unterstützt von einem Netzwerk fleißiger Helfer, werden seit 1990 Sattelschlepper voller Hilfsgüter von Wittlich aus gen Osten gebracht. Die Arbeit kennt weder Sonn- noch Feiertage. Und sie geschieht seit über drei Jahrzehnten im reinen Ehrenamt.

Das Lebensmotto »Glaube, Liebe, Hoffnung« ist Ansporn und Motor für Frau Bornmüller geblieben. Sie trägt ihre Lebensmaxime in alle Welt und bringt neue Hoffnung, inzwischen bis nach Afrika. Unermüdlich klappert sie mit der Sammelbüchse, hält Vorträge in Rotary und Lions Clubs, sammelt Unterschriften auf Petitionslisten, verfasst Aufrufe für Krankenhausbetten, Rollstühle, Kleidung, Medikamente.

Vor 50 Jahren haben Katrin und Hermann Bornmüller geheiratet. Es war Liebe auf den ersten Blick, aus der beide bis heute Kraft schöpfen. Für Hermann Bornmüller ist sie immer »seine Katrine« geblieben. Katrine, deren Arbeit er vom ersten Tag an unterstützte, die er in Stunden des Zweifels aufgebaut und an deren Seite er seit dem Fall des Eisernen Vorhangs Reisen in den früheren Ostblock unternommen hat.

Und sie? Sie liebt ihn nicht minder, widmet ihm, wenn es irgend geht, den Abend und kleidet sich für diese kostbaren Stunden so, wie er sie am liebsten sieht: im Rock.

Petra Geisbüsch

Ein Krieg ändert alles

Katrin Bornmüller kam als Katrin Beate zur Welt. Man schrieb das Jahr 1940. Deutschland war mitten im Krieg, der Vater Hans-Ulrich auch. Dennoch lebte es sich vergleichsweise gut zu Füßen des prächtigen Doms von Halberstadt: Von dem Geld, das die Nationalsozialisten noch vor dem Krieg dem Großvater für dessen Privatbank gezahlt hatten, hatte sich die Familie die Glasfabrik Spiegelau gekauft. Die wiederum hatte ursprünglich einer jüdischen Familie gehört, an die sie nach 1945 wieder zurückging. Der Großvater erhielt im protestantisch geprägten Halberstadt, das später zur DDR und nach 1990 zum Bundesland Sachsen-Anhalt gehören sollte, keine Entschädigung.

Die Glasfabrik wurde von drei Männern geleitet. Katrins Vater, der Großvater und ein Onkel teilten sich die Arbeit. Ansonsten lebte Katrin mit ihrer Mutter Vera und dem 1942 geborenen Brüderchen auf einem landwirtschaftlich geprägten Hofgut. Nein, arm waren sie nicht, und zu anderen Zeiten und an anderen Orten der Weltgeschichte wäre Katrins Dasein in ruhigen Bahnen verlaufen. Doch ein Krieg ändert alles – jeder Krieg tut das.

Ob im eigenen Schicksal um und nach 1945 die Wurzeln für Katrins Engagement bei der Internationalen Gesellschaft für Menschenrechte IGFM liegen? Die älteste Tochter Beate würde diese Frage bejahen. »Mutter, du bist selbst traumatisiert«, pflegt sie zu sagen, wenn das Gespräch auf dieses Thema kommt. Oft geschieht das nicht. Katrins Gedanken und Gespräche pflegen sich meist um die Sorgen und Traumata anderer Menschen zu drehen. Dahinein steckt sie ihre Kraft, ihre Ideen, ihre Zeit und auch ihr Geld.

Der Vater geriet in amerikanische Gefangenschaft, der Krieg ging verloren, die Familie wurde getrennt, wie Millionen andere infolge des Zweiten Weltkriegs, der nach seriösen Schätzungen 50 bis 55 Millionen Soldaten und Zivilisten das Leben kostete. Sieger kennen selten Gnade mit Besiegten, das bekamen auch die »Beates« zu spüren. Irgendwann

hatten die begriffen, dass der Krieg verloren war. Geistesg
verabredeten sie sich für diesen Fall in Osterode im Harz. L
die einzigen Verwandten des Vaters. Zunächst war das Hofgt
die kleinen Kinder eine glückliche Kindheit hätten verleben ¿
den Engländern besetzt. Als diese ihre Stellung räumten und an die Sowjets übergaben, nahmen sie alle jungen Frauen mit gen Westen.

Für viele war das sicher wenn schon kein großes, so wenigstens
ein relatives Glück. Die Geschichten von der plündernden und verge-
waltigenden sowjetischen Soldateska sind bekannt. Wenig zimperlich
behandelte sie auch ehemalige Fabrik- oder Gutsbesitzer. »Die Russen wollten sie wegschaffen«, formuliert es Katrin vage. Sie landete im
Schicksalsjahr 1945 – die Oma war ebenfalls eine Zeit lang verschollen
– samt Brüderchen Jörg und einer kleinen Cousine im Halberstädter
Kinderheim. Wieder erfuhr die gerade mal Fünfjährige, wie hart das
Leben sein kann. Wer sich in der Nacht nass gemacht hatte – und wer
würde das nicht angesichts derart liebloser Umstände, – musste ohne
Frühstück in den Tag starten.

Etwa vier Monate lang hielten die Kleinen durch. Dann fand sie
der Vater. Sein amerikanisches Gefangenenlager war rasch aufgelöst,
die Häftlinge in eine schwierige Freiheit entlassen worden. »Sie haben
die Männer einfach nicht satt bekommen«, erinnert sich Katrin an die
Schilderungen des Vaters, der sie aus dem Heim gerettet hat. Der Mutter hat er nie wirklich verziehen, dass die Kinder im Heim gelandet sind.
Ein preußisch gestrenger Vater ist er gewesen, auch daran erinnert sich
Katrin deutlich. Unter dieser Strenge hatte sie als »doch irgendwie sein
Liebling« weniger gelitten als der Bruder, der als Knabe immer tapfer
sein musste und niemals weinen durfte.

Außer den Kindern fand er noch eine Bekannte, eine Rotkreuz-
schwester. Jörg und die kleine Cousine lud der Papa in einen Handwagen,
Katrin als »große« Schwester tippelte nebenher. Am Straßenrand standen
sowjetische Truppen: Der Marsch der Familie Beate in die persönliche
Freiheit sah recht jämmerlich aus. »Wir waren Teil des letzten offenen
Transports.« So erzählte es der Vater den Kindern immer. Hätten sie nur
wenige Tage länger gewartet, wäre ein Grenzübertritt illegal und damit
lebensgefährlich beziehungsweise unmöglich gewesen.

Wieder war es der Vater, der in Herzberg dafür sorgte, dass man überleben konnte. Als der geschickteste und wohl auch der fleißigste von allen, dazu mit einer abgeschlossenen Kaufmanns- und Banklehre, ernährte er zunächst die ganze Familie. 1951 zog man nach Essen: Irgendwie hatten die Beates mit all ihren Wunden, Narben und Traumata den Weg zurück ins Leben gefunden. Die Eltern arbeiteten, die Kinder besuchten die Schule. Katrin lernte in der Maria-Wächtler-Schule, die damals noch ein reines Mädchengymnasium war. Dort blieb sie übrigens nur bis zur Unterprima, dann schmiss sie hin. »Ich hatte keine Lust mehr«, sagt sie trocken und belässt es dabei. Einem dreimonatigen Aufenthalt in England folgten drei Monate in Frankreich. 1959 sei »zu früh« gewesen für eine junge Deutsche in Frankreich. Es braucht Zeit, bis Menschen verzeihen oder wenigstens vergessen können. Nach diesem halben Jahr wusste Katrin immerhin, wozu sie Lust hatte: Die Dolmetscherschule in Düsseldorf sollte es werden. Sie bestand die Prüfung vor der Handelskammer zur Auslandskorrespondentin für Englisch und Französisch. Diese Entscheidung trug später wesentlich dazu bei, dass sie der Gesellschaft für Menschenrechte (GFM) unverzichtbar wurde: Sie übersetzte Protestbriefe, Aufrufe, Plakate und Schreiben aller Art, nachdem die Gesellschaft international und damit zur I(internationalen) GFM geworden war. Als sie sich bei der Lufthansa bewarb, war Katrin wieder zu jung für das, was sie sich eigentlich in den Kopf gesetzt hatte: Fliegen durfte man damals erst mit 21 Jahren. Also arbeitete sie am Boden.

Dann kam, wovon jeder träumt und was nur wenige erleben dürfen. Im August 1960 besuchte die junge Katrin ein Fest bei Freunden ihrer Eltern in Essen. Die Dame des Hauses hatte einen Sohn und zwei Töchter, die die Mutter gern verheiraten wollte. Der Mensch denkt, doch Gott lenkt. Katrin erinnert sich genau: »Aus diesem Abend entwickelten sich tatsächlich drei Ehen – zum Bedauern der Gastgeberin jedoch keine einzige, an der ihre eigenen Kinder beteiligt gewesen wären!« Was interessierte das Katrin! Sie sollte dort »ihren« Hermann treffen, den hochgeschossenen, elf Jahre älteren, wohlerzogenen jungen Mann vom Forst, von dem sie sich bis heute mit Küsschen verabschiedet, auch wenn sie nur für wenige Stunden das Haus verlässt. »Ich weiß noch genau, wie wir uns damals angeguckt haben.« Und auch für Hermann Bornmüller war es Liebe auf den ersten Blick.

»Hermann hat mich an diesem Abend nach Hause gebracht. Eine innere Stimme hat mir gesagt, es ist Hermann.« Gemeinsam wechselte man nach Frankfurt, Katrin begann beim Bodenpersonal der Lufthansa auf dem Rhein-Main-Flughafen. Zum Fliegen war sie mit ihren 20 Jahren noch zu jung. Wieder war ihr das Glück hold: Die Frau des Hauses, das sie in Sachsenhausen bewohnte – eine Witwe mit vier Söhnen, von denen einer selbst großen Gefallen an Katrin fand – mochte den hochgeschossenen Verehrer ihrer Untermieterin. Sie deckte das junge Paar und schwindelte, wenn es erforderlich war, gegenüber Katrins gestrengem Vater, der zwar von Hermann wusste, ihn auch mochte, den man aber tunlichst mit konkreten Angaben verschonte. »Er bekam nichts mit von unseren Ausflügen in die Bars der Großstadt«, schmunzelt Katrin heute.

Lange währte die Heimlichtuerei ohnehin nicht. Es waren in jeder Hinsicht andere Zeiten; man ließ sich damals schneller und beherzter auf den Bund fürs Leben ein. Am 25. August heirateten Katrin und Hermann im Essener Standesamt. Den kirchlichen Segen holten sie sich am 9. September in der dortigen Marktkirche nachträglich ein. Nach wenigen Wochen in Kastellaun wurde Hermann zum Oktober 1961 zur Bezirksregierung nach Trier versetzt. Die Kinder kamen in Essen zur Welt: im Juli 1962 Beate, im April 1964 Andreas, im September 1967 Christiane. »Das war einfach praktischer.« Die Eltern konnten helfen, solange die frisch gebackene Mutter schwächelte. Seit dem Februar 1968 leben Bornmüllers in Wittlich. Damals bekam Hermann das dortige Forstamt in der Beethovenstraße. »Also sind wir mit Sack und Pack hierher.« Die Eltern blieben in Essen, wo sie sowohl materiell als auch emotional neue Wurzeln geschlagen hatten.

1974 kam Johannes, sechs Wochen vor der Zeit und dennoch schon drei Kilo schwer. Eigentlich wollte Katrin immer fünf Kinder haben. Doch schon nach dem dritten hatte die Mutter gesagt: »Du hast genug.« Es dauerte einige Jahre, bis die folgsame Tochter sich wenigstens noch für ein viertes Kind entschied. Danach reichte es wirklich. Was zu diesem Zeitpunkt noch keiner wusste: Später sollte Katrin teilweise sogar sieben Kinder im eigenen Haus versorgen müssen. Auch der Nachwuchs des Bruders fand Unterschlupf im Wittlicher Forsthaus, als Not am Mann war.

Die politische Tätigkeit begann ebenfalls im Jahre 1974. Gegen Ende ihrer Schwangerschaft mit Johannes stellte Katrin sich bei der CDU vor. Die Idee zur Kandidatur auf der Stadtratsliste hatte eine ähnlich agile Freundin, die später im Krach aus der Partei ausscheiden sollte: Dr. Elisabeth von den Hoff, eine wunderbare Gymnasiallehrerin aus Wittlich und Gattin eines guten rotarischen Freundes von Hermann, riet ihr zu diesem Schritt. Katrin Bornmüller belegte Listenplatz 18.

Nach der Kommunalwahl saßen 16 CDU-Mitglieder im Stadtrat der Kreisstadt. Als Nummer 16 verstarb und Nummer 17 nicht wollte, bekam Katrin einen Anruf: Sie solle antreten. Ohne Unterbrechung sitzt Katrin seitdem im Stadtrat. Obwohl sie fest entschlossen war, 2009 Schluss mit der Parteiarbeit zu machen, wählten die Bürger sie von Listenplatz 31 nach vorn auf die 8! Das führte dazu, dass selbst in der eigenen Partei mancher seine Missgunst nicht verhehlen konnte. Katrin nimmt´s gelassen, hat schließlich ganz andere Sorgen und weiß eines genau: Diesen Wahlerfolg verdankt sie einzig und allein ihrer Arbeit für die Menschenrechte. Denn die, nicht etwa Auftritte im Stadtrat, haben sie in Eifel und Hunsrück und an der Mosel bekannt gemacht. So bekannt, dass sogar Polizisten mal ein Auge zudrücken, wenn Hermann angehalten wird und seinen Führerschein vorzeigt. »Sind Sie etwa der Mann jener Frau Bornmüller, die die Transporte organisiert? Ich habe dort immer wieder mal mitgeladen. Richten Sie Ihrer Gattin herzliche Grüße aus – und fahren Sie für heute schadlos weiter!«

Sohn Johannes war gerade fünf Jahre alt und Christiane zwölf, als Katrin und Hermann Bornmüller gemeinsam mit den beiden älteren Kindern nach Berlin fuhren. Man wählte das Auto, »gurkte« zu viert durch die ganze DDR. Beim Übergang nach Ostberlin ließen die Grenzer Katrin und nur Katrin ziemlich lang in einer Schleuse stehen. »Heute weiß man ja, dass Mitglieder der CDU gern schikaniert wurden.« Was Katrin während dieser Tage erlebte, erschütterte sie tief. Zwar gehörte sie weder zu den blinden noch zu den blauäugigen Bundesdeutschen. Doch Gerhard Löwenthals »Hilferufe von drüben« gehörten wie die Frankfurter Allgemeine Zeitung zum Bornmüller´schen Alltag. Insofern war sie über die Missstände, über Verfolgungen, Ausreiseanträge, Berufsverbote, Hausarreste usw. grundsätzlich informiert.

Dennoch bleiben Theorie und Praxis prinzipiell unterschiedliche Erfahrungswelten. Was Katrins Augen im zweiten Deutschland sahen und was ihre Ohren hörten, schlug ein wie eine Bombe. Triste Farben, leere Läden, unüberwindbare Grenzanlagen, die Mauer mit Rollstacheldraht, Todesstreifen und Schießbefehl, miese Charaktere an allen Schaltstellen auf dem Weg in die DDR hinein und wieder heraus aus ihr: Diese Eindrücke waren schrecklich und ließen Katrin nicht mehr los. Dazu die Ausstellung im Mauermuseum am Checkpoint Charlie, die Dr. Rainer Hildebrandt ins Leben gerufen hatte – ein Opfer der Nazis, ebenso wie Löwenthal. »Da hat mich vieles umgehauen.« Unter anderem ein Toilettenmann in einer U-Bahn-Station in Ostberlin. Als Katrin ihm ein paar Groschen gab als Dankeschön für seine Dienste, rief er verzückt: »Oh, Westgeld!«

Zurück in der Eifel, ging Katrin an eine umfangreiche Recherche. Sie wollte etwas tun, vielmehr: Sie musste etwas tun gegen das deutsch-deutsche Unrecht. Ihr Interesse galt der Gesellschaft für Menschenrechte, die 1980 noch nicht international war. Im März 1980 trat sie als aktives Mitglied in die GFM ein. Es entspann sich eine muntere Korrespondenz zwischen Frankfurt und Bonn: Katrin stellte ihre – wahrhaft zahlreichen – Fragen; Karl Hafen, heute stellvertretender Vorsitzender und Schatzmeister, damals der Mitgliederbetreuer der Gesellschaft, schickte ausführlichste Antworten. Die lesen sich im Rückblick wie eine spannende Dokumentation deutsch-deutscher Geschichte.

Hier einige Auszüge aus dem Brief Hafens vom 28. Mai 1980:

»Vor mir liegen wieder zwei Briefe von Ihnen, vom 21.5.1980, für die ich mich recht herzlich bedanke; hier insbesondere für Ihre Spendensammlungen.« Dass sie einmal zur erfolgreichsten Spendensammlerin der IGFM avancieren würde, zeichnete sich also schon in der Anfangszeit ab. Spendenbescheinigungen wurden in Frankfurt ausgestellt: Hafen spricht von den strengen Auflagen, an die sich die noch junge GFM als eingetragener Verein tunlichst zu halten habe, erzählt von einer überraschenden Finanzkontrolle, die die GFM kürzlich über sich habe ergehen lassen müssen, legt diesem Brief eine Dokumentation bei, die diese Problematik veranschaulicht, damit Katrin bloß nicht auf den Verdacht kommt, die Vorsicht und Umsicht, die man im Umgang mit Spenden walten lässt, sei gegen sie persönlich gerichtet. So bestätigte Hafen denn auch den Eingang der 731 Mark, deren Überweisung auf das Spendenkonto Katrin ihm gemeldet hatte, lediglich »unter Vorbehalt«. Der Schatzmeister war gerade in Urlaub.

Nein, Frau Cornelia I. Gerstenmaier sei keine Vorsitzende mehr. *»Sie legte ihr Amt auf der Jahreshauptversammlung 1978 nieder ... und leitet jetzt den ‚Kontinent-Verlag‘ in Bonn, der die Schriften russischer Bürgerrechtler übersetzt ...«* Dabei helfe ihr der ehemalige Pressesprecher der GFM, Christoph Hyla. Nachfolger Gerstenmaiers war Professor Hellmuth Nitsche, der im Herbst 1977 aus der DDR freigekauft worden war. *»Er ist Professor für Germanistik in der DDR gewesen, bis man ihn wegen kritischer Äußerungen verhaftet hatte zusammen mit seiner Frau.«* Es folgt eine Liste der aktuellen Vorstandsmitglieder, zu denen Katrin 1981 selbst gehören sollte.

Man bedenke: Es war die Vor-Internet-Zeit, das World Wide Web war noch nicht gesponnen, noch konnte man nicht die Datenautobahn oder die sekundenschnelle Möglichkeit der über den gesamten Globus flitzenden Mails nutzen. Im Fernsehen sendete neben ARD, ZDF und den dritten Programmen gerade mal RTL, und während der Nacht herrschte eine wohltuende, das Leben rhythmisierende Sendepause, vor der man die Zuschauer mit der deutschen Nationalhymne ins Bett schickte. Dann folgte das Testbild, das die junge Generation höchstens aus dem Museum kennt.

Katrins Neugier war beeindruckend. So ließ sie sich von Karl Hafen unter anderem erklären, wie die Gehälter der hauptamtlich Beschäftigten gezahlt wurden, nämlich »... *vollständig aus Spenden und Beiträgen, zu einem geringen Teil aus anderen, aber nicht aus staatlichen.*« Hafen ahnte wohl, welch ein Juwel da auf die Menschenrechtsarbeit zukommen würde, und sandte ungefragt etliche Exemplare des Heftes, mit denen Katrin womöglich hausieren gehen und neue Mitstreiter hinzugewinnen könne. »*Einen Mitgliedsausweis bekommen Sie in den nächsten Tagen*«, schrieb Hafen weiter und vergaß nicht, sich für ihren ganz offenkundig schon im Frühling 1980 »unermüdlichen Einsatz« herzlich zu bedanken.

»Ich wollte helfen«, beschreibt Katrin die Motivation, Mitglied der GFM zu werden, gewohnt knapp und sachlich, wenn es um die eigene Person geht. »Und man konnte viel helfen.« Rund 100 Menschen betreute sie in der DDR persönlich in den neun Jahren, die die völkerrechtswidrige Teilung des Landes bis zum Fall des Eisernen Vorhangs noch andauern sollte. Denn das war das Anliegen, mit dem der Einsatz begann: DDR-Häftlingen und ihren Familien zu helfen, einerseits materiell mit Nahrungsmitteln, Kleidung und auch mal mit Bargeld, andererseits mit moralischer Unterstützung, von der wir spätestens aus Jadranka Cigeljs Mund erfahren haben, dass diese Art von Hilfestellung genauso wertvoll, manchmal sogar wichtiger ist als materielle Hilfe.

Wer in die GFM eintrat, durfte sich ein Betätigungsfeld seiner Wahl aussuchen. Niemand wies ihm das Land zu, um dessen Missstände er sich zu kümmern hatte, was für Katrin ein entscheidendes Argument pro GFM war. Amnesty International beispielsweise handhabe das anders: Die Arbeit wurde zentral verteilt. Westdeutsche durften keine Ostdeutschen betreuen, getreu dem Grundsatz, dass man sich stets nur um fremde Nationalitäten zu kümmern habe. Andererseits erkannte Amnesty International jedoch die DDR als eigenständigen Staat an – für Katrin ein Widerspruch, den sie nicht akzeptieren konnte. Außerdem betreute Amnesty lediglich Inhaftierte, während die GFM ihre Aufgabe umfänglicher definierte und auch im Vorfeld von Verhaftungen Hilfe anbot.

Katrins Fragen türmten sich auf. Wie und wann erfuhr die GFM die Namen der Neuankömmlinge im Auffanglager Gießen, wo freigekaufte DDR-Häftlinge in den ersten Tagen unterkamen? Waren Leute wie der 1977 in der DDR zu acht Jahren Gefängnis verurteilte Philosoph und Politiker, im Oktober 1979 in die Bundesrepublik abgeschobene Rudolf Bahro Spione und Kriminelle? Kamen Pakete aus dem Westen überhaupt bei den Adressaten in der DDR an? Wie viele Mitglieder hatte die GFM, mit welchen Organisationen arbeitete sie zusammen? Die Antworten auf die beiden letzten Fragen zeigen, welche Kreise bereits 1980 gezogen wurden: 1.500 Mitglieder, 380 fördernde Mitglieder, 10.000 Helfer und Betreuer und 3.500 Abonnenten der Vereinszeitschrift kümmerten sich um Verfolgte in insgesamt 27 Staaten.

Hafen berichtet von Rechtsanwalt Dr. Wolfgang Vogel, dem DDR-Anwalt, bei dessen Nennung Katrins Tonfall ins Grollende wechselt. Nicht nur die Stimmlage, auch das im Alltag recht kultivierte und damenhafte Vokabular entgleitet ihr angesichts der Geschichten, die sie heute von Vogel zu berichten weiß. Katrin kann vieles und vielen vergeben, aber beim Unterhändler des deutsch-deutschen Flüchtlingsfreikaufs und beim ebenso halboffiziellen Agentenaustausch kennt sie keine Gnade. Bereichert habe er sich an jedem Einzelfall und Bedrohungen noch im Bus zur Übergangsstelle in der Mauer ausgesprochen, in dem er stets mitgefahren sei und die von Haft und Verfolgung zermürbten und beschädigten Dissidenten ein letztes Mal gequält habe. Wenn sie etwas erzählten, hätten ihre Liebsten in der DDR weiter zu leiden, warnte er die, die den Atem ohnehin bis hinein in den Westen und manche darüber hinaus anhielten. »Wir finden euch überall im Westen.«

Die Angst war groß, der Stachel saß tief. Viele derer, die von Hilfsorganisationen Unterstützung erhalten hatten, mieden, sobald sie in der

Demokratie gelandet waren, den Kontakt mit ihren Schutzengeln. Katrin weiß um die Zusammenhänge. Dennoch fällt es ihr schwer, diese Verhaltensweise zu akzeptieren. »Es waren meist die Deutschen, von denen ich nichts mehr hörte, sobald sie im Westen waren.« Mit Menschen aus anderen Nationen sammelte sie vielfach gute Erfahrungen: Obwohl das Leben oft härter, Diskriminierungen schlimmer, Misshandlungen nachhaltiger und die Knäste unmenschlicher als in der DDR waren, arbeiteten sie später tatkräftig mit im Dienste anderer, die noch Hilfe brauchten.

Katrin fuhr also zur Geschäftsstelle nach Frankfurt, traf sich mit Karl Hafen, ließ sich die Namenslisten der DDR-Häftlinge vorlegen und wählte erste Betreuungsfälle aus. Konzentriert studierte sie die Broschüre »Hinweise und Ratschläge zur Unterstützung ausreisewilliger Personen aus der DDR«, in der die GFM das fruchttragende Nebeneinander von Initiativen der Bundesregierung und privatem Bürgereinsatz beschreibt.

Wie glaubhaft staatliche Unterschriften sind, belegt sie mit Auszügen der auch von der DDR ratifizierten »Internationalen Konvention über Bürgerrechte und politische Rechte«, in der jedem das Recht auf Freiheit und Sicherheit der Person zugestanden wird. Wörtlich heißt es weiter: »Es steht jedem frei, jedes Land, auch sein eigenes, zu verlassen.«

Dass dem nicht so war, ist hinlänglich bekannt. Katrins Einsatz begann mit dem Rekrutieren von Mithelfern in und um Wittlich, die für die gute Sache trommeln halfen. Das blau-weiße Emblem der GFM war bald regelmäßig zu sehen in Wittlichs Fußgängerzone, wo Katrin, in der Hand die obligatorische Sammelbüchse, Passanten ansprach, ob die wollten oder nicht. »Das kann nicht jeder«, weiß sie, und nimmt Personenbeschreibungen wie »die Frau mit der positiven Penetranz«, mit der Landrat Dr. Helmut Gestrich sie bei der Verleihung des Bundesverdienstordens am Bande 1990 halb ernsthaft, halb scherzhaft bedachte, als Kompliment.

Die ersten Mitstreiter waren allesamt ehemalige Bürger aus kommunistischen Ostblockstaaten, die aus unterschiedlichen Gründen den Schritt nach Westdeutschland gewagt hatten. Deren persönliche Erfahrungen ließ sie die Beschimpfungen, denen sie sich an ihren Ständen durchaus ausgesetzt sah, mit Geduld ertragen. Man darf nicht vergessen: Es war eine hochpolitische Zeit. Die Grünen hatten sich gegründet, die Hausbesetzerszene boomte, Bonn erlebte Friedensdemonstrationen mit Hunderttausenden Menschen, der Nato-Doppelbeschluss wurde laut und kontrovers diskutiert. Die KPD war verboten, andere K-Gruppen schlossen sich zusammen, in Bonn regierte die sozial-liberale Koalition unter Helmut Schmidt und Hans-Dietrich Genscher, in Bayern hielt Franz Josef Strauß das Zepter noch fest in der Hand.

Demonstration 1987 mit Enzmann-Plakat, als Erich Honecker Trier besuchte

Pakete, Papiere, Bestechung und Bespitzelung

Wer Mäuschen spielen darf im Bornmüller'schen Speicher, entdeckt dort ein Füllhorn wertvoller Dokumente der deutschen und der gesamt-europäischen Geschichte. Zwischen 1980 und 1990 betreute Katrin 100 Familien in der DDR, unter ihnen Angehörige von Häftlingen und die Häftlinge selbst, Menschen mit Krankheiten, materiellen und ideellen Nöten. Katrin hob ALLE Briefe auf, heftete sie teilweise nach Namen ab, sortierte sie chronologisch. Sie stapeln sich heute in Kisten und Käs-ten, in Leitz-Ordnern, Wäschekörben und Pappkartons. Hilfspakete, je 20 Kilo schwer, gingen zu Tausenden in die DDR. Ob sie ankamen, war unklar. Doch die Hoffnung stirbt bekanntlich zuletzt. Katrin schickte vom ersten Tag an parallel Briefe ab, in denen sie akribisch den Inhalt des von ihr jeweils versendeten Paketes auflistete, immer als Einschrei-ben mit Rückantwort.

»Ins Paket selbst durfte ja nicht Geschriebenes«, erinnert sie sich. Und telefonische Verabredungen waren, heute unvorstellbar, eine unsi-chere Sache: Die halbe Zeit funktionierte das Netz zwischen Ost und West nicht, das Handy gehörte noch lange nicht in jede Jackentasche. So erklärt sich der Speicherfund einer Quittung über den Kauf von Brief-marken zu 480 D-Mark vom 12. Oktober 1983 in »556 Wittlich«. So erklärt sich auch das »Einlieferungsbuch« mit einzeln abgestempelten Briefsendungen. Schließlich wollte Katrin wenigstens die Erfolgsquo-te ihrer menschenfreundlichen Pack-Aktionen kennen. War das ganze Paket eingegangen? Waren Teile verschwunden? Was hatten die Spitzel entnommen?

Im Fundus taucht ein Dokument auf, das Katrin in ihrem Lang-zeitgedächtnis suchen lässt. 1980 sollte sie den Wert eines verloren gegangenen Paketes schätzen lassen, um die Versicherungssumme ausgezahlt zu bekommen. Die Sendung hatte einen Werner Krug in Ra-debeul beglücken sollen, war dort aber nie angekommen. 760 D-Mark sei der Inhalt wert gewesen: viel Geld nicht nur für die Krugs, die mit Sicherheit kurz darauf wieder angeschrieben wurden – von einer penetrant nachhakenden Frau Bornmüller aus Wittlich, die sie nicht einmal kannten, die aber die Größen sämtlicher Familienmitglieder wusste. Wie hätte sie sonst helfen sollen?

Rasch gesellte sich Polen zum Kreis der unterstützten Staaten. Als sich dort im Sommer 1980 die unabhängige Gewerkschaft Solidarność gründete, kam ein politischer Prozess ins Rollen, dem auch für die Wende Ende der 1980er-Jahre eine große Bedeutung zukommt. »Unabhängig« bedeutete im kommunistischen Ostblock: eine ungewohnte Handlungsfreiheit, in der man trotz der zwei bereits bestehenden freien polnischen Gewerkschaften nicht geübt war und auf die der Staatsapparat kaum vorbereitet war. Umso höher war das Risiko der Aktivisten um Gewerkschaftsführer Lech Wałęsa und seine Unterstützer aus Arbeiter- und Kirchenkreisen und aus der Schicht regimekritischer Intellektueller. Katrins Unterstützung für Polen war ein Teil im großen Puzzle der Unterstützung aus dem Westen.

Allabendlich erwartete man in Westdeutschland, Belgien, Amerika und anderswo die neuesten Nachrichten aus der Lenin-Werft in Danzig, wo alles begonnen hatte. Rasch griffen die Streiks auf andere Betriebe über. Immerhin waren zeitweise 9,5 Millionen Polen von insgesamt knapp 40 Millionen Einwohnern Mitglieder bei Solidarność, übrigens im Juli 1981 auch rund 20 Prozent des polnischen Zentralkomitees, was wohl als historisch einzigartig im gesamten Ostblock gelten darf. Im Dezember 1981 inhaftierte die Polizei führende Gewerkschaftsköpfe und verbot alle weiteren Aktivitäten. Frauen und Männer gingen in den Untergrund; von Büros im Ausland her koordinierten Exil-Polen die jeweils nächsten Schritte, was nach der Ausrufung des Kriegszustands (13. Dezember 1981) lebensgefährlich wurde.

Die wichtigsten Exil-Büros arbeiteten in Bremen und Brüssel. Erst am 5. April 1989 sollte die Solidarność von staatlicher Seite her wieder erlaubt werden. Im Dezember 1990 wählte das Volk den äußerst populären Solidarność-Führer Lech Wałęsa zum Staatspräsidenten. Im darauffolgenden Jahr besiegelte Polen seine Freiheit endgültig, indem es aus dem verhassten Warschauer Pakt austrat.

Katrins Arbeit mag angesichts der internationalen politischen Tragweite dessen, was sich in den 1980er-Jahren in Polen an Umwälzungen ergab, bescheiden anmuten. Sie ist vielleicht nicht mehr als der viel zitierte Tropfen auf den heißen Stein – doch das zumindest war sie. Für den, der ihre Hilfe empfing, der seinen Namen auf Petitionen wiederfand, der ein Paket aus Westdeutschland mit Dingen erhielt, die in Polen, wenn überhaupt, dann nur auf dem Schwarzmarkt für Dollars und D-Mark zu haben waren – und wer außer wichtigen Parteimitgliedern hatte die schon? – für den, der dieses Paket auspackte, fielen Geburtstag und Weihnachten zusammen.

Im Speicher in Wittlich finden sich Dokumente aus jener Zeit. Die Menschen versuchten, sich per Brief zu bedanken, sie schickten Fotos, handgemalte Bilder der Kinder, manchmal künstlerisch wertvolle Zeichnungen mit versteckten Mitteilungen, wie der befreundete Architekt Christian Enzmann aus der DDR. »Postkarten waren am wenigsten gefährdet«, erinnert sich Katrin. »Die größte Chance, beim Adressaten anzukommen, hatten bunte Ansichtskarten. Sie sahen harmlos aus, nach Urlaubs- und Weihnachtsgrüßen, und flutschten oft durch die sorgfältig ausgeführten Kontrollen.« Was für den Postweg vom Osten in den Westen zutraf, galt erst recht vom Westen in den Osten. Wenn sie besonders wichtige Fragen stellen oder verklausulierte Mitteilungen überbringen wollte, schrieb Katrin diese ausschließlich auf fröhlichen, knallbunten Postkarten.

Ebenfalls bereits in Katrins Anfangsjahren bei der IGFM begann die Arbeit für das bettelarme Rumänien. In Pakete nach Rumänien durfte zum Beispiel keine Kleidung. 20 Kilogramm durften sie schwer sein, und sie wurden fast alle geöffnet. »Das hieß: Wir mussten obenauf Kaugummi, Kaffee oder Zigaretten legen.« Diese Art der Bestechung funktionierte: Die von Katrins gesamtem Bekanntenkreis stangenweise im nahe gelegenen Luxemburg gekauften Kent-Zigaretten fungierten in Rumänien als Währung.

Dass da eine Frau unermüdlich Pakete packte und in den Ostblock schickte, sprach sich in der Kreisstadt herum. Schließlich hatten viele Familien Tanten und Onkel, Cousins und Cousinen im Osten. Im Versorgen der eigenen Verwandtschaft zumindest zu Weihnachten waren auch die Wittlicher gut. Andere hatten selbst den Sprung aus einem sozialistischen Staat in den wohlhabenden Westen geschafft, sei es durch das Quäntchen Glück, das im Leben dazugehört, sei es durch einen offiziellen Ausreiseantrag. Katrin bekam zusehends Hilfe: aus den Reihen der CDU, von der Kirche, von Betroffenen, von Nachbarn, den rotarischen Freunden ihres Mannes, von Eltern und Lehrern ihrer Kinder, die natürlich vom Schaffen der Mutter erzählten.

Ein Höchstmaß an Übersicht legten Katrin und ihre Helfertruppe an den Tag bei der Vielzahl von Nationen, die sie immerzu parallel unterstützten. Vor dem Fall des Eisernen Vorhangs galt es, stets auf dem Laufenden zu sein, in welchen Staat welches Nahrungs-, Lebens- und Genussmittel nicht eingeführt werden darf. Der eine erlaubte kein Milchpulver, der andere keine Medikamente, der dritte keine Konserven, Rumänien verbot Kleidung. Häufig mussten Sendungen amtliche Desinfektionen nachweisen. Auf den Ladepapieren für Rumänien musste später stehen: »Der Transport enthält keine Kinderkleidung und kein Spielzeug für Kinder unter drei Jahren und keine gebrauchten Schuhe und Unterwäsche.«

Mit diesem Problem für die Hilfstransporte hatte die Wittlicher IGFM-Truppe bis vor wenigen Jahren zu kämpfen. Alle Staaten, die noch nicht Mitglied der Europäischen Union sind, haben eigene Gesetze mit teilweise absurd anmutenden Regelungen, was die humanitäre Hilfe betrifft. Und bis heute erhöht Katrin die Wahrscheinlichkeit, dass ihre Sendungen das Ziel erreichen, durch Bestechungen und Schmiergelder, da bleibt die gottesfürchtige und ansonsten recht gesetzestreue Gattin eines Rotariers pragmatisch.

Darum auch kannte Katrin früher sämtliche Angestellten der Post, die sie mit ihren Stapeln an Paketen stets den praktischeren Hintereingang mit Rampe nutzen ließen. Darum kennt sie heute die Mitarbeiter des Zollamtes, die ihr immer wieder bereitwillig beim Erledigen des zeit- und nervenraubenden Papierkrams behilflich sind. Seit die EU-Ausfuhrerklärungen per Internet ausgefüllt werden müssen, hat sich nichts gebessert, schimpft sie manchmal ungehalten. Gottlob steht ihr Netzwerk auch in dieser Hinsicht.

Mitarbeiter der international tätigen Wittlicher Spedition Elsen stehen ihr mit Rat und Tat zur Seite, wenn sich mal wieder die aufgerufenen Seiten automatisch schließen, weil Katrin »zu lange« braucht, um durch das Fachchinesisch des genormten und ge-DIN-ten Transportwesens durchzudringen. Die Kisten auf Katrins Speicher erzählen Bände von der Historie jener Vorschriften, Normen, Gesetze und Spitzfindigkeiten, die sich die unterschiedlichen Länder im Laufe von Jahrzehnten haben einfallen lassen.

Das fleißige Paketepacken, Petitionenschreiben und Vorträgehalten war der DDR ein Dorn im Auge. Eines schönen Tages im Jahre 1983 stand vor der Tür des Bornmüller'schen Wohnhauses in der Beethovenstraße ein Lkw mit der Aufschrift »Deutrans«. Katrin startete eine Anfrage bei Alois Mertes, Mitglied im Deutschen Bundestag und ein wirklicher Freund, auf den Katrin sich felsenfest verlassen konnte. Auch dieses Dokument ist archiviert. Deutrans fuhr immer mit Abhöranlagen. Der Lkw stand nicht lange vor dem Haus. Laut Auskunft von Mertes, der aus dem diplomatischen Dienst in Moskau entlassen worden war, nachdem er offen ausgesprochen hatte, dass in der Sowjetunion eben nichts mit westlichen Maßstäben zu messen sei, durfte kein Lkw in einem Wohngebiet herumstehen.

Dass manche Nachbarn daraufhin »merkwürdige« Anrufe erhielten, in denen sie nach den Lebensumständen der Bornmüller befragt wurden, erzählten ihr die meisten brühwarm. Dass andere, drei an der Zahl, sie in jenen Jahren offenbar doch beobachteten und als Spitzel des DDR-Geheimdienstes arbeiteten, erfuhr Katrin nach 1990 aus ihrer Stasiakte.

Was »die B.« für die DDR gefährlich machte

Dass Katrin Bornmüller im Visier der ostdeutschen Staatssicherheit stehen würde, lag auf der Hand. So stellte sie denn gleich im November 1989 den Antrag auf Akteneinsicht, dem 1993 endlich stattgegeben wurde. Was sie in diesen Akten las, erschütterte und belustigte sie zu gleichen Teilen. Wie die Stasi ihre häufig sehr persönlichen Informationen zusammengetragen hat, bleibt dabei weitgehend im Dunklen: Namen sind in den ausgehändigten Stasiakten sorgfältig geschwärzt worden.

»Bei jeder KSZE waren sie hinter uns, um uns, wer weiß, manchmal vielleicht auch mitten unter uns«, erinnert sich Katrin. In Ottawa stand sie mit Jutta Gallus und dem obligatorischen Transparent auf der Straße und diskutierte mit offensichtlichen Stasimitarbeitern, die sich neben den beiden postiert hatten. Johannes Jägle, ein Russlanddeutscher, war auch dabei – der sagte den KGB-Männern (»Ja, die waren natürlich auch da.«) ins Gesicht, wer sie sind. Das gleiche Bild in Madrid. Wenn Katrin mit dem Solidarność-Mitglied Ryzsard Batory unten im Empfang des Hotels saß, wo die IGFM ihr Büro hatte, saß der Geheimdienst, diesmal der polnische, stets nebenan. Nicht weniger auffällig der Deutrans-Lastwagen mit DDR-Kennzeichen, der 1982 ungeniert stundenlang vor dem Wohnhaus in der Beethovenstraße stand.

Damals hatte sie nicht die Polizei informiert. Die Familie saß am Mittagstisch – »ich sehe uns heute noch« – und amüsierte sich. Dass solche Lastwagen nicht in Wohngebieten stehen durften, war den Bornmüllers nicht klar. Es ist heute bewiesen, dass sich in den Anhängern Abhöranlagen befanden. Fotos hatte die DDR genug: Demonstrationen, Plakat-Aktionen, auch IGFM-Infostände in Wittlichs Fußgängerzone fanden stets öffentlich statt. Ein Fotograf fiel dennoch auf. Auch die Securitate aus Rumänien hatte großes Interesse an Katrin, wollte sich einmal mit ihr treffen. Massiv bedroht wurde auch eine Teilnehmerin aus Siebenbürgen. Sie sollte in der von Katrin organisierten Projektwo-

che eines Gymnasiums mit Zeugen aus den Ostblockländern sprechen:
Wenn sie daran teilnähme, riskiere sie, ihre Kinder nicht mehr wiederzusehen.

Wie die Stasi trotz aller Herumschnüffelei und Technik zu teilweise falschen Angaben kommen konnte, wird ein Geheimnis bleiben. Mindestens einmal war ein Fremder in der Nachbarschaft unterwegs. »Sie befragten die Leute nach meinen Kindern, meinem Glauben, nach Hobbys und irgendwelchen anderen Vorlieben und Abneigungen.« Das fiel auf. Man mag in der Kleinstadt ausgiebig tratschen, professionell überwacht wird man nicht. Die Fragen waren also auffällig genug: Mehrere Nachbarn griffen zum Telefon und erzählten Katrin davon.

Möglicherweise wird Katrin nie erfahren, wer sich beispielsweise hinter dem Codenamen »Major Schmidt« verbirgt, einem der Mitarbeiter des Spitzelsystems, das die Lebensumstände der Bornmüllers ausgekundschaftet hat. Zwei Namen hat Katrin später erfahren, den dritten vermutet sie im direkten Wittlicher Umfeld. Ich zitiere in diesem Kapitel bewusst ganze Passagen aus einem Dokument deutsch-deutscher Eiszeit. Wer die Trennung Deutschlands in Ost und West miterlebt hat, mag sich eine lebhafte Erinnerung an Sprache und Umgehensweise der »Feinde« im Gedächtnis bewahrt haben. Die junge Generation ist auf Erzählungen und historische Aufzeichnungen angewiesen. Was also wusste die Stasi über Katrin Bornmüller? Lauschen wir hinein in den »Auskunftsbericht zum führenden Mitglied der Feindorganisation ‚IGFM' Katrin Bornmüller« aus der Zentralen Koordinierungsgruppe, Abteilung 5:

»Die B. kam mit ihrer Familie ca. 1972 nach Wittlich. Aufgrund der Tätigkeit ihres Ehemannes als Leiter des Forstamtes Wittlich-Ost bewohnt sie mit ihrer Familie eine Dienstwohnung. Die Häuser in Wittlich, Beethovenstr. 3 und Kurfürstenstraße 50a bilden eine Einheit. Das Wohnhaus hat zwei Etagen und ist vom Bahnhof in Wittlich aus in ca. zehn bis 15 Minuten zu erreichen.

Die Ehe der B. verläuft nach außen hin harmonisch. Die B. ist Hausfrau. Inoffiziellen Hinweisen zufolge soll sie früher einmal im Zentralen Flugdienst der BRD tätig gewesen sein. Die B. ist Mitglied der CDU, besitzt den evangelischen Glauben und ist am gesellschaftlichen Leben der Stadt Wittlich aktiv beteiligt. Für ihre Partei trägt sie u. a. an den Sonnabenden Zeitungen aus. Besonders engen Kontakt unterhält sie zu einem Mitglied ihrer Partei, bei dem es sich wahrscheinlich um den BRD-Bürger (hier wurde der Name nachträglich mit einem schwarzen Balken unkenntlich gemacht, Anm. d. Verf.) handelt und der im Stadtrat von Wittlich tätig ist. Die B. ist selbst Mitglied im Stadtrat von Wittlich.

Darüber hinaus unterhält sie engen persönlichen Kontakt zur Inhaberin eines Lebensmittelgeschäftes (erneut ein schwarzer Balken, Anm. d. Verf.). Gegenüber ihren Mitmenschen tritt die B. höflich und korrekt auf. Von ihrer äußeren Gestalt her ist sie schlank, wiegt ca. 55 kg und (ist) gesundheitlich sehr vital. Sie liebt klassische Musik, ist nach ihren eigenen Angaben wenig modebewusst und isst am liebsten Spaghetti.

Die Familie der B. besaß bereits mehrere Hunde. Zurzeit besitzt die Familie einen Rauhaardackel. Aus diesem Grund muss ständig jemand im Haus sein, um das Tier zu versorgen. Die B. verbringt mit ihrer Familie jährlich einen Teil des Urlaubs bei ‚Freunden' in Frankreich. U. a. hat sie Kontakt mit einer Familie (wieder ein schwarzer Balken, Anm. d. Verf.) und war unter der Anschrift ... aufhältig. Die B. verfügt über Sprachkenntnisse in Französisch. Im Juli 1982 schrieb sie eine Facharbeit in dieser Sprache.

Die B. hielt sich nach bisher vorliegenden Erkenntnissen noch nicht in der DDR auf. Aufgrund ihrer feindlichen Aktivitäten gegen die DDR wurden zu ihr Reisesperrmaßnahmen bei der Hauptabteilung VI eingeleitet.«

Schon die Sprache lässt den Leser zusammenzucken. Es folgen Namen, Daten, schulische und berufliche Werdegänge sämtlicher Familienmitglieder über drei Generationen und mehrmals der Hinweis: »An der weiteren Aufklärung dieser Verwandtschaft wird gearbeitet.« Ein Kind spiele Flöte, ein anderes habe schulische Schwierigkeiten. Die Wohnverhältnisse im ehemaligen Forsthaus veranschaulicht ein ordentlicher, aber falscher Lageplan. Falsch war auch die Behauptung, dass zur Inhaberin des benachbarten Lebensmittelladens ein enger persönlicher Kontakt bestanden habe. Man kannte sich, wie man sich in Kleinstädten eben kennt, mehr war nicht. Kurz fasst der Spitzel mit dem Decknamen »Hauptmann Bräuer« im Kapitel »Feindliche Aktivitäten gegen die DDR« Katrins Eintritt und Entwicklung innerhalb der IGFM zusammen, bevor er sich an die Auflistung der »Schwerpunkte ihrer subversiven Tätigkeit gegen die DDR im Auftrag der IGFM« begibt:

- »öffentlichkeitswirksame Vermarktung dieser sogenannten Fälle in Massenmedien der BRD zu organisieren,
- die aktive Beteiligung in IGFM-Delegationen aus Anlass verschiedener KSZE-Treffen, um durch gezielte Provokationen die DDR u. a. sozialistische Staaten zu bezichtigen, Vereinbarungen zur Sicherung der Menschenrechte zu verletzen,
- die in letzter Zeit verstärkt durchgeführte Beteiligung an Provokationen vor der Ständigen Vertretung der DDR in Bonn zum 17. Juni und 13. August mit Anschuldigungen gegen die DDR, die Menschenrechte auf Familienzusammenführung und Übersiedlung in die BRD zu verweigern«.

Die Stasi wusste von den Hilfspaketen und Spendenaktionen, die Katrin mittels Spendenaufrufen in den lokalen Printmedien im großen Stil aufrechterhielt. Besonders übel nahmen die Behörden ihr offenbar die Vortäuschung des rein privaten Charakters, den die Pakete, Karten und Briefe zu haben schienen.

»... Bei der Aufrechterhaltung der postalischen Kontakte der B. in die DDR kommen auch Deckadressen zur Anwendung. Gleichzeitig erfolgt eine zielgerichtete Abschöpfung der DDR-Bürger zu konkreten Personenangaben, dem Stand der Bearbeitung des Übersiedlungsersuchens und Reaktionen staatlicher Organe der DDR sowie die Aufforderung zur Übersendung von Fotos. Weiterhin wird verschlüsselt zum Ausdruck gebracht, dass die DDR-Bürger hartnäckig ihren Antrag auf Übersiedlung verfolgen sollen.

Inoffiziell wurde bekannt, dass die B. über die bekannten Westberliner Rechtsanwälte (wieder ein schwarzer Balken, Anm. d. Verf.) Aktivitäten unternimmt, um Übersiedlungsbestrebungen von DDR-Bürgern, deren Verbindung zur B. über in der BRD lebende Verwandte konspiriert wird, von der BRD aus zu unterstützen ...

Die B. erhält ihre Betreuungsfälle in der DDR durch
- direkte Vermittlung seitens der Zentrale der IGFM in Frankfurt/ Main,
- Veröffentlichungen in Hetzzeitschriften der IGFM und Massenmedien der BRD,
- ehemalige DDR-Bürger, die in die BRD gelangten.

... Nach vorliegenden Ergebnissen verfügt die B. über ein Helfernetz in der BRD, die der IGFM-Arbeitsgruppe Wittlich zuzuordnen sind (siehe Anlage 1). Gleichzeitig bezieht sie ihre Kinder in die feindlichen Aktivitäten mit ein. Öffentliche Danksagungen ehemaliger DDR-Bürger in Hetzzeitschriften der IGFM und Lokalzeitungen der BRD für den selbstlosen Einsatz der Frau Bornmüller belegen ihr konspiratives feindliches Wirken gegen die DDR ebenfalls.«

Verzeichnet hat die Staatssicherheit 1981, unmittelbar nach Katrins Wahl in den IGFM-Bundesvorstand, deren Verhandlungen mit der Sendeanstalt für die Wiederaufnahme des Sendeteils »Hilferufe von drüben« in das von Gerhard Löwenthal moderierte »ZDF-Magazin«. Verzeichnet hat sie die Reisen Katrins und ihrer jeweiligen Begleiter zu KSZE-Konferenzen, die bei diesen Gelegenheiten erfolgte Übergabe von Namenslisten der in sozialistischen Ländern verhafteten Menschen und die 180 nach Polen versandten Hilfspakete anlässlich der von der Deutschen Post schon 1981 gestarteten Solidarność-Aktion. Katrins Plakataktion vor der Bonner DDR-Vertretung, bei der sie an die Toten des 17. Juni 1953 erinnert und die Freilassung aktuell Inhaftierter gefordert hat, heißen in der Stasiakte »Provokationen«. Darüber hinaus hält die Akte fest, was sich am 11. November 1986 in Wien abspielte.

»Die B. gehörte höchstwahrscheinlich einer IGFM-Delegation an, die durch feindliche Aktivitäten versuchte, das 3. KSZE-Nachfolgetreffen in Wien zu stören. Gemeinsam mit dem bereits genannten (schwarzer Balken, Anm. d. Verf.) versuchte sie, ... ein Gespräch mit Vertretern der DDR-Botschaft in Wien zu führen, wozu sie am Haupteingang unserer Botschaft vorstellig wurden. Die IGFM-Delegation wurde jedoch über die Wechselsprechanlage abgewiesen. In diesem Zusammenhang wurden durch diese IGFM-Mitglieder die bekannten

Hetzdokumentationen der Feindorganisation zu den KSZE-Treffen Bern und Wien in den Postkasten unserer Botschaft geworfen.

Die B. trat mehrmals als ‚Betreuer' sogenannter Fälle übersiedlungsersuchender DDR-Bürger in Hetzdokumentationen und -listen, beispielsweise in den jährlichen IGFM-UNO-Listen auf. Sie ist auch Mitunterzeichnerin der Offenen Briefe der IGFM an die Mitglieder des Deutschen Bundestages der BRD Ende 1985.«

Im 7. Kapitel des Ermittlungsberichtes sind als Beweismittel neben diversen Ausgaben der IGFM-eigenen Zeitschrift auch Artikel aus der Frankfurter Allgemeinen Zeitung und dem Trierischen Volksfreund gelistet, zudem das Vernehmungsprotokoll eines in Dresden verhafteten Mannes, das Urteil gegen einen anderen Mann aus Karl-Marx-Stadt sowie Briefe Katrins.

Akribisch trug die Stasi Namen zusammen: sowohl die Mitglieder und Sympathisanten der Wittlicher Arbeitsgruppe als auch die bekannt gewordenen ehemaligen Betreuungsfälle im eigenen Land. Im DDR-Vokabular hießen die laufenden Fälle übrigens »DDR-Bürger, die gegenwärtig aktiv bearbeitet werden«. Bekannt waren offenbar ebenfalls die Kosten, die die IGFM 1985 für die Reise von Katrin, Jutta Gallus, Edgar Lamm und anderen zur KSZE nach Ottawa hatte aufbringen müssen. Die Lektüre der Akte bestätigte die berechtigte Angst der Familie, die bis zur Öffnung der Mauer davon Abstand genommen hatte, durch oder in die DDR zu reisen. Hinter Katrins Namen findet sich in der Rubrik »Fahndung« eine Kennziffer. Dies kann eigentlich nur bedeuten, dass sie beim Passieren der Staatsgrenze sofort festgenommen worden wäre.

Unabhängig von Katrins persönlichem Schaffen trug die Stasi natürlich auch Informationen über die »Feindorganisation« IGFM zusammen. Diese Materialien dürften für die Gesellschaft von hohem Wert sein, belegen sie doch die Tatsache, dass die DDR massiv versucht hat, die Strukturen der IGFM zu destabilisieren, ihre Mitglieder zu verunglimpfen und Frauen und Männer aus den eigenen Reihen einzuschleusen. In einem am 3. Februar 1982 von einem Oberstleutnant Wolsky abgezeichneten Bericht steht zu lesen, dass »… der Stand der Aufklärung und Bearbeitung der erfassten Arbeitsgruppen der IGFM unterschiedlich vorangeschritten ist. Dies ist jedoch bedingt durch die von den Arbeitsgruppen unterschiedlich ausgehenden Aktivitäten, auch den operativen Möglichkeiten ihrer Bearbeitung. Verstärkt muss den Forderungen Rechnung getragen werden, mit inoffiziellen Kräften solche Verbindungen zu den Exponenten der Arbeitsgruppe oder anderen zugehörigen Personen herzustellen, die ein langfristiges Wirken unserer Absichten gewährleisten. Insbesondere müssen inoffizielle Positionen geschaffen werden, über die wir die Interna der Pläne, Absichten und Maßnahmen der IGFM erfahren, Hierbei sind die Kommunikationsbeziehungen verstärkt aufzuklären und nachzuweisen, um letztlich die Verbreiterung des Wirkens der Feindorganisation einzuschränken, ihre gesteuerte politische Linie (Hintergrundeinrichtungen) sowie kriminelles Verhalten einzelner Mitglieder zur Diskreditierung und Verunsicherung vorzubereiten und die geheimdienstlich gesteuerten Funktionäre zu entlarven.«

Mitten drin sind wir im Jargon und im Strudel der Geheimdienste. Und dabei – wir erinnern uns gut – wollte Katrin doch nichts anderes, als Menschen zu helfen, die in ihrer Lebenssituation materiell, politisch, weltanschaulich und/oder moralisch nicht zu Hause waren. Die Stasi hatte ganz andere Sorgen: Dass die GFM international wurde, war ihr ein Dorn im Auge (man hatte zum Zeitpunkt des Berichtes 13 Staaten ausgemacht, zu denen »Bezugspunkte« bestanden); ihre offensichtlichen Bemühungen bis zu Anfragen an die UNO, in Fragen der Menschenrechte einen Beraterstatus für die KSZE-Konferenzen zu erhalten, womit sie schließlich erfolgreich war, ließen erahnen, dass sich da ein reelles Gefahrenpotenzial für die DDR entwickelte. Dem galt es, Einhalt zu gebieten, was unter anderem durch Rufschädigung versucht wurde. Eine von der Stasi als gelungen bewertete Maßnahme nannte sich »Aktion Presse«.

In einer Einschätzung der Lage hieß es, dass die »Aktion Presse im ZOV (Zentraler Operativer Vorgang; Anm. d. Verf.) positiv verlaufen ist und eingestellt wurde. Die innere Ordnung der IGFM, das Verhalten ihrer Mitglieder zueinander konnte destabilisiert und verunsichert werden. Im Zuge eingeleiteter Abwehrmaßnahmen konnten im Republikmaßstab zahlreiche Stützpunkte der IGFM in der DDR aufgeklärt und liquidiert werden.«

Am Ende erstellte die Stützpunktberatung der Hauptabteilung VII/5 einen dezidierten Plan, wie weiter vorzugehen sei, um Ruf und Arbeit der IGFM wirkungsvoll zu schädigen. Unter anderem setzten sich die Stasi-Offiziere zum Ziel, mit eigenen Provokationen und gezielt eingestreuten Veröffentlichungen in Massenmedien Aktionen der Gesellschaft zu verhindern und auf die Suche nach möglichen Meinungsunterschieden zwischen Mitgliedern in den einzelnen Arbeitsgruppen zu gehen, um effektiv Unruhe zu stiften. Es sollten die Wege genauer erkundet werden, auf denen die IGFM an ihre Betreuungsfälle kam. Immerhin sei ja beispielsweise der »Missbrauch völkerrechtlicher Vereinbarungen« möglich, so die Einschätzung des Geheimdienstes. Auch die Idee, kriminelle Personen auszunutzen, war der Stasi nicht fremd.

Einem Geheimdienstler darf keine Arbeit zu schmutzig sein. Es stellte sich die Frage, welche Sicherungsmaßnahmen im und am Objekt der Frankfurter Zentrale bestanden. Konkret begab man sich auf Spurensuche nach einer nächtlichen Absicherung, nach Kontrollen und Alarmanlagen und dem Ort, an dem die Schlüssel aufbewahrt wurden. Aufgespürt werden sollten auch jene Mitarbeiter, die Zugang zu internem Material hatten, und die Auswahlkriterien für diesen Personenkreis.

»Welche Mitarbeiter/Funktionäre der IGFM arbeiten abends länger und oft an Wochenenden? Welche Gewohnheiten, Interessen und andere operativ nutzbaren Verhaltensweisen haben sie?«

Es ist gut, dass diese Zeiten für Deutschland vorbei sind. Wir dürfen aber nicht die Augen davor verschließen, dass diese Art von »Arbeit« in anderen Teilen der Welt Alltag geblieben ist. Während der Entstehung dieses Buches hat Katrin manchmal Freunde an einzelnen Passagen teilhaben lassen. Ergänzend stelle ich diesem Abschnitt zur Stasiakte die heutigen Gedanken eines Bürgers der ehemaligen DDR zur Seite.

Liebe Katrin,
es ist sehr wichtig, dass die Geschehen der Zeit dargestellt werden. Hier meine Gedanken und was mich so bewegt hat, als ich den Auszug gelesen habe.
Herzliche Grüße
Christian Schade

Für jemanden, der in diesem System groß geworden ist bzw. gezwunge-
nermaßen in ihm gelebt hat und für den die Diktatur des Proletariats keine
Frage war, ist es oft so gewesen, dass er von Überwachung und Bespitzelung
erst etwas mitbekommen hat, wenn es ihn selbst betraf. Die Auswirkungen
waren zermürbend. Das Ministerium für Staatssicherheit MFS verstand sich
als »Schild und Schwert der Partei« und hatte sich den Schutz der DDR auf
die Fahne geschrieben. Mit allen zur Verfügung stehenden Mitteln wurden
oppositionelle Bewegungen bekämpft.

Ein besonderes Gefahrenpotenzial sahen die Machthaber in dem inter-
national wachsenden Einfluss der Gesellschaft für Menschenrechte, die in
13 Staaten tätig war und auf ständige Menschenrechtsverletzungen in der
DDR und in den anderen Ländern hinwies. Die Machthaber liefen Gefahr,
international ihr humanitäres Gesicht zu verlieren, zumal die DDR die
Schlussakte von Helsinki unterzeichnet hatte. Menschenrechtsverletzungen
durch die Machthaber der DDR wurden bestritten und nicht weiter themati-
siert. Deshalb setzten »Mielkes Truppenteile« unter dem Motto »Bist du nicht
mein Freund, so bist du mein Feind« mit falschen Anschuldigungen, Über-
wachungen, Bespitzelungen und sonstigen Maßnahmen alles daran, jeglichen
Schaden von der DDR abzuwenden, um diese noch lange am Leben zu er-
halten.

Für mich stellt sich aber die Frage, inwieweit der BND über die Aktivi-
täten der Stasi informiert war und was dagegen unternommen wurde? Oder
wollte man sich gegenseitig nicht wehtun? Denn wenn zu dieser Zeit zum
Beispiel in Dornburg oder Jena ein West-Lkw längere Zeit gestanden hätte,
um Personen gezielt auszukundschaften, ich denke, nach kurzer Zeit hätte die
»Sicherheit« eingegriffen, denn das Überwachungssystem war fast lückenlos.

Zum Schluss möchte ich noch bemerken, dass die Spitzel aus deinem Um-
feld, die Tagesabläufe und Gewohnheiten aufgelistet haben, oder auch jene,
die verantwortlich dafür waren, dass unsere damalige postalische Beziehung
unterbrochen wurde, heute ein Recht auf den Schutz ihrer Persönlichkeit ha-
ben. Wenn man sie mit Namen und Adresse nennt, macht man sich strafbar.
»Es lebe die Demokratie!«

Schmähungen und Beschimpfungen

Nicht vergessen sein sollen die Anfeindungen, denen sich Katrin regelmäßig ausgesetzt sah. Da war der ehemalige Lehrer O., der im Januar 1985 per Leserbrief eine öffentliche Attacke ritt: Sie solle sich doch lieber um die Armut in Afrika kümmern, die Jeans und die Skier, die sie da in ihrem Lager sammle, brauche doch wahrhaftig kein Mensch zum Leben.

Ein etwas dickeres Fell konnte sie sich gegen die immer wieder gleichen dämlichen Sprüche in der Fußgängerzone zulegen. »Dennoch gebe ich zu, dass ich mich immer ein wenig überwinden musste beim Unterschriften- und Geldsammeln.« Es sei nicht so einfach gewesen, all die Beleidigungen einzustecken. »Da kriegst du einiges ab!«

Katrin Bornmüller macht sich mit ihrem Einsatz nicht nur Freunde. Nach dieser Schmähung aus dem Jahr 1983 erstattete sie Anzeige.

Im November 1989 stellten Vertreter von Amnesty International und der IGFM ihre Menschenrechtsarbeit vor interessierten Schülern des Cusanus-Gymnasiums vor. Die Gruppe hatte zwei Lkws für

Solidarność geladen und Hunderte von Paketen in die DDR, nach Rumänien, Polen und in die ČSSR geschickt. Wieder musste Katrin Rechenschaft darüber ablegen, warum sie Pakete in den Ostblock schickt und nicht woandershin. Und wieder waren es vermutlich Menschen, die selbst keinen Finger krumm machten für Notleidende – weder hier noch dort. Herbert Rink, selbst Cusanus-Lehrer und ein Mann der SPD, unterbrach damals die Hetzreden mit den Worten: »Hier ist nicht der Ort, um diese gute Menschenrechtsarbeit kaputt zu machen.« Dafür braucht es keine Dokumente, das ist in Katrins großem Gedächtnis gespeichert.

Der Streit mit einer inzwischen verstorbenen Deutschlehrerin des Wittlicher Cusanus-Gymnasiums 1983 drohte, bis zu einer gerichtlichen Auseinandersetzung zu eskalieren. Exemplarisch zeigt er auf, wo die spezifischen Probleme lagen, die im Zuge der Paketsendungen an Bürger in der DDR entstehen konnten. Für Katrin und ihren Helferkreis waren sie Alltag, den sie bald routiniert beherrschten. Andere Menschen, auch solche, die zur Mithilfe grundsätzlich bereit waren und die so weit gingen, der IGFM den eigenen Namen und die Adresse zur Verfügung zu stellen für Hilfssendungen, reagierten häufig mit Unverständnis, wenn es konkret wurde.

Frau E. hatte eingewilligt, sich auf die Liste derer setzen zu lassen, die Pakete in die DDR schickten. Man stelle sich vor: Im Bornmüller'schen Forstamt trifft sich mehrmals in der Woche der Helferkreis, den Katrin rasch um sich gebildet hat. Neben den Namenslisten von Familien in der DDR liegen Namenslisten von Bürgern in und um Wittlich. Fleißig wird gepackt: Die leeren Pakete stammen damals von den ortsansässigen Firmen Coca-Cola und Brohl Wellpappe; das Gesamtgewicht ist auf 20 Kilogramm beschränkt. Bergeweise türmen sich die Kleider, die hilfsbereite Spender haben entbehren können, in der Regel ausrangierte Kleidung der ganzen Familie. Es ist alles Westware, heiß begehrt im Ostblock, da sie erstens bunter und origineller daherkommt und zweitens von besserer Qualität ist als die nach den Fünfjahresplänen der heimischen Produktion gefertigte.

Farbige Nylonstrümpfe, schickes Schuhwerk, Ringelpullis, hübsche Unterwäsche und vor allem Markenjeans waren in der DDR ausschließlich auf dem Schwarzmarkt zu kriegen – oder eben von Verwandten im freien Westen. Katrin »ersetzte« diese Verwandten phantasievoll, so gut sie konnte. Die Adressen in der DDR erhielt sie meist von der Frankfurter IGFM-Geschäftsstelle, wo die Frauen und Männer, denen die Ausreise aus der DDR bereits geglückt war, ihre Freunde meldeten, die dasselbe versuchten. Katrin schickte dann die erste Lieferung, den obligatorischen Rückschein stets dabei, und vertraute auf Gott, dass die ewig wachen Spitzel die Pakete durchließen. Als Absender fungierte nicht sie allein, sondern sie nutzte die Adressen von Mithelfern aus der Verwandtschaft, Bekanntschaft, Nachbarschaft und aus der IGFM. Die Aktionen an Ständen in der Fußgängerzone sorgten dafür, dass die Zahl der zur Verfügung stehenden Absender stetig anstieg. Und damit auch die anfallende Arbeit. Denn mit dem ersten Paket entspann sich meist eine Konversation zwischen Wittlich und den Hilfsempfängern, die Worte des Dankes sowie konkrete Bitten an Bornmüller und Kolleginnen richteten.

Einer dieser Briefe wurde am 8. Februar 1983 in Dresden verfasst und an Frau E. gesendet. Frau T. äußerte sich darin überrascht, dankbar und neugierig. Sie fragte, woher denn Frau E. ihre Adresse habe, berichtete von Alter, Kleider- und Schuhgrößen der eigenen Familie, erzählte von Ausbildung und Berufen und wie es ihnen »drüben« so erging, seit sie 1979 einen »Antrag auf Erteilung der Umsiedlungserlaubnis in die BRD« gestellt hatten. Die Tochter wurde exmatrikuliert, der Mann arbeitete nicht mehr, »um die Angelegenheit ein bisschen zu beschleunigen«, die Frau wurde »weit unter der Norm bezahlt«. Dennoch mochte man nicht bedauert werden, schließlich habe man ungefähr gewusst, worauf man sich mit dem Ausreiseantrag einließ, auch wenn die Realität sich als härter erwies. »Jetzt heißt es eben durchkämpfen.« Frau T. notierte ihre Dresdner Telefonnummer und bat um einen Anruf.

Frau E. war das alles zu viel. Umgehend verständigte sie Katrin und bat, ihren Namen für alle Zukunft von der Liste zu streichen. Ein Paket unter Angabe ihres Namens in die DDR zu schicken, sei das eine, damit eine persönliche Korrespondenz zu beginnen, das andere, und dazu habe sie weder Lust noch Zeit. Katrin akzeptierte diese Entscheidung und reagierte noch am selben Tag. Sie schickte eine Karte nach Dresden, auf der sie den T.s mitteilte, dass sie keine Zeit für einen Briefwechsel habe. Um für die mitlesende Stasi alles logisch aussehen zu lassen, blieb sie dabei, als Frau E. zu unterzeichnen. Als Begründung führte Katrin an – weiter unter dem Decknamen der E. –, dass sie berufstätig sei und eine kranke Mutter versorgen müsse. Diese Vorgehensweise, von Katrin als ganz alltäglich empfunden, erwies sich als Fehler. Am 3. März schrieb Frau T. den nächsten Brief. Ganz unbedarft wünschte sie der kranken Mutter »alles erdenklich Gute und vor allem baldige Genesung«.

Dann wurde sie konkret, wohl wissend, dass nicht allein die eigene Hartnäckigkeit zum Ziel führte, wenn man aus der DDR herauswollte. Höflich fragte sie nach, ob Frau E. eventuell bereit wäre, in regelmäßigen Abständen Informationen beim Ministerium für Innerdeutsche Beziehungen einzuholen und sie in Dresden darüber in Kenntnis zu setzen, wie das bereits ein ehemaliger Freund des Sohnes tat, der seit einem Jahr in Karlsruhe lebte. Wie auch den Aktiven der IGFM war ihr klar, wie wichtig ein gewisses Maß an Publizität für den Erfolg des Ausreiseantrags war. Jedes diktatorische Regime reagiert empfindlich auf Nachfragen aus dem Ausland. Peinlich ist man darauf bedacht, dass das internationale Image keinen Schaden erleidet. Steter Tropfen höhlt den Stein, stete Nachfragen aus dem Ausland höhlten die DDR.

»Wichtiger als alle materiellen Dinge ist für uns die moralische Unterstützung, damit unsere deprimierende Lage sich verkürzt.« Diese Zeilen machten klar, dass die T.s sich weitergehende Hilfe erhofften. Jetzt sah Frau E. rot. Am 13. März und, als Katrin darauf nicht reagierte, noch einmal am 26. März formulierte sie harsche Briefe, in denen sie juristische Schritte ankündigte, falls ihren Wünschen nicht entsprochen würde. »Ich habe Sie auf Ihre Anfrage lediglich autorisiert, ein Paket unter meiner Adresse abzusenden.« Für sie stellte Katrins Vorgehensweise einen »unterschriftlichen Missbrauch ihres Namens« dar; die Tatsache, dass sie in einer offenen Karte von ihrer kranken Mutter erzählt hatte (die es zu diesem Zeitpunkt tatsächlich gegeben hatte, Anm. d. Verf.), ignoriere die im westdeutschen Grundgesetz verbrieften Persönlichkeitsrechte. Und das von einem offiziellen Vertreter der Liga der Menschenrechte! Sie erwarte eine sofortige und umfassende Aufklärung mit Ablichtung sämtlicher Schreiben darüber, wie Katrin diese Angelegenheit gelöst habe oder zu lösen gedenke, schrieb sie. Die Hoffnungen, die »in diesen bedauernswerten Menschen« geweckt worden seien, seien nicht mit ihr abgesprochen gewesen.

Was für Katrin Anfang 1983 zum Alltag geworden war, überforderte andere Menschen, wie dieser Briefwechsel belegt. Nicht jeder war dazu bereit, seine Abende damit zu verbringen, Spenden zu ordnen, Pakete zu packen, Bestechungszigaretten und -kaffee obenauf zu legen, Briefe, Postkarten und Petitionen zu formulieren und dazu das Porto aus der eigenen Kasse zu zahlen. Dabei herrschte bei den zwei Frauen, die beide dem konservativen Lager entstammten, ursprünglich Einigkeit darüber, dass Bürger der DDR Hilfe brauchen. Die Frage war, wie diese Hilfe aussehen sollte. Katrin war und ist in dieser Hinsicht beweglich, opfert freie Abende, Tage und Wochenenden, zahlt Bestechungsgelder, wenn es nötig ist, lässt die Fünfe auch mal gerade sein, wenn es der guten Sache dient. Frau E. konnte das nicht.

Um ein Haar wäre diese Auseinandersetzung vor einem Gericht gelandet. Am 13. April 1983 beendete ein Brief den Streit, der belegt, dass Katrin auch das Vokabular der Diplomatie beherrscht, wenn es nötig wird. Schließlich stand ihr hier wie so oft ihr bedächtiger Ehemann zur Seite, der ihr überschäumendes Temperament im Zaum zu halten gelernt hatte.

Sehr geehrte Frau E., unseren unerquicklichen Briefwechsel und die dadurch entstandene Kontroverse möchte ich beendet wissen. Sollte ich Sie durch meine Handlungsweise in Ihren Rechten verletzt haben, so bitte ich Sie, mir dies nachzusehen. Um darüber hinaus Ihrer Aufforderung Genüge zu tun, entschuldige ich mich.

Ich darf der Erwartung Ausdruck geben, dass mit dieser meiner Erklärung die Angelegenheit bereinigt ist und dass dieser Brief nicht Anlass sein wird, die Öffentlichkeit weiter damit zu tangieren.

Freundliche Grüße Katrin Bornmüller

Das Leben in der DDR hat Narben hinterlassen: Dr. Lutz Brambach und Christine Brambach

»Der Alltag ist grau ... Versorgungsschwierigkeiten sind an der Tagesordnung ... DDR-Bürger haben keinen Auslauf ... Ziellos, orientierungslos, perspektivlos ist das Leben, besonders vieler Jugendlicher ... Was bleibt, ist ein Nischendenken, um zu überleben, ist ein Nischensuchen, um Beziehungen anzuknüpfen, ein Sich-Verstecken in den geschaffenen Nischen, um ein befriedigendes Leben zu führen ...«

Diese wenigen Auszüge aus Lutz Brambachs Unterlagen, die ihm bei einem Vortrag Ende 1984 im Rotary Club Mittelmosel-Wittlich als Gerüst dienten, kennzeichnen das Lebensgefühl vor seiner Ausreise im Februar 1984. Er war nie in Haft, konnte damals gemeinsam mit seiner Familie ausreisen, ersparte sich die Übergangsphase im Auffanglager in Gießen, hat längst wieder gute Kontakte zu einst linientreuen Verwandten. Und dennoch: Auch bei ihm hat das Leben in der DDR Narben hinterlassen. Als Katrin anfragte, ob wir ein Kapitel über ihn schreiben dürfen, wurden vergessen geglaubte Erinnerungen wieder aufgewühlt, sprach er mit seiner Frau Christine wieder über alte Themen, träumte wieder ungute Geschichten.

Brambach ist ein reflektierender Mensch, der sich immer als Wesen mit Herz und Verstand begriffen hat, zu DDR-Zeiten nicht weniger als später im Westen. Aus den Unterlagen, auf die seine Frau bei der Suche nach Dokumenten aus jenen Tagen des persönlichen Umbruchs gestoßen ist, geht klar hervor, dass er sich immer mit dem auseinandergesetzt hat, was um ihn herum vorging. Über das Westfernsehen hatte er Impulse aus dem Leben in der sozialen Marktwirtschaft empfangen, lauschte Reden von Männern und Frauen in demokratischen Parlamenten, verfolgte Wahlkämpfe und politische Magazine. Er zog Vergleiche und analysierte, wurde zunehmend unzufriedener mit den eigenen beschränkten Entfaltungsmöglichkeiten, forderte endlich für sich selbst Freiheit und Unabhängigkeit vom Gegängel der sozialistischen Ideologie, die misstrauisch alles Individuelle beäugte, das zulasten des allheiligen Kollektivs ging.

»Der normale Alltag ist ... ein gesicherter Arbeitsplatz, eine 43,75-Stunden-Woche. Früh aufstehen, Arbeit, Kinder einsammeln, versorgen, Westfernsehen, schlafen. ... Große Teile der Freizeit nach der Arbeit sind Schulungen, Weiterbildung und vor allem Versammlungen. Das Kollektiv soll so lange wie möglich zusammengehalten werden.« Ein unerträglicher Zustand für einen Mann mit der Erkenntnis, dass sich nicht alle über einen Kamm scheren lassen, für einen Mann mit Lust auf das Besondere, das andere, das Einzigartige an jedem Einzelnen. Im Rückblick scheint die Entwicklung zum Staatsfeind der DDR, zu dem ihn das System erklärt hat, logisch und unvermeidbar.

Nach einer glänzend absolvierten Maurerlehre hatte Brambach an der Arbeiter- und Bauernfakultät und an der Hochschule für Architektur und Bauwesen Weimar studiert. Später sollte ihm gerade dies zum Vorwurf gemacht werden. Da hatte der Kerl sämtliche kostenfreien Privilegien des Sozialismus in Anspruch genommen und erdreistete sich, mit all seinem Wissen und Können zum Feind überzulaufen! Der Ausreiseantrag, den die Familie Anfang der 1980er-Jahre stellte, wirkte auf Parteifunktionäre und deren linientreue Gefolgschaft wie ein Schlag ins Gesicht. Je klarer die Brambachs wahrnahmen, dass ein Leben im real existierenden Sozialismus für sie nicht mehr infrage kam, umso schwerer wurde es, den normalen Alltag aufrechtzuerhalten. Dennoch verlor Lutz Brambach seine Arbeit nicht. Trotz der professionellen Schnüffelei entging der Stasi sogar sein allmonatlicher Besuch bei Freunden auf einem Bauernhof, von wo aus er gen Westen telefonierte.

Brambach lehrte an einer Hochschule der DDR, was neben der Vorbereitung der nächsten Generation auf ihr Berufsleben ganz selbstverständlich deren Erziehung im Geiste des Sozialismus implizierte. Nicht nur fähige Bauleiter und Architekten sollte er ins Leben entlassen, sondern auch nach den Lehren des Karl Marx geformte Staatsbürger, damit sie als Mittzwanziger die Wirtschaft am Laufen halten konnten. Brambach selbst hatte sich lange Jahre dem Anspruch des Staates entzogen, der eine aktive Teilnahme am politisch-gesellschaftlichen Leben einforderte. Dass der Apparat nicht lockerließ, versteht sich von selbst. Langsam, aber sicher traten die Fronten immer klarer hervor. Brambach kam während eines Zusatzstudiums für seine Habilitation in Moskauer

Bibliotheken und formulierte die Entwicklung wie folgt: »Jeder Versuch, auf Veränderungen beim Studienablauf einzuwirken, Druck auf die Studenten zu mindern oder zu verhindern, keine unnötigen Versammlungen, Einsätze, Verpflichtungen auf die Jugend zu laden, wurde verhindert, bis ich als ‚gefährlicher Regimekritiker' hingestellt wurde, obwohl ich Selbiges damals nicht wollte!« Das Kind war in den Brunnen gefallen, jede Kehrtwendung unmöglich geworden. Brambach trat aus allen Organisationen aus und stellte den Ausreiseantrag als letzte Möglichkeit, dem Irrsinn zu entfliehen, »obwohl wir nie wussten, ob wir es auch schaffen könnten«.

Das Regime reagierte. Bis dahin hatte Brambach isoliert arbeiten dürfen; nun terrorisierte man ihn offen. Über die Gründe, warum er nie ins Gefängnis musste, kann er nur mutmaßen. »Ob ich im kleinen Weimar zu bekannt war und man sich nicht traute – ich weiß es nicht.« Die elegantere Lösung wäre eine Krankheit gewesen, am besten gleich der Selbstmord, doch den Gefallen tat Lutz Brambach seinen Gegnern nicht. Es folgten strengste Isolierung, fast täglich unangenehme Gespräche mit sämtlichen Vorgesetzten, mit Polizei und Staatssicherheit. Am Rande sei bemerkt, dass Brambach dennoch nicht allein war. Viele Studenten erkundigten sich nach ihm, kamen ins Büro, fragten nach, unter ihnen der junge Student Christian Enzmann, der, anders als Brambach, für seine Weltanschauung in Haft musste. Die Zermürbungstaktik ging nicht auf. »Wir alle wurden immer fester, sicherer, die Gegenseite immer zügelloser, unsicherer. Wir wussten, was wir wollten, und hatten Argumente, die sie nie wiederlegen konnten.«

Selbst auf Versammlungen offen gegen ihn ausgesprochene Drohungen verbrecherischer Art brachten Brambach nicht mehr zum Schweigen. Wohl aber seine Habilitationsschrift, die bereits zu 60 Prozent fertiggestellt war und mit der er unter anderen Bedingungen beruflich hätte weiter aufsteigen können: Die musste er vernichten. Es folgte auch die Kündigung, der Brambach widersprach. Daraufhin wurde er als Zeichner in ein Büro strafversetzt: kein Telefon, Einzelzimmer, Kontaktaufnahmeverbot. Seinem hohen Bekanntheitsgrad im fast familiären Weimar verdankte er die Unterwanderung jedes Verbots durch mutige Studenten und Mitarbeiter, die sich einfach nicht daran hielten. Die Isolierung weichte auf, Brambach musste ins Zimmer des Parteisekretärs. Genau zwei Tage lang dauerte es, bis das Eigentor bemerkt wurde. Weil er dort alle Telefonate hören konnte, setzte man ihn wieder zu anderen Ingenieuren. Und so weiter und so fort.

Während Franz Josef Strauß Ende Juli 1983 auf Staatsbesuch in Weimar weilte, beschäftigte die Staatsmacht Lutz Brambach »sicherheitshalber« mit irgendwelchen unsinnigen Arbeiten. Hausarrest gab es, als der österreichische Staatspräsident kam; Brambach musste Blut- und Speichelproben abgeben, das Gehalt wurde auf unzumutbare 600 Mark gekürzt, stundenlang parkten Autos vor dem Haus, die Post erreichte das Haus der Brambachs im geöffneten Zustand. »Nie im Leben war ich mir so wichtig vorgekommen.« Auch die Mädchen litten, weil ihr Vater aufmuckte. Urplötzlich hagelte es schlechte Noten. »Wir waren seit dem Tag der Antragstellung Kriminelle.« Dennoch ertrug die ganze Familie ihr Außenseiterdasein tapfer, selbst die regelmäßigen Vorladungen des Vaters, der sich durch Verhöre nicht mundtot machen ließ.

Im Westen kämpfte Katrin Bornmüller mit. Wie erfolgreich ihre Strategie des Öffentlichmachens war, wussten Brambachs im fernen Weimar nicht. Irgendwann jedoch wurde der Ton der Beamten, die sich um seine Ausreisegenehmigung kümmern mussten, anders, fast ein wenig freundlich und menschlich. Hoffnung regte sich im Spätsommer 1983, als immerhin die Mitteilung kam, dass man ihren Antrag jetzt bearbeite. Da sich bis Oktober, November wieder nichts getan hatte, hakte Lutz Brambach nach. Erneut die Auskunft: »Ihr Antrag wird bearbeitet.« Bis Januar sollte es noch dauern, dann wurde es ernst. Die Koffer waren gepackt, als er auf der Arbeit eine Art Laufzettel in die Hand gedrückt bekam, auf dem alle Banken notiert waren, bei denen er sich die Bestätigung abstempeln lassen musste, dass er schuldenfrei sei. Das Ganze musste er im Februar noch einmal tun – Schikanen bis zur letzten Stunde. »Wahrscheinlich verhinderten die Behörden mit dieser unsinnigen Beschäftigungstherapie, dass wir mit unseren Freunden richtig Abschied feiern konnten.«

Am 14. Februar 1984 endlich hielten sie alle notwenigen Papiere in Händen. Um 11 Uhr fuhr der Zug los. Mit jeweils zwei Koffern saßen alle Familienmitglieder in einem Abteil in Richtung Bebra. Zu diesem Zeitpunkt waren sie jedoch wenig glücklich. Immer noch lagen zahllose

Hürden vor ihnen. Als die Familie von einem westdeutschen Grenzer aufgefordert wurde, nach Gießen ins Auffanglager zu gehen, setzte sich Brambach erfolgreich zur Wehr. »Wir sind doch hier nicht in der DDR!« Die Reise endete zunächst in Wächtersbach bei entfernten Verwandten. Es fühlte sich nicht gut an am Anfang, mehr ein Stranden als das Ende einer Reise sei es gewesen. Fremd unter Fremden, kein Geld, keine Arbeit, keine Wohnung, keine Schulen ...

Der Vater fuhr auf Arbeitssuche nach Bayreuth. Er wurde fündig. Schon nach einem knappen Monat im Westen nahm er eine Arbeit in Nürnberg auf, von der er Frau und Kinder ernähren konnte. Sie schafften es allein, und darüber sind sie froh. Ihre acht bescheidenen Koffer machten den Neubeginn im Westen möglich. Tatkräftige Unterstützung erfuhr die Familie durch die Rotarier, durch die IGFM, durch das Arbeitsamt, das die erste Arbeitsstelle Lutz Brambachs – hoffnungslos unterbezahlt, aber immerhin – mit 70 Prozent bezuschusste. Rasch fand auch Christine Arbeit in derselben Firma, in der ihr Mann angefangen hatte. Nach einer Handvoll wenig schöner Wochen in Wächtersbach zogen um Ostern 1984 herum Frau und Töchter ebenfalls nach Nürnberg, das zur zweiten Heimat werden sollte. Lutz Brambach, vom Ziel getrieben, einmal als selbstständiger Architekt sein Geld verdienen zu können, schaffte auch das: 1988 suchte er sich einen Partner und übernahm später dessen Büro komplett.

Die Beschäftigung mit der Vergangenheit löste bei Lutz Brambach nicht nur schlechte Träume aus. Seine Weitsicht auf die weitere Entwicklung im Ostblock verwundert ihn fast. Dass die DDR mit der Sowjetunion steht und fällt, hatte er bereits 1984 klar gesehen. »Solange auf dem Gebiet der DDR Kommunisten herrschen, und dieser Zeitraum ist höchstwahrscheinlich identisch mit der Zeit der Herrschaft der Kommunisten in der Sowjetunion, wird es keine deutsche Einheit geben, wird es den Kampf darum geben, ganz Deutschland dem Kommunismus einzuverleiben.« Entfremdung – und damit meinte Brambach nicht die Marx'sche Entfremdung von der Arbeit, sondern die Entfremdung von Ost- und Westdeutschen untereinander – werde nicht davon geheilt, dass man sich daran gewöhnt. Die Brambachs haben sich nicht daran gewöhnt, und der Verlauf der Geschichte hat ihnen recht gegeben.

Die ersten Erfolge der GFM
von Edgar Lamm

Die Menschenrechtsdiskussion in Europa und speziell in Deutschland nahm in den 1970er-Jahren an Intensität zu. Dies lag insbesondere an der fortdauernden Verletzung ebendieser Rechte in den damaligen Ostblockstaaten und vor allem in der DDR.

Sichtbares Zeichen dafür war die immer weiter verbarrikadierte innerdeutsche Grenze, bei der es sich zu dieser Zeit neben der Grenze zwischen Nord- und Südkorea vermutlich um die »perfekteste« und undurchlässigste Grenze weltweit handelte. Zynischer Höhepunkt war die Installation der Selbstschussautomaten SM 70, die den Schießbefehl und die Minenfelder ergänzten.

So war es auch kein Zufall, dass 1972 die Gesellschaft für Menschenrechte (GFM) gegründet wurde. Durch die Gründung weiterer nationaler Sektionen entstand zehn Jahre später die IGFM, die Internationale Gesellschaft für Menschenrechte.

Vor diesem Hintergrund war die Konferenz über Sicherheit und Zusammenarbeit in Europa (KSZE) für die GFM/IGFM von Beginn an ein wichtiges Aktionsfeld. Dieser KSZE-Prozess, wie an anderer Stelle dieses Buches beschrieben, begann offiziell mit der Unterzeichnung der KSZE-Schlussakte am 1. August 1975 in Helsinki.

Da einem Prozess etwas Dynamisches innewohnen soll, wurden bei jeder Konferenz eine Folgekonferenz sowie »Expertentreffen« zu speziellen Themen vereinbart. An den Folgekonferenzen sowie den Sonderkonferenzen zu Menschenrechtsfragen nahm die GFM/IGFM regelmäßig teil (siehe Auflistung auf S. 58). Diese Serie begann für die GFM mit der ersten KSZE-Folgekonferenz nach Helsinki im Herbst 1977 in Belgrad.

Die GFM reiste also vom 1. bis 7. Oktober 1977 mit einer internationalen Delegation nach Belgrad. Sie bestand aus dem Jesuitenpater Wilhelm Bergmann, dem Völkerrechtler Hans-Günther Parplies, dem belgischen Parlamentsabgeordneten Willy Kuijpers, dem späteren britischen Unterhausabgeordneten Matthew Parris sowie Edgar Lamm, dem Sprecher der Delegation. Ihr Anliegen für die Konferenz in Belgrad formulierte die GFM-Delegation kurz und knapp:

>*Die humanitären Anliegen sind nicht nur eine Angelegenheit der Regierungen, sondern auch der Bürger der an der Konferenz teilnehmenden Staaten. Aus den uns garantierten Menschenrechten leiten wir die moralische Verpflichtung ab, uns auch für die Menschenrechte anderer einzusetzen.*«

Im Konferenzzentrum Belgrad tagte die KSZE 1977. Mit dabei: Edgar Lamm für die IGFM.

Anklage

Im Gepäck hatte die Delegation mehrere Petitionen mit 17.664 in der Bundesrepublik Deutschland gesammelten Unterschriften. Darin beklagte sie unter anderem folgende Missstände:

In der Sowjetunion entstanden seit 1976 mehrere Helsinki-Gruppen, die auf die Einhaltung der KSZE-Schlussakte drangen. Ihre Mitglieder, darunter prominente Bürgerrechtler wie Alexander Ginsburg, Jurij Orlow und Anatolij Schtscharanskij, wurden daraufhin verhaftet. Weiterhin setzte sich die GFM für zahlreiche Russlanddeutsche ein, die Anträge auf Ausreise in die Bundesrepublik Deutschland gestellt hatten.

In der Tschechoslowakei entstand im selben Jahr das Menschenrechtsdokument »Charta 77«. Deren Unterzeichner waren Repressalien ausgesetzt bzw. wurden verhaftet, unter anderen Pavel Kohut, Vaclav Havel, Jiři Lederer und Vladimir Škutina.

In Polen wurden Mitglieder des »Komitees zur Verteidigung der Arbeiter« und der »Bewegung für die Verteidigung der Menschenrechte« verfolgt, darunter beispielsweise Jacek Kuron, Jan Jozef Lipski und Adam Michnik.

In Rumänien wurden die Angehörigen der deutschen Minderheit vielfach daran gehindert, zu ihren Angehörigen in die Bundesrepublik Deutschland auszureisen.

Die meisten Eingaben erhielt die GFM im Vorfeld der KSZE-Folgekonferenz zum Thema DDR. Dabei ging es in erster Linie um die Verfolgung und Verhaftung von Ausreiseantragstellern. Hervorgehoben wurde das Engagement mutiger Bürgerrechtler wie Dr. Karl Heinz Nitschke, Professor Dr. Hellmuth Nitsche, Rudolf Bahro und Rolf Mainz.

Auch das Gastland Jugoslawien wurde angeklagt aufgrund seiner etwa 600 politischen Gefangenen, darunter seinerzeit bekannte Namen wie Mihajlo Mihajlov und Vitomir Djilas, ein Vetter des einstigen Tito-Stellvertreters Milovan Djilas, den die GFM-Delegation während ihres Aufenthaltes in Belgrad besuchte.

Forderungskatalog

In einem umfangreichen Katalog stellte die GFM-Delegation unter anderem folgende Forderungen an die Konferenz:

- Aufhebung des Verbots der Auswanderung und Genehmigung von Besuchsreisen in nicht kommunistische Länder,
- Abbau der Selbstschussanlagen sowie Räumung der Minenfelder an der innerdeutschen Grenze,
- Genehmigung zum Bezug von Zeitungen und Literatur aus dem westlichen Ausland,

- Verbreitung der Allgemeinen Erklärung der Menschenrechte und der KSZE-Schlussakte in den kommunistischen Ländern,
- Aufhebung der gegen Oppositionelle verhängten Arbeits- und Berufsverbote (insbesondere in der UdSSR, der ČSSR und der DDR),
- Beendigung der Zwangsadoptionen von Kindern, deren Eltern aus politischen Gründen inhaftiert bzw. im Rahmen des Häftlingsfreikaufs in die Bundesrepublik Deutschland abgeschoben wurden,
- Garantie der Religionsfreiheit,
- Trennung von kriminellen und politischen Häftlingen in den Gefängnissen,
- Verzicht auf den Einsatz krimineller Häftlinge als Vorgesetzte der politischen Häftlinge.

Die GFM-Dokumentation für die Belgrader Konferenz schloss mit der die Ereignisse von 1989/1990 vorwegnehmenden Feststellung:

»Wir wissen, dass die volle Durchsetzung der Menschenrechte in Europa ein längerer Prozess ist, der aber nicht auf unabsehbare Zeit hinausgeschoben werden kann.«

Gespräche

Mit diesen Dokumenten ausgestattet, begann die fünfköpfige GFM-Delegation in der ersten Oktoberwoche 1977 eine Serie von Gesprächen mit den offiziellen Delegationen der Teilnehmerstaaten. Sie wurde von folgenden Delegationsleitern empfangen:
Bundesrepublik Deutschland (Staatssekretär Günther van Well), Großbritannien, Österreich, Schweiz, Belgien, Niederlande, Vatikan.
Weitere Gespräche wurden mit den Mitgliedern der Delegationen aus den USA und aus Jugoslawien geführt.
Absagen erhielt die Gruppe von den Delegationen der Sowjetunion, der DDR und Bulgariens.

Auffällig und positiv war, dass die westlichen Delegationen durchweg die Auffassung vertraten, dass das Eintreten für Menschenrechte seit Helsinki nicht mehr als Einmischung in die inneren Angelegenheiten eines Staates angesehen werden könne. Diese Sichtweise hatte sich in den 1970er-Jahren nur allmählich durchgesetzt. Zuvor – etwa bei den Verhandlungen um die Ostverträge von 1970 bis 1972 – stand stets das Souveränitätsprinzip im Vordergrund.

Insbesondere die Unterdrückung der Helsinki-Gruppen in der Sowjetunion und der Unterzeichner der Charta 77 in der Tschechoslowakei wurden als flagrante Verstöße gegen die KSZE-Schlussakte kritisiert.

Ostblockdelegationen

Die Delegationen der kommunistischen Staaten verweigerten leider die Gespräche. Die Schwierigkeit bestand zunächst in der Kontaktaufnahme, da diese Delegationen – mit Ausnahme Jugoslawiens – keine Büros im Konferenzzentrum unterhielten, sondern sich in ihre Botschaften in Belgrad zurückzogen. Die Sowjetunion hatte zwar ein Büro im Save-Zentrum, wo die Konferenz stattfand. Es war aber ständig unbesetzt.

So besuchte die GFM-Delegation die DDR-Botschaft in Belgrad, wurde jedoch unter Hinweis auf den bevorstehenden Jahrestag der DDR abgewiesen. Das Gleiche geschah in der sowjetischen Botschaft, wo Sprachschwierigkeiten und das Fehlen eines Gesprächspartners angeführt wurden. Immerhin kam ein kurzes Gespräch mit einem jugoslawischen Delegierten zustande.

Milovan Djilas

Am Rande der Konferenz besuchte die GFM-Delegation den einstigen Tito-Stellvertreter Milovan Djilas, eine historische Gestalt im damaligen Osteuropa.

Djilas hatte neben Partisanenführer Tito im Zweiten Weltkrieg gegen die deutschen Besatzer und für ein kommunistisches Jugoslawien gekämpft. Der Sohn eines königlichen Polizeioffiziers aus Montenegro hatte schon in den 1930er-Jahren in der illegalen KP mit Tito zusammengearbeitet und war nach dem Befreiungskampf zu dessen Stellvertreter aufgestiegen. 1954 kam es zum Bruch zwischen den beiden Volkshelden. Djilas verlor seine Ämter und zahlte für seine Rebellion gegen die Parteiherrschaft mit insgesamt elf Jahren Gefängnis. Sein Buch »Die Neue Klasse« (1958) zählte die New York Times zu den wichtigsten Büchern des 20. Jahrhunderts.

Pressekonferenzen

Den spektakulären Höhepunkt der GFM-Reise nach Belgrad bildeten zwei Pressekonferenzen im Delegierten-Hotel Jugoslavija, an denen etwa 35 internationale Journalisten teilnahmen.

Bei der ersten Pressekonferenz am Mittwoch, dem 5. Oktober 1977, waren drei bis vier Geheimpolizisten sowie ein Korrespondent der jugoslawischen Nachrichtenagentur Tanjug anwesend. In einiger Entfernung wurde ein Korrespondent des Ostberliner Fernsehens gesichtet, der an der Pressekonferenz jedoch nicht teilnahm, »weil das für mich keinen Nachrichtenwert hat«, wie er einem westdeutschen Kollegen sagte.

Die zweite Pressekonferenz fand am Freitag, dem 7. Oktober, statt. Dies waren die ersten Pressekonferenzen einer Menschenrechtsorganisation, die in Belgrad überhaupt stattfinden konnten. Es gab – offensichtlich aus Angst vor noch größerer Publizität – keinerlei Behinderungen. Lediglich bei den ersten eintreffenden Journalisten machten die Geheimpolizisten den Versuch, diese fortzuschicken.

Das Medienecho war enorm und das bis dahin größte bei einer GFM-Aktion. Meldungen und Berichte erschienen unter anderem in den folgenden Medien:

Fernsehen: ARD, ZDF, ORF (Österreich), CBS News (USA), Schweizerisches Fernsehen, Spanisches Fernsehen, Norwegisches Fernsehen

Rundfunk: WDR, Deutschlandfunk, Deutsche Welle, Hessischer Rundfunk, Niederländischer Rundfunk

Nachrichtenagenturen: Deutsche Presse-Agentur (dpa), Katholische Nachrichten-Agentur (KNA), Reuters, Associated Press (AP), United Press International (upi)

Darüber hinaus gab es zahlreiche Presseberichte. Hier nur einige Auszüge:

Kölnische Rundschau, 6. Oktober 1977:
Geheimkonferenz auf dem Hotelflur

Die jugoslawische Polizei hat nicht, wie zu befürchten war, eingegriffen. Vielleicht, weil sie nicht damit gerechnet hatte, dass diese improvisierte, interne, fast geheim anmutende Pressekonferenz der Gesellschaft für Menschenrechte aus Frankfurt im fünften Stock des Belgrader KSZE-Delegierten-Hotels »Jugoslawia« in einem Foyer stattfinden würde.

Dieser Raum mit Klubsessel-Garnituren und Blick auf die Donau war im Gegensatz zu allen anderen Stellen des Hotels unbewacht. Und so äußerte sich der junge Sprecher dieser Menschenrechtler-Gruppe, Edgar Lamm, Dozent an der Bischöflichen Akademie in Aachen, unter dem Surren der Fernsehkameras des ZDF vor etwa zwei Dutzend westlichen Journalisten unbehelligt über die Aktionen seiner Organisation in Belgrad.

Der Tagesspiegel, 7. Oktober 1977:
Peinliches Thema für Moskau – Aktivität der Gesellschaft für Menschenrechte in Belgrad

Während sich Mittwochvormittag im Plenum der Vertreter Schwedens generell für die Verwirklichung der Menschenrechte einsetzte, nannten zur gleichen Zeit im zwei Kilometer entfernten Hotel Jugoslawia fünf Sprecher der Gesellschaft für Menschenrechte ohne diplomatische Umschreibung konkrete Beispiele für Verletzung der Menschenrechte in den sozialistischen Staaten.

In einer von den jugoslawischen Behörden tolerierten Pressekonferenz, an der im größten Belgrader Hotel 50 Vertreter der internationalen Presse, des Rundfunks und Fernsehens teilnahmen, betonten die Sprecher der Gesellschaft für Menschenrechte, dass sie kein Störmanöver planten, sondern mit ihrer Aktion die KSZE-Teilnehmerstaaten in dem Bemühen unterstützen wollten, eine nüchterne Bilanz aller Punkte der Helsinkier Schlussempfehlungen zu ziehen.

Noch am Mittwochmorgen wurden zwei Exil-Litauer des Landes verwiesen, die sich für die Rechte ihrer in der Heimat lebenden Landsleu-

te einsetzen wollten. Dass dagegen die Pressekonferenz der Gesellschaft für Menschenrechte stattfinden konnte, überrascht umso mehr, als die fünf Sprecher auch die jugoslawischen Gastgeber nicht schonten. Sie machten darauf aufmerksam, dass es in Jugoslawien 600 politische Gefangene gebe.

Westdeutsche Allgemeine Zeitung, 6. Oktober 1977:
Belgrad: Gesellschaft für Menschenrechte beschuldigt Ostblock
Was die KSZE-Delegationsleiter bei ihren Eröffnungserklärungen im Save-Centar bisher sorgfältig vermieden haben, besorgte die Frankfurter Gesellschaft für Menschenrechte am Mittwoch im 5. Stock des Jugoslavija-Hotels. Unter den Augen von mindestens zwei Geheimdienstbeamten nannte sie bei einer Pressekonferenz auf dem Korridor Länder mit Namen, die im Widerspruch zu den Vereinbarungen von Helsinki weiter Menschenrechte verletzen.

Es war das erste Mal, dass eine derartige Aktion am Rande der KSZE in Belgrad ungehindert blieb.

Aachener Volkszeitung, 7. Oktober 1977:
Klartext am Rande von Belgrad – Deutsche Menschenrechtler klagen an
In Belgrad ist man sich noch nicht im klaren darüber, ob die jetzige Toleranz gegenüber den Vertretern der Gesellschaft für Menschenrechte auf eine Änderung der Taktik oder darauf zurückzuführen ist, dass einer ihrer Sprecher gleichzeitig als Diplomat bei der belgischen Delegation akkreditiert ist.

Deutsche Tagespost, 7./8. Oktober 1977: **17.000 Unterschriften für die Menschenrechte – Gesellschaft für Menschenrechte überreicht Petition in Belgrad**

Allgemeine Zeitung, 6. Oktober 1977: **Geheimkonferenz vor der Kamera – Menschenrechtler fordern in Belgrad das Menschenrecht**

DIE WELT, 6. Oktober 1977: **Kämpfer für die Menschenrechte klagen in Belgrad den Ostblock an**

Zahlreiche weitere Berichte publizierte die GFM seinerzeit in einer Dokumentation über die Belgrader Ereignisse.

Nur noch wie eine Anekdote liest sich heute eine »Meldung« in der sowjetischen Literaturzeitschrift Literaturnaja Gazeta vom 19. Oktober 1977: »*Trotz der Überzeugung einer Reihe westlicher Zeitungen beschäftigte sich auch niemand mit den Jugendlichen aus Frankfurt am Main, die versucht hatten, auf den Straßen Belgrads Unterschriften für eine Petition zu sammeln, welche die ‚Freilassung von politischen Gefangenen in der UdSSR‘ fordert. Ihnen wurde ebenfalls einfach empfohlen, sich nach Hause zu begeben.*«

Hier stimmt kein Wort. Die GFM-Delegation hatte »auf den Straßen Belgrads« keine Unterschriften gesammelt. Sämtliche 17.664 Unterschriften stammten aus der Bundesrepublik Deutschland.

Die Aktion der GFM im Herbst 1977 in Belgrad war der Startpunkt aller GFM/IGFM-Aktivitäten im Rahmen der KSZE. Die Frankfurter Allgemeine Zeitung fasste den Sinn dieser Bemühungen am 6. Oktober 1977 treffend zusammen:

»*Appelle wie der Sacharows oder Dokumentationen wie jene, die die deutsche Gesellschaft für Menschenrechte jetzt in Belgrad vorgelegt hat, sind von Bedeutung. Solche Petitionen und Dokumentationen machen sichtbar, dass es, trotz der Strategie kritikbedrängter Machthaber, Bürgerrechtssprecher in den Westen abzuschieben, immer wieder neue Fälle, andere Namen gibt. Die Menschenrechtsbewegung ist nicht zur Ruhe zu bringen.*«

Links: Die Akkreditierung von Edgar Lamm bei der KSZE-Konferenz in Belgrad 1977
Rechts: Presseausweis von Katrin Bornmüller bei der KSZE-Konferenz in Helsinki 1992

Die KSZE-Konferenzen und ihre Folgen

Die Konferenz über Sicherheit und Zusammenarbeit in Europa (KSZE) war eine Folge von blockübergreifenden Konferenzen der europäischen Staaten zur Zeit des Ost-West-Konfliktes. Die Initiative zur ersten Konferenz am 3. Juli 1973 in Helsinki ging hauptsächlich vom Warschauer Pakt aus. 35 Staaten nahmen daran teil: Kanada, die USA, die Sowjetunion sowie alle europäischen Staaten (außer Albanien).

Bereits 1954 hatte Nikita Chruschtschow, damals sowjetischer Staatschef, eine europäische Sicherheitskonferenz vorgeschlagen. Ein zaghaftes Aufeinander-Zugehen der Blöcke konnte erst durch Willi Brandts Entspannungspolitik beginnen. Am 26. Februar 1972 stimmte US-Präsident Richard Nixon beim Gipfeltreffen mit dem sowjetischen Staatschef Leonid Breschnew der Konferenz zu. Man einigte sich auf Helsinki als Tagungsort, die Hauptstadt des blockfreien Finnlands.

Am 1. August 1975 wurde der vorläufige Schlusspunkt gesetzt: Alle 35 Staaten unterzeichneten die »Schlussakte von Helsinki«, die weitreichende Vereinbarungen nicht nur in Bezug auf die Menschenrechte enthielt. Eine Zusammenarbeit wurde vereinbart für die Bereiche Wirtschaft, Wissenschaft, Technik, Umwelt und Sicherheit sowie für Fragen der Zusammenarbeit in humanitären Angelegenheiten. Ausdrückliches Ziel war, Brücken zwischen dem Ost- und dem Westblock in Europa zu bauen.

Die Konferenz arbeitete mit den politischen Realitäten, auch mit jenen, die Menschenrechtsaktivisten nicht genehm waren, nicht genehm sein konnten, denn sie kämpften ja an der Seite all derer, die sich zur Wehr setzten und dafür mit Gefängnis, Isolation und Trennung von allem, was ihnen lieb war, bezahlen mussten. Sämtlichen Bedenken zum Trotz wurde der Status quo hinsichtlich der Grenzen, wie sie nach dem Zweiten Weltkrieg gezogen worden waren, zunächst nicht infrage gestellt. Als Folge verbesserten sich die Lebensbedingungen, da nun auch der Osten in wirtschaftliche Beziehungen mit westlichen Ländern treten konnte. Dafür machte er immer wieder, Schritt für Schritt, Zugeständnisse bei den Menschenrechten, von denen im Endeffekt keines eingehalten wurde. Vertreter zahlreicher Menschenrechtsorganisationen waren bei jedem einzelnen Treffen vor Ort, um ihre Forderungen den jeweiligen Staatschefs, Außenministern oder Diplomaten authentisch vortragen zu können. Aktivisten der IGFM gaben Interviews, demonstrierten an exponierter Stelle mit mehrsprachigen Transparenten, verteilten Flugblätter, sorgten insgesamt für medienwirksame Inszenierungen. Wir erinnern uns: Nichts fürchten totalitäre Regime mehr als das Interesse der internationalen Öffentlichkeit. So boten die KSZE-Folgekonferenzen bis zum Fall des Eisernen Vorhangs eine ideale Plattform für den Kampf gegen Menschenrechtsverletzungen.

Im Rückblick wird klar, dass die KSZE einen wesentlichen Beitrag für die Beendigung des Ost-West-Konfliktes geleistet hat, weil die Bürger gewisse Möglichkeiten erhielten, die ihnen zugestandenen Rechte einzufordern, ja, dass sie entscheidend mit dazu beigetragen hat, das schwarz-weiße Blockdenken etwas aufzubrechen. Durch regelmäßige Dialoge – nicht über-, sondern miteinander – standen die verletzten Menschenrechte immer wieder im Fokus der Weltöffentlichkeit. Freiheitsbewegungen erhielten Rückenwind, die Namen von Inhaftierten wurden populär, ihr Schicksal erfuhr internationales Interesse: alles Fakten, die Diktaturen geflissentlich zu vermeiden suchen.

Katrin Bornmüller nahm an insgesamt zehn Konferenzen für Sicherheit und Zusammenarbeit in Europa teil. Achtmal war Vorstandskollege Edgar Lamm als Delegationsleiter der IGFM an ihrer Seite. Die beiden hatten Dokumentationen mit Situationsberichten über die Menschenrechtslage sowie Listen mit den Namen von politischen Häftlingen und entlassenen Gefangenen der kommunistischen Länder im Gepäck. Eine von Katrins Aufgaben war es, Flugblätter, Anschreiben und Aufrufe zu übersetzen. Edgar Lamm und Katrin Bornmüller sammelten Mitstreiter für Menschen hinter Gittern, mit Berufsverboten, im Hausarrest. Das Material übergaben sie den Delegationen der Länder, die an den KSZE-Konferenzen teilnahmen, sowie Außenministern, Botschaftern und natürlich Medienvertretern, willkommenen Multiplikatoren bei der Meinungsbildung.

Katrin mit ihrer Dreisprachigkeit konnte Interviews vor laufender Kamera geben. Sie besuchte mit Edgar Lamm nach Terminabsprache die Vertreter der Länder, deren Politik sie verurteilten. Sie scheuten sich nicht, mit Transparenten vor den Botschaften der UdSSR oder der DDR zu stehen. Unverblümt sagten sie auch hochrangigen Politikern ihre Meinung, und wenn die ihre Unterlagen nicht in Empfang nehmen wollten – die DDR weigerte sich noch 1989 standhaft, überhaupt ein Auge auf das IGFM-Material zu werfen, eine Tatsache, die sie bis heute mit Empörung erfüllt –, schickten sie ihr Anliegen kurzerhand an die Staatschefs selbst. Unerschütterlich glaubten sie daran, dass steter Tropfen den Stein irgendwann doch höhlen würde.

Mal kämpften sie für die Freilassung des Ehepaares Raasch, mal für die Enzmanns oder für die Kinder von Johannes Jägle und Jutta Gallus. Manches dieser handgemalten Transparente hat sich über die Jahre erhalten und ist Teil des aufschlussreichen Fundus, der auf dem Speicher der Bornmüllers die deutsch-deutsche und die gesamteuropäische Zeitgeschichte belegt. In den Dokumenten finden sich auch etliche Schreiben, die an Erich Honecker adressiert sind.

Wie viele Fotos die östlichen Geheimdienste während der Auftritte bei KSZE-Konferenzen von Katrin gemacht haben, mag sie gar nicht wissen. Oft entdeckte sie die Kameras hinter halb zugezogenen Vorhängen und heruntergelassenen Rollos. Man machte sich nicht die Mühe, sich wirklich zu verstecken – auch dies Teil einer ausgeklügelten Einschüchterungsmaschinerie, von der die meisten Menschen sich beeindrucken ließen. Einmal wurde Katrin sogar kurz festgenommen. Was im Nachhinein wie ein Abenteuer klingt, war seinerzeit verständlicherweise wenig lustig. Nie konnte man sicher sein, nicht doch in dunklen Kanälen zu verschwinden.

Liste der KSZE-Konferenzen, bei denen Katrin Bornmüller die IGFM vertrat:

1980 Madrid (Spanien) mit Edgar Lamm
1981 Madrid (Spanien) mit Edgar Lamm
1982 Madrid (Spanien) mit Edgar Lamm
1985 Ottawa (Kanada) mit Edgar Lamm, Johannes Jägle, Jutta Gallus
1986 Bern (Schweiz) mit Edgar Lamm

1987 Wien (Österreich) mit Edgar Lamm
1988 Wien (Österreich) mit Edgar Lamm
1989 Paris (Frankreich) mit Edgar Lamm
1990 Kopenhagen (Dänemark) mit Sylvia Wähling
1991 Helsinki (Finnland) mit Wanda Wahnsiedler

Demonstration bei der KSZE Madrid im Februar 1982 mit Solidarność-Mitglied Ryszard Batory vor der Sowjet-Botschaft, bei der die Gruppe von der spanischen Polizei festgenommen wurde

Edgar Lamm, mit Katrin achtmal dabei, ergänzte das bisher Gesagte um folgenden Beitrag:

Die Einberufung einer europäischen Sicherheitskonferenz wurde in den 1960er-Jahren vor allem von der Sowjetunion gefordert. Sie versprach sich davon eine Anerkennung ihrer in der Folge des Zweiten Weltkrieges gemachten Eroberungen.

Unter ihrer Führung trugen die osteuropäischen Politbürokratien durch die Teilnahme am KSZE-Prozess ungewollt zur Destabilisierung der eigenen Macht bei. Die menschliche Dimension dieser Entwicklung (Korb III der Schlussakte von Helsinki vom 1. August 1975) wurde zu einem Instrument der Öffnung der bis dahin weitgehend abgeschotteten Systeme.

Zur Abwehr dieser höchst unerwünschten Prozesse waren die Staatssicherheitsdienste im sowjetischen Imperium gefordert. Denn die ganze Entwicklung verstieß vollständig gegen ihre beiden Grundanliegen: die Abschirmung vor »subversiven« westlichen Einflüssen und die Stabilisierung der Parteidiktaturen. Aus ihrer Sicht handelte es sich bei den Folgen der Öffnung des kommunistischen Machtbereichs um ideologische Diversion, die sie gemeinsam zu bekämpfen suchten.

Die Bundesbehörde für die Unterlagen des Staatssicherheitsdienstes der ehemaligen DDR hat mittlerweile dokumentiert, wie die Geheimdienste den KSZE-Prozess begleiteten, wie sie versuchten, seine Akteure auszuforschen, wie sie die neuen Einflussfaktoren wahrnahmen und wie sie Menschenrechtsorganisationen wie die IGFM bekämpften. Eine besonders aktive Rolle spielte dabei das Ministerium für Staatssicherheit der DDR (MfS) in Kooperation mit dem KGB.

Nach der von 35 europäischen und nordamerikanischen Staaten vereinbarten Helsinki-Schlussakte kam ein jahrelanger Prozess von KSZE-Folgekonferenzen und -Sonderkonferenzen in Gang, die unter anderem in Belgrad (1977/78), Madrid (1980–1983), Ottawa (1985), Bern (1986), Wien (1986–1989) und wiederum in Helsinki (1992) stattfanden.

KSZE-Pressekonferenz in Ottawa 1985, stehend am Mikrofon Edgar Lamm

Anfang der 1990er-Jahre spielte die KSZE eine zentrale Rolle bei der Neugestaltung der gesamteuropäischen Sicherheit. Mit der Charta von Paris vom November 1990 wurde der Ost-West-Konflikt offiziell beendet. Die KSZE hatte ihren Zweck erfüllt.

Nach dem Ende des Kalten Krieges übernahm die KSZE neue Aufgaben, um die in Europa vor sich gehenden historischen Veränderungen besser bewältigen zu können. Sie stattete sich mit ständigen Institutionen und operativen Fähigkeiten aus. In der Erkenntnis, dass die KSZE keine einfache Konferenz mehr war, wurde sie auf dem Budapester Gipfeltreffen von 1994 umbenannt in »Organisation für Sicherheit und Zusammenarbeit in Europa (OSZE)«.

Der Sprung ins kalte Wasser

»Am Montag, dem 10.11.1980, begann meine Reise.« Mit diesem fast spröden Satz fängt der Bericht an, den Katrin später beim GFM-Vorstand über ihre erste Teilnahme bei einer Konferenz über Sicherheit und Zusammenarbeit in Europa (KSZE) abgab.

Trotz seiner Sprödheit lässt der Satz erahnen, wie aufregend diese Reise für Katrin gewesen sein muss. Sie sprang damit ins kalte Wasser und auf das internationale Parkett, auf das Generalbundesanwalt a. D. Ludwig Martin sie von der ersten Begegnung bei einer IGFM-Versammlung an hatte »hieven« wollen. Dass sie auf dem direkten Wege mit Paketen, Petitionen und Anschreiben an Honecker und Konsorten den Häftlingen und ihren Familien in der DDR helfen wollte, war klar. Welche Kreise ihr Einsatz allerdings ziehen würde und vor allem auch welch ungeheuer starke Eigendynamik sich da zu entwickeln begann, ahnte sie damals nicht. Sie beherrschte die englische und die französische Sprache, letztere exzellent. Damit war sie die Frau der Stunde. Madrid stand an, und Katrin meldete sich. »Mein lieber Mann hat das erlaubt.« Gemeinsam mit Edgar Lamm, der bei acht ihrer insgesamt zehn KSZE-Konferenzen teilnahm, flog sie also am 10. November 1980 von Frankfurt nach Madrid.

»Es war so was von aufregend!« Katrin reiste mit dem Anliegen, den Delegationen der einzelnen Teilnehmerstaaten dezidiert die Schicksale der Menschen vorzutragen, die die damals noch nicht internationale GFM betreute. Ob sie der ihr angetragenen Aufgabe gewachsen sein würde, wusste die zu diesem Zeitpunkt 40-Jährige nicht. Nie zuvor hatte sie sich in derart hochkarätigen Kreisen bewegen müssen. Die zahllosen geöffneten und noch nicht geöffneten Briefe im Büro der GFM machten sie nervös; die Telefone klingelten ununterbrochen; beim spanischen Innenministerium musste eine Demonstration zum Tag der Menschenrechte am 10. Dezember angemeldet werden; für die Teilnehmer dieser Demo, die mit dem Bus anreisen sollten, mussten Unterkünfte gefunden und gebucht werden. Weder zum Essen noch zum Schlafen blieb ausreichend Zeit. Im selben Büro war eine Ausstellung des Mauermuseums am Checkpoint Charlie untergebracht, erstellt von der »Arbeitsgemeinschaft 13. August« unter der Regie von Dr. Rainer Hildebrandt. Nebenan, in derselben Hotelsuite, befand sich das Büro des Weltbundes freier Letten. »Die Zusammenarbeit war eine Freude«, erinnert sich Katrin. In diesen Tagen entstanden Freundschaften, die bis heute tragen, unter anderem die zu dem ehemaligen FAZ-Korrespondenten Claus-Einar Langen, selbst ein Opfer der sowjetischen Willkür.

Die Spanier nahmen die Demonstranten vorübergehend fest, die manchmal noch nach einer Woche im Gefängnis saßen – Franco war erst seit fünf Jahren tot, die Demokratie noch lange nicht verwurzelt in Spanien. Dieses Risiko nahmen auch Mitglieder der GFM auf sich, die sich mit einem nachgebauten Selbstschussautomaten von der deutsch-deutschen Grenze in Richtung Kongresspalast aufgemacht hatten. Ein Team der ARD zeichnete die Übergabe an die Delegation der DDR auf. Gemeinsam mit Dr. Hildebrandt und Claus-Einar Langen nahm Katrin an der anschließenden Pressekonferenz teil, die ihr immens wichtig erschien.

Überhaupt bezog sie fast seit Beginn ihrer Arbeit sämtliche Medien mit ein, wohl wissend, dass sie auf deren breite Wirkung in der Öffentlichkeit nicht verzichten konnte, wenn sie Grundlegendes erreichen wollte. Langen zeigte ihr, wie es funktionieren kann: Der hochkarätige Korrespondent verbarg sich in der Frankfurter Allgemeinen Zeitung hinter dem Kürzel »Lgn.«. Der Schwerpunkt seiner journalistischen Arbeit liegt im eigenen Lebensweg begründet: Unermüdlich schrieb Langen über Moskauer Einschüchterungsversuche im Vorfeld internationaler Sport- oder anderer Großveranstaltungen, über ukrainische Dissidenten, aber hauptsächlich über den Missbrauch psychiatrischer Diagnosen durch östliche Regime. Die Einstufung als »geisteskrank« ermöglichte es ihnen, missliebige Frauen und Männer ihrer Bürgerrechte zu berauben, sie zu internieren und für medizinische Experimente zu missbrauchen, die sie nicht selten mit dem Leben bezahlten.

Das Zusammentreffen mit ehemaligen Häftlingen der DDR und der UdSSR bestürzte Katrin zutiefst. »Die Schicksale der ehemals Inhaftierten in kommunistischen Gefängnissen persönlich geschildert zu bekommen, ist doch viel erschütternder, als sie nur zu lesen«, notiert sie in ihrem Bericht. Nach nur wenigen Tagen der Anleitung blieb Katrin allein im Madrider GFM-Büro zurück. Zu viel Arbeit wartete auch in der Geschäftsstelle in Frankfurt auf die Aktivisten. In Madrid waren rund 600 Briefe zu beantworten. Diese Aufgabe blieb an Katrin hängen. 90 Prozent der Hilferufe kamen aus Rumänien, der DDR und der Sowjetunion, allesamt Unterzeichnerstaaten der Helsinki-Schlussakte also. Das Hauptanliegen waren Familienzusammenführungen: Vater und/oder Mutter waren schon im Westen, während ihre Kinder, Eltern oder Ehepartner noch im Osten festgehalten wurden. Katrin arbeitete sich Schritt für Schritt durch den Stau an Papieren hindurch, versicherte den Absendern, dass man ihr Anliegen den entsprechenden Delegationen vortragen würde, und legte stets auch eine Einladung zur Protestaktion für den Tag der Menschenrechte in Madrid bei – eine exzellente Übung für die kommenden Jahrzehnte, in denen sie körbeweise Briefe erhalten und beantworten sollte.

Zum ersten Mal begegnete sie auch politischer Prominenz und solcher, die es einmal werden sollte. So traf sie auf Jurij Below, von 1963 bis 1979 Häftling in sowjetischen Gulags, davon auch einige Jahre in psychiatrischem Gewahrsam, der ein Plakat angefertigt hatte, das an der Wand des GFM-Büros hing. Auch der in London lebende Ludwik Lubienski, ein polnischer Adliger und, obwohl schon hoch betagt, Mitglied der polnischen Exilregierung an der Themse wurde ihr vorgestellt. Sie lernte unter anderen den Journalisten Dr. Siegfried Löffler kennen, regelmäßiger Gast in Werner Höfers seinerzeit äußerst populärem »Internationalem Frühschoppen« am Sonntagvormittag, und den Letten Vilis Skultans von Radio Liberty. Bekanntschaft machte sie darüber hinaus mit Mitgliedern der französischen und der schweizerischen Delegation, wobei ihr wieder einmal die Sprachkenntnisse von Vorteil waren. Die Ukrainerin Dr. Nina Strokata, die jahrelang in sowjetischen Gefängnissen hatte ausharren müssen, bevor sie 1979 in die USA abgeschoben wurde, begann in Madrid medienwirksam einen Hungerstreik. Julijs Kadelis vom Weltbund der Freien Letten in Münster, die dort seinerzeit ein eigenes lettisches Gymnasium führten, die einzige in Westeuropa anerkannte lettische Schule, arbeitete nebenan. Auch hier entwickelten sich Gespräche, erhielt Katrin Einblick in Zusammenhänge, die sie aufwühlten. »Kadelis war ein richtiger Freiheitskämpfer.« Tief beeindruckt vor allem von der tiefen Gläubigkeit dieser Letten lauschte Katrin den Prognosen über die Zukunft der UdSSR. Sie werde letztendlich scheitern an den vielen Nationalitäten und an der Religiosität der Bewohner, die man beide vergeblich zu bekämpfen versuche, so der Tenor in jenen Tagen. Kadelis selbst half das nicht mehr: Er starb später auf mysteriöse Weise. Es ist wahrscheinlich, dass er zu viel wusste und aus dem Weg geräumt wurde.

Manchmal führte Katrin Besucher durch die Ausstellung des Mauermuseums (bis heute zu sehen im Berliner Museum »Haus am Checkpoint Charlie«), teilte ihnen ihre Bestürzung mit über die junge schwangere Rumänin, die weder zu ihrem französischen Verlobten ausreisen noch in ihrem Beruf in Rumänien weiterarbeiten durfte, oder über die 200 ablehnenden Antworten auf die immer wieder gestellten Ausreiseanträge einer einzigen rumänischen Familie zwischen Januar 1978 und November 1980. Aufschlussreich war auch die Bekanntschaft mit einem ehemaligen sowjetischen Häftling, dem über Finnland die Flucht nach Schweden gelungen war. Bis zur Abklärung der genaueren Umstände brachte man ihn zunächst in einem schwedischen Gefängnis unter. »Der hat mir gesagt, er dachte zuerst, er sei im Hotel!« 14 Tage blieb Katrin in diesem ersten persönlichen KSZE-Jahr in Madrid. 14 in jeder Hinsicht prägende Tage.

Zurück im beschaulichen Wittlich galt es, das Erlebte zu verarbeiten und zu verkraften. Politiker, Menschenrechtler, Demonstrationen, Befreite und Angehörige von Befreiten, Ermordeten oder Noch-Inhaftierten, Bespitzelungen, eine Unmenge an Hilferufen und Öffentlichkeitsarbeiten waren auf Katrin eingestürzt. Fast alle, die je in politischer Haft gesessen hatten, litten weiter: Bei manchen waren es Depressionen, manche litten unter Schlafstörungen, andere begannen zu trinken oder verkümmerten innerlich an der Übermacht von Ängsten und Rachegefühlen, die sie nicht mehr losließen. Die vierfache Mutter aus der kleinen Stadt in der Eifel (im Jahr 1980 waren die Kinder 18, 16, 13 und sechs Jahre alt) hatte die Aufgabe gefunden, die sie nicht mehr loslassen sollte.

»Die Frau vom Checkpoint Charlie« – gemeinsam mit Jutta Gallus

Zu einem Symbol für das Unrechtssystem der DDR wurde Jutta Gallus. Der Fall ist verfilmt; wer Interesse hat, kann sich jederzeit »Die Frau vom Checkpoint Charlie« mit Veronica Ferres in der Hauptrolle ansehen. Die Frau aus Dresden, die sich nach einem Dutzend gescheiterter Ausreiseanträge 1982 an eine Fluchthelferorganisation gewandt hatte und auf der Flucht festgenommen wurde, wurde zwar selbst lange vor Ablauf der regulären Haftzeit im April 1984 von der Bundesrepublik freigekauft. An ihren Töchtern wollte die DDR jedoch ein Exempel statuieren. Auch Jutta Gallus wandte sich eines Tags hilfesuchend an die IGFM – und erhielt großzügige und effektive Unterstützung.

1985 flog Jutta Gallus in Begleitung der IGFM-Delegation zur KSZE-Folgekonferenz nach Ottawa. Dieses Foto entstand vor der dortigen Botschaft der Sowjetunion.

Schon 1984 trat Gallus, die 21 Monate lang im berüchtigten Frauengefängnis Hoheneck eingesperrt war, als Zeugin bei der IGFM-Anhörung über die menschenrechtswidrigen Haftbedingungen in der DDR auf. Sie schrieb darüber im Buch »Politische Haft in der DDR«, das die IGFM 2005 noch einmal nachdruckte. Die verzweifelte Mutter durfte mitreisen zu den KSZE-Folgetreffen nach Helsinki und Ottawa, wo sie mit spektakulären Aktionen für internationales Medieninteresse sorgte. So stand sie zum Beispiel ab Anfang Oktober 1984 für etwa ein halbes Jahr fast täglich am Berliner Grenzübergang Checkpoint Charlie. Jutta Gallus: »Bis zum 23.12.1984 habe ich täglich von 8 Uhr bis zum Einbruch der Dunkelheit gestanden, davon eine Woche im Hungerstreik!« Unterbrochen wurde diese Berliner Aktion nur von den Weihnachtstagen, als sie sich in Bonn gegenüber der Ständigen Vertretung der DDR postierte.

Auch im österreichischen Wien und im schweizerischen Bern kämpfte sie für ihr Recht auf Familienzusammenführung, führte Gespräche und übergab Petitionen. Zum zehnten Jahrestag der KSZE-Konferenz in Helsinki kettete sie sich am 7. August 1985 gegenüber der sowjetischen Botschaft an ein Geländer. Sie wurde sowohl bei Papst Johannes Paul II. vorstellig (April 1985) als auch beim damaligen Bundesaußenminister Hans-Dietrich Genscher (August 1985 in dessen Hotel in Helsinki) sowie bei Oskar Fischer, dem Außenminister der DDR. Am 13. August 1986, dem Jahrestag des Mauerbaus, gelang es ihr, bei einer offiziellen Gedenkveranstaltung im Reichstag bis ans Rednerpult zu gelangen. Hier richtete sie einen Appell an Helmut Kohl und Willy Brandt. Die IGFM sammelte für Gallus Unterschriften, Katrin tat dies auch an Ständen in diversen Fußgängerzonen, bei Demonstrationen, in ihren Lagern, und sie schrieb unermüdlich Protestbriefe an maßgebliche DDR-Stellen.

Im Mai 1985 flogen Katrin Bornmüller und Jutta Gallus gemeinsam nach Ottawa zur KSZE-Folgekonferenz. Die Kosten dafür wie auch für den Flug nach Helsinki übernahm die IGFM. Es war eine der unsichersten und abenteuerlichsten Reisen, die Katrin je unternahm. Schon in Deutschland wurde die IGFM-Truppe getrennt, und man musste unterschiedliche Maschinen nehmen. Edgar Lamm und Johannes Jägle, ein Mann russlanddeutscher Herkunft, der für die Ausreisebewilligung seiner Kinder aus der Sowjetunion kämpfte, landeten in Toronto, während die beiden Frauen in Montreal strandeten. »Dort ging erst mal alles schief«, erinnert sich Katrin. Der Flughafen in Montreal schloss nachts, und sie wurden gerade noch rechtzeitig von jungen amerikanischen IGFM-Mitarbeitern abgeholt. Damals noch ohne Handy unterwegs, war es für Katrin unendlich viel schwieriger als heute, von diesem gottverlassenen Flugplatz aus den Kontakt herzustellen zu Menschen, die ihr aus dieser misslichen Situation heraushelfen konnten. Offizielle Stellen fielen aus.

Nun, es gelang. Den Rest dieser Nacht verbrachten die Frauen in den Suiten eines »netten, ganz altmodischen Hotels« in Ottawa, die sie, beide erfahren im Umgang mit Geheimdienst-Methoden, zunächst gründlich nach Wanzen der Stasi absuchten. Das hatte wenig mit Verfolgungswahn zu tun. Katrin: »Die konnten überall versteckt sein.« Auf die Schnelle stellten sie im Zimmer dieses Hotels am frühen Morgen auch die Transparente her, mit denen sie am nächsten Tag vor dem Konferenzzentrum demonstrierten, stets im Visier nicht nur der Kameras internationaler Fernsehteams, sondern auch von Stasi- und KGB-Leuten. Frau Gallus konnte kein Englisch, weswegen Katrin die Funktion ihrer Dolmetscherin übernahm. Bei den zahlreichen Interviews wich sie nicht von der Seite der couragierten Mutter. Dass die IGFM als einzige europäische Menschenrechtsdelegation in Ottawa vertreten war, zehn Jahre nachdem 35 Staaten die Helsinki-Akte unterzeichnet hatten, verlieh ihren Argumenten doppeltes Gewicht.

Die Erinnerungen sind lebendig geblieben. »Am nächsten Morgen gab es eine Großdemonstration mit Balten aus den USA und aus Kanada.« Die demonstrierten direkt vor der sowjetischen Botschaft. Jägle, Gallus und Katrin demonstrierten, obwohl völlig übernächtigt, vor dem Konferenzzentrum und verteilten mutig Flugblätter, allseits im Blick der internationalen Delegationen und Geheimdienste. Katrin: »Sie rannten um uns herum und fotografierten uns fleißig.«

»Mit Hilfe unserer Gruppe von der amerikanischen Sektion, sie waren bereits früher in Ottawa und konnten schon einiges organisieren, fand bereits am 8. Mai um 9 Uhr die erste große Demonstration vor der sowjetischen Botschaft statt. Vereint mit Balten, Letten usw. zogen wir mit großen Transparenten vor der Botschaft, mehreren Fernseh-Teams und Journalisten auf und ab«, schreibt Frau Gallus in der »Menschenrechte«-Ausgabe vom Mai/August 1985. »Es war eine gewaltige Demo, und ich hatte das Glück, von mehreren Fernseh-Teams (Japan, USA, Kanada, Schweden) interviewt zu werden.« Wieder einmal waren die Übersetzungskünste Katrins von unschätzbarem Wert. Katrin und Frau Gallus konnten Kontakte zur Frankfurter Allgemeinen Zeitung knüpfen. Deren Korrespondent Ernst Levy war, in der Nachfolge von Claus-Einar Langen, ebenfalls in Ottawa. Das erwies sich als wertvoller Kontakt.

Johannes Jägles Bericht in derselben »Menschenrechte«-Ausgabe konkretisiert: »Nach Beenden der allgemeinen Demonstration blieb unsere Gruppe noch eine Zeit stehen vor der russischen Botschaft (korrekt müsste es »vor der sowjetischen Botschaft« heißen, Anm. d. Verf.). Dann wurde uns erlaubt, unsere persönlichen Unterlagen unter den Zaun der Botschaft zu legen und zu befestigen ... Ich und Frau Gallus (Sätze mit »ich« zu beginnen zeugt im Russischen vom Mut dessen, der vorangeht und sozusagen Prügel bezieht, Anm. d. Verf.) waren immer mit unseren Plakaten gestanden. Überall verteilten wir, wo es möglich war, unsere Flugblätter.« Während einer Demonstration im Zentrum von Ottawa erregte die Gruppe Bornmüller/Gallus/Jägle die Aufmerksamkeit von Parlamentariern. Ein Abgeordneter erkundigte sich, worum es sich bei ihrem Protest drehte. Er versprach, in der nächsten Sitzung des Parlaments das Thema Menschenrechte zu thematisieren.

Noch ein Erfolgserlebnis konnte man verzeichnen: Gallus und Jägle wurden zu einem Gottesdienst der lutherischen Kirche eingeladen. »Beim Gottesdienst erwähnte der Pfarrer in seiner Predigt auch unsere Angelegenheiten, was von den Zuhörern mit besonderer Begeisterung angenommen wurde«, so Jägle im Nachbericht. »Gleichzeitig bittet der Pfarrer die Zuhörer, bei uns Flugblätter zu nehmen und nach Moskau zu schreiben. Alle Kirchgänger nahmen bei uns Flugblätter und versprachen, an die angegebenen Adressen zu schreiben.«

Der IGFM-Delegationsleiter Edgar Lamm und Katrin Bornmüller kümmerten sich um die so notwendigen Gespräche. Ein zum damaligen Zeitpunkt vertrauliches, erst später öffentliches Papier listet die Gesprächspartner aus Ottawa auf. Sie reichen von Botschaftern aus Deutschland, den USA, Österreich, Liechtenstein über Dr. Wolfgang Kiesewetter aus der DDR bis zu Delegationsleitern (in anderen politischen) Funktionen aus Frankreich, Großbritannien, Schweden, Rumänien, der Schweiz und der Sowjetunion. Bei diesen Begegnungen übergaben Lamm und Bornmüller eine beachtliche Aufstellung von Einzelfällen, die Menschenrechte nachweislich an namentlich bekannten Personen verletzten: Das betraf in 566 Fällen die UdSSR, 457-mal Rumänien, 96-mal die DDR, 23-mal Polen.

Und noch etwas blieb deutlich in Katrins Gedächtnis. »Ein paar blöde Kanadier«, wie sie es ausdrückt, an deren unpassende Bemerkung sie sich erinnerte. Die Kanadier meinten vor dem Konferenzgebäude in Ottawa: »Ihr Deutschen seid doch selbst schuld. Ihr habt den Krieg doch angefangen!« Gut, dass sie sich zu diesem Zeitpunkt schon das nützliche dicke Fell hatte wachsen lassen.

Die Rechte an der Lebensgeschichte von Frau Gallus liegen in anderen Händen, weshalb wir hier nichts Näheres über sie schreiben dürfen und allein auf Erinnerungen und Publikationen in der Zeitschrift »Menschenrechte« angewiesen sind. Dass Katrins Einsatz und der ihrer Kollegen und Kolleginnen vom Frankfurter Büro mit dafür verantwortlich war, dass die Töchter von Jutta Gallus letztendlich doch aus der DDR freikamen, steht außer Zweifel. Auf öffentliches Interesse reagieren Diktaturen empfindlich, und genau das hatte man auch gemeinsam erregt.

Die Wahrheit in die Schulen tragen

Junge Menschen sind die Zukunft. So war Katrin Bornmüller erfreut, als sie von Lehrern und Schülern aus Wittlicher Schulen gebeten wurde, vor interessierten Jugendlichen über ihre Arbeit zu sprechen. Ende der 1980er-Jahre nahm sie sich mehrmals Zeit, um die Arbeit der IGFM ausführlich vorzustellen. Mal waren es Vorträge, mal Menschen, die authentisch von Schicksalen berichteten, mal war es eine ganze Projektwoche, mal ein Podiumsgespräch an einem Tisch mit anderen Menschenrechtlern.

Im August 1988 arbeitete Katrin mit 21 Schülern überwiegend aus der Jahrgangsstufe 13. An Katrins Seite vermittelten mehrere Zeitzeugen, wie sich die Lebenswege nicht systemkonformer Bürger in diktatorischen Staaten entwickeln können. Jurij Below hatte 16 Jahre in sowjetischer Haft verbracht, das russlanddeutsche Ehepaar Jägle hatte einen langen Kampf für das Ausreiserecht seiner Kinder geführt, Maria Jekeli berichtete über die teils erbärmlichen Zustände in Rumänien, wo ihr als Pfarrerstochter der Zugang zu einer Universität verwehrt geblieben war. Erst fünf Wochen zuvor war das noch junge Ehepaar Stuck aus der DDR in den Westen gekommen. »Gerade für uns junge Deutsche, die in einer Wohlstandsgesellschaft aufgewachsen sind, war die Wahrheit erschreckend«, schrieb später Silvia Lauterborn, eine Teilnehmerin des Projektes »Menschenrechte und Widerstand«.

Auch Schüler anderer Wittlicher Schulen durften den Berichten folgen: An jedem Tag gesellten sich Jugendliche aus der Realschule und aus dem Cusanus-Gymnasium hinzu. Silvia Lauterborn: »Es gab leider nur Platz für 50 Zuhörer, die Schulen der Stadt hatten großes Interesse.« Katrin informierte über politische Hintergründe und diverse Einzelfälle aus der täglichen Praxis der IGFM-Arbeit. Das Projekt hinterließ Eindruck. Drei 20-Kilo-Pakete gingen nach Rumänien, außerdem entstand ein Informationsstand der Schüler, an dem sie auf die verletzten Menschenrechte aufmerksam machten. Vielleicht noch wichtiger sind die »Spätfolgen«, die Silvia so formuliert: »Für mich persönlich ist es jetzt

Ehrensache, wenigstens einen kleinen Teil dazu beizutragen, diese Menschen zu unterstützen. Wir hier im Westen sollten uns nicht auf unseren Lorbeeren ausruhen, sondern aktiv für die Menschenrechte eintreten.«

Im Dezember 1988 besuchte Katrin in gleicher Mission die Kurfürst-Balduin-Realschule. Ausführlich ging sie auf verfolgte Christen in der Tschechoslowakei ein, erzählte von der Vertreibung und Ermordung der Sudetendeutschen nach dem Zweiten Weltkrieg, vom hoffnungsvollen Reformkurs unter Alexander Dubček und vom Einmarsch sowjetischer Truppen im August 1968, der den Versuch blutig beendete. Sie erzählte von den KSZE-Konferenzen und der Charta 77, von der Solidarność-Bewegung in Polen, von betreuten Fällen in der DDR, von Paketen, Briefen, Demonstrationen und Unterschriftenlisten. »Nur wir, die freie Welt, können helfen!« Etwa 70 Pakete packten die Realschüler danach – für viele Familien handfeste Hilfe in schwierigen Tagen.

Im November 1989 folgte ein weiterer Einsatz, diesmal im Cusanus-Gymnasium. Dazu geladen hatten die Sprecherin der Schülervertretung Anne Sliwka, die IGFM und Amnesty International, beide Menschenrechtsgruppen vor Ort bekannt und aktiv. Katrin Bornmüller und Wolfgang Tücks (IGFM) sowie Annette Münzel und Heinz Lorse (AI) arbeiteten Gemeinsamkeiten und Unterschiede heraus. Beide Organisationen eint, dass nur Unterstützung findet, wer im Heimatland gewaltlos für seine Ziele eingetreten ist. Dennoch wäre es nach zwei Stunden reger Diskussion fast zum Eklat gekommen. Einzelne im Atrium konzentrierten sich stark auf die Unterschiede der beiden Gruppen. Doch der Sachverstand auf dem Podium und die Umsicht im Publikum, darin auch eine frühere Solidarność-Kämpferin, verhinderten einen Streit. »Menschenrechte sind viel zu wertvoll, um zu polemisieren«, fasste ein Zuhörer zusammen.

Der Einsatz in den Schulen findet bis heute ein enormes Echo. Immer wieder erhält die Wittlicher IGFM aus diversen Schulen, sogar aus Kindergärten der Stadt und aus dem Umland Sach- und Geldspenden. Aus Kindern werden Leute, gute Ideen ziehen Kreise, und Katrins Grundsatz »Glaube, Liebe, Hoffnung« pflanzt sich stetig weiter fort.

Dr. Alois Mertes, treuer Freund und Unterstützer der Menschenrechtsarbeit

»Als er starb, hab ich mich sogar betrunken.« Das tut Katrin eigentlich nie. Der Tod dieses Mannes am 16. Juni 1985 in Bonn erschütterte sie jedoch in ihren Grundfesten. Und das nicht allein wegen der Unterstützung des Parteifreundes, derer sie sich stets gewiss sein konnte. Sie schätzte ihn als Mensch. Und sie schätzte ihn als einen Politiker mit starken Prinzipien: Gegenüber der Sowjetunion forderte Mertes trotz der in den 1980er-Jahren überparteilich laufenden Entspannungspolitik weiterhin Klarheit ein: Klarheit im Wort und Klarheit im Alltag der Menschen, die dort lebten. Beharrlich bestand er darauf, die Umsetzung der Paragrafen der UN-Menschenrechtscharta auch von der Sowjetunion und ihren Satellitenstaaten zu verlangen.

Wie sehr ein Mensch auch die Arbeit eines anderen schätzen, vielleicht sogar bewundern mag: Freundschaft basiert auf anderen Pfeilern. Zwischen Dr. Mertes und Katrin Bornmüller herrschte eine solche Freundschaft. In den Dokumenten findet sich eine kleine Visitenkarte aus dem Jahr 1980. Auf der Vorderseite das Porträt des promovierten Historikers, sein Name, die Farben der deutschen Flagge und der Hinweis auf Mertes' Parteizugehörigkeit, der Vermerk, dass er der Bundestagskandidat für den Wahlkreis 151 sei mit den Kreisstädten Bitburg, Prüm, Daun und Wittlich, sowie seine Bonner und Prümer Kontaktdaten. Auf der Rückseite in einer Handschrift, der man ansieht, dass sie ein Leben lang in der Übung war: »Für Katrin Bornmüller mit großem Dank und Sympathie und (Hand-)Kuss, Wittlich, 4.10.80, Alois Mertes.« In diesem Wahlkampf war Katrin mit dem Freund von Tür zu Tür gezogen. »Ich wusste, dass er der Richtige für unseren Wahlkreis war, und ich wollte unbedingt, dass er wieder gewinnt.«

Dieser Wunsch erfüllte sich. Dr. Mertes konnte zuverlässig auf sein Direktmandat zählen. Von 1972 bis zu seinem Tod war er im Bundestag; von 1980 bis 1982 als Vorsitzender der Arbeitsgruppe Außenpolitik seiner Fraktion. Die notwendige Erfahrung hatte er seit 1952 im diplomatischen Dienst sammeln dürfen. Er wurde ans Generalkonsulat nach

Marseille und in die deutschen Botschaften nach Paris und Moskau entsandt. Am 4. Oktober 1982 wurde er als Staatsminister im Auswärtigen Amt in die von Bundeskanzler Helmut Kohl geführte Bundesregierung berufen. Obwohl er ob seiner standhaften Haltung als Hardliner galt, war er Realist genug – oder Optimist? –, um einen dritten Weltkrieg als nicht realistisch einzuschätzen.

In einem kurz vor dessen Tod am 14. Mai 1985 in der FAZ veröffentlichten Artikel schreibt Robert Held über Mertes, er sei davon überzeugt, »dass die Supermächte nicht den Wunsch hätten, Selbstmord zu begehen, und dass deswegen das Risiko eines Kriegs zwischen Ost und West in Europa minimal, ja praktisch nicht vorhanden sei.« Diesem Sprachengenie, der als Diplomat schon von Berufs wegen immer um einen sorgfältigen Umgang mit Begriffen bemüht sein musste, war die Unterscheidung in Friedenserhaltung und Friedensgestaltung wichtig. Die Friedenserhaltung sah er zumindest zwischen den Supermächten USA und UdSSR auch Mitte der 1980er-Jahre gewährleistet: Der heiße Draht und der Atomwaffensperrvertrag legten in seinen Augen Zeugnis dafür ab.

Die allezeit wachsame Friedensgestaltung war die andere Seite der Medaille, die Verteidigung der demokratischen Grundwerte der Kern dieser Gestaltung. In dieser Hinsicht blieb Mertes zeitlebens kompromisslos. Es war wohl diese unbedingte Kompromisslosigkeit, die ihn mit Katrin verband und die beiden das Gefühl gab, »gemeinsame Sache zu machen«. Und die sie letztendlich tatsächlich »gemeinsame Sache machen« ließ.

Vier Fremdsprachen beherrschte Alois Mertes: Neben dem obligatorischen Englisch sprach er fließend französisch, spanisch und russisch. So war die frühe Diplomatenkarriere des Gerolsteiner Jungen, der aus einfachen Verhältnissen stammte, alles andere als Zufall. Klugheit, Fleiß und Beharrlichkeit führen auch heute noch meist zum angestrebten Ziel. Ob Mertes als junger Kerl wusste, wohin seine Begabungen ihn führen würden? Wir wissen es nicht. Er war kein Mann, der in lockerem Plauderton Konversation betrieben hätte. Das galt ihm als Kräfteverschleiß, und seine Kräfte setzte er lieber nutzbringend ein. Das liest man aus zahlreichen Dokumenten heraus, die in Katrins Akten über den bewunderten Parteifreund erhalten sind.

Der erste archivierte Schriftwechsel zwischen Dr. Mertes und Katrin Bornmüller stammt aus dem Jahr 1980. Es war Katrins Anfangszeit in der damals noch nationalen GFM, in der sie aus allen erdenklichen Quellen Informationen bezog, um sich in das schwere Thema Menschenrechte umfassend einzuarbeiten. Auch Mertes als »ihr« Bundestagsabgeordneter wurde befragt. Unter anderem wollte sie wissen, wie Mertes eine andere große Menschenrechtsorganisation, Amnesty International, einschätzte. Die Antwort legt Zeugnis ab vom freien Geist des Mannes, der selbst in der Hochzeit des Kalten Krieges den lähmenden Klischees von rechts und links und schwarz und weiß nicht aufsaß. Er hielt »Amnesty International für eine ernstzunehmende Organisation, die in Einzelfragen wohl etwas linkslastig sein kann, deren Einsatz für die Achtung der Menschenrechte aber sehr zu begrüßen und zu würdigen ist«, schreibt er am 30.4.1980.

In den gesammelten Briefen geht es stets um die politische Arbeit beider. Auf welch freundschaftlichem Fuß sie standen, dokumentieren viele handschriftlich zwischen den gedruckten Zeilen eingefügte Ergänzungen und Sätze wie: »Wir sollten uns darüber unterhalten, wenn ich Sie in Wittlich einmal wiedersehe.« Selten vergisst Staatssekretär Mertes, Grüße an Hermann Bornmüller auszurichten. Als Bornmüllers Sohn Andreas im Schuljahr 1980/81 in die DDR reisen möchte, kommen den Eltern Bedenken. Ist er sicher? Kann es sein, dass wegen der Mutter nach ihm gefahndet wird, der Sohn sozusagen als Unterpfand genommen werden könnte, um die Mama gefügig zu machen? Katrin wünscht Einsicht in die Fahndungslisten der DDR, bittet Mertes um Fürsprache im Ministerium für Innerdeutsche Beziehungen. Die beruhigen in einer Antwort vom 15. Januar 1981, obwohl auch ihnen Fahndungslisten nicht vorliegen. Andreas könne fahren, er fuhr, und er kam heil zurück.

Als Katrin einen Aufruf der IGFM »Zur Überwindung der Mauer« an Mertes schickte, legte er ihn ohne zu zögern für die Fraktionskollegen zugänglich aus. Er selbst unterschrieb gern. Tagtäglich mit außenpolitischen Fragen beschäftigt, weigert er sich standhaft, die Verhandlungen mit der DDR als Außenpolitik anzusehen. Seiner Überzeugung nach blieb das Bestandteil der Innenpolitik, war Deutschland ein Land, die Deutschen ein Volk, das es wieder zusammenzubringen galt. Die Mauer war abzureißen, damit die Menschen frei von Ost nach West verkehren konnten, wie sie es auch von Nord nach Süd taten. Dieser Punkt einte die beiden CDU-Freunde zeitlebens. Darum bat Katrin in konkreten Betreuungsfällen auch immer wieder um Mertes' Intervention, dessen Wort in parlamentarischen Kreisen schwerer wog als das ihre. Sie unterrichtete ihn über ihre Aktivitäten in seinem Wahlkreis, auf dessen Unterstützung er als Bundestagsabgeordneter angewiesen war. Und er war dankbar darüber, gratulierte regelmäßig zu den Vorträgen, die Katrin für Rotary und Lions Clubs, vor CDU-Frauenvereinigungen und in Schulen selbst hielt oder organisierte. Und unterstützte sie sogar persönlich, stand Seit an Seit mit ihr in Wittlichs Fußgängerzone, als der enge Zeitplan es einmal zuließ, war sich nicht zu schade für Beschimpfungen auf der Straße.

Die Gratulation im September 1982 ist entsprechend herzlich. Zum ersten Mal geht ein Brief an »Herrn Staatsminister Dr. Alois Mertes« ins Bonner Bundeshaus. Zu keiner Zeit vergisst Katrin – da gleicht sie Mertes aufs Haar – die politischen Aufgaben: »Möge Ihre Arbeit Segen für unsere Mitmenschen im Ostblock bringen, wie sehr setzen vor allem die Bürger der DDR auf eine CDU-Regierung.« Nach dem Regierungswechsel habe sie schon eine erfreuliche Neuerung feststellen können, schreibt sie. Plötzlich sei man im Ministerium für Innerdeutsche Beziehungen bereit, sich um den Fall eines ausreisewilligen DDR-Bürgers zu kümmern, obwohl der keine bundesdeutschen Verwandten vorweisen könne. »Das ist neu.« Namen, Aufenthaltsorte und die Geschichte dreier Härtefälle legt sie dem »sehr geehrten, lieben Herrn Dr. Mertes« anbei, sie wie er rund um die Uhr im Dienst.

Manchmal kann er helfen, manchmal nicht. Den Fall einer Familie Zille aus Dessau beispielsweise leitet er im Oktober 1982 persönlich an Rainer Barzel weiter, zu diesem Zeitpunkt Minister für Innerdeutsche Beziehungen. In drei weiteren Fällen bittet er um erneute Prüfung. Der Vorgänger Egon Franke habe stets betont, sie könnten nicht in die Bemühungen der Bundesregierung einbezogen werden. Vielleicht sähe er, Barzel, das ja anders. Mertes wird ein treuer Vertrauter. Als sie ihm von dem Deutrans-Lkw vor dem Haus in der Beethovenstraße berichtet, bestätigt er, dass Lastwagen aus der DDR und aus dem gesamten Ostblock regelmäßig mit Abhörgerätschaften im Westen unterwegs seien. Der damalige CDU-Abrüstungsexperte Dr. Jürgen Todenhöfer, den Katrin anschreibt nach einem im März 1983 in der WELT veröffentlichten Artikel, in dem er Gegenmaßnahmen von der Bundesregierung einfordert, antwortet ihr ebenfalls umgehend.

Dass der Gerolsteiner Freund auch kritisch ist, zeigt sich deutlich während einer Auseinandersetzung, die hohe Mitglieder der IGFM betreffen. Obwohl Katrin Alois Mertes wiederholt darum bittet, hier als eine Art Schiedsrichter zu fungieren, lehnt er dies ab. Und bleibt standhaft, wie es stets seine Art ist. »Wer die Frage des Friedensvertragsvorbehalts in Bezug auf die endgültige deutsche Ostgrenze – und ich verteidige diesen Vorbehalt seit Brandts unverantwortlicher Ostpolitik – zu einem Menschenrechtsproblem macht, hat weder Kohl noch mich noch Strauß an seiner Seite.« Klare Worte, mit denen er im April 1983 dieses Thema endgültig für sich abschließt.

Weder die Freundschaft der Christdemokraten aus der Eifel noch ihr gemeinsamer Einsatz im Dienst der Menschenrechte nehmen dadurch Schaden, was für die innere Größe beider spricht. Der Brief, der Katrin sicher teuflische Magenschmerzen und viele unruhige Nächte beschert hat, endet mit den Worten: »In bleibender Verbundenheit mit Ihrem selbstlosen Engagement und den besten Grüßen, auch an Ihren Mann, Ihr Alois Mertes!«

Weiterhin stand er als Ansprechpartner zur Verfügung, wenn es um konkrete Anliegen ging. Das war sein Job, dorthin zog ihn sein Herz, dafür setzte er seinen Verstand ein. Oft genug auch überparteilich im besten Sinne des Wortes. Er beriet Katrin sogar, nannte die Pressearbeit der IGFM manchmal »zu knallig« und empfahl, bei der täglichen Arbeit peinlich darauf zu achten, die humanitäre und die politische Ebene auseinanderzuhalten. Zudem sollte die Gesellschaft sich bemühen, den Eindruck zu vermeiden, sie sei »ein Ableger der CDU«. Das hielt er für unklug.

Als Mertes im Herbst 1984 ernstlich erkrankte, begleiteten ihn die guten Wünsche seiner Wittlicher Freundin. »Ihre Wünsche wirken schon: Es geht mir täglich besser«, beruhigt er Katrin nach einem mehrwöchigen Krankenhausaufenthalt. Die Besinnung, die die erzwungene Ruhe mit sich brachte, habe ihn klar erkennen lassen, wo er in Zukunft auf den eigenen Einsatz an Zeit und Kraft Verzicht üben müsse, um der Verantwortung für sich selbst gerecht zu werden. Und er erkannte, dass er sich noch ein Weilchen schonen musste. Ob er wohl Ernst gemacht hat mit diesem Vorsatz? Wir wissen es nicht. Aus dem umfangreichen Archiv Katrins lässt sich jedoch schließen, dass er sich rasch und mit voller Kraft wieder in die Arbeit gestürzt hat. Im März 1985 gratulierte Mertes dem damaligen Präsidenten der IGFM, Dr. Reinhard Gnauck, zum Erhalt des Konsultativstatus beim Europarat in Straßburg und beteuerte, dass er sein Möglichstes tue, um der IGFM auf noch höherer politischer Ebene weiterzuhelfen.

Denn die Gesellschaft strebte die Zulassung als Beobachter beim ECOSOC (Economic and Social Council) an, dem Wirtschafts- und Sozialrat der Vereinten Nationen, in dessen Ausschuss die Bundesrepublik kein Mitglied war, sodass Mertes nur indirekt weiterhelfen konnte. Er bat die Vertretungen befreundeter Staaten in New York um die Unterstützung des Antrages. Das immerhin konnte ja nicht schaden! Doch wie erwartet scheiterte das Ansinnen am Veto der Ostblockstaaten, die ja das erklärte Ziel der IGFM-Arbeit waren. Die Sowjetunion polemisierte; auch Jugoslawien, Kuba und Nicaragua bezeichneten die Gesellschaft als eine »imperialistische Propaganda-Organisation, die vom Geist des Kalten Krieges gekennzeichnet sei«, zitierte Mertes im April 1985 in einem Brief an Reinhard Gnauck.

Und dann im Juni 1985 der Schlaganfall, der den fünffachen Vater mitten im prallen Leben, im prallen Schaffen traf. Während einer Diskussion mit Vertretern des Bundes der Vertriebenen erlitt er den tödlichen Schwächeanfall. Seine letzte Ruhestätte fand er in Bonn-Poppelsdorf. Den Trauerzug führte Richard von Weizsäcker an; dem Bundespräsidenten folgten Karl Carstens, Helmut Kohl, Hans-Dietrich Genscher, Philipp Jenninger, damals Präsident des Bundestages, zahlreiche Minister und Mitglieder des diplomatischen Korps. So teilte denn die Familie, die ihren Mann, Vater, Onkel und Bruder im ganzen Leben mit der Politik geteilt hatte, ihn auch im Tod mit jenen, die Geschichte geschrieben hatten wie er selbst.

Als entschiedener Gegner eines nachgiebigen Kurses gegenüber der Sowjetunion und der DDR hatte er selbst in der eigenen Partei nicht nur Freunde gehabt. Zumindest aufrechter Respekt war ihm dagegen von einem anerkannten Linken entgegengebracht worden: Heinrich Böll kondolierte seiner Witwe nach dem unerwarteten Tod am 16. Juni 1985 mit herzlichen und tröstenden Worten.

Ich kannte Mertes nicht persönlich. Nach den Gesprächen mit Katrin und aufgrund meiner Recherchen in den Akten habe ich aber das Gefühl, ihm und seiner Geisteshaltung noch nach seinem Tod ein wenig nahegekommen zu sein. Viele seiner Gedanken beeindrucken mich; ich bedaure sehr, diesem weisen Vertreter seiner Generation nicht begegnet zu sein. So möchte ich diese Geschichte nicht schließen, ohne einen Gedanken für die Nachwelt zu erhalten, der mir im Gedächtnis haften wird. Alois Mertes schrieb ihn im Zusammenhang mit einer Streiterei, die er selbst für überflüssig hielt und mit der er nicht belästigt werden wollte. »Wir haben die Gnade der Freiheit. Nutzen wir sie im Dienste derer, die sie nicht haben. Streit unter denen, die so denken, halte ich für einen psychischen Energieverbrauch, den wir uns nicht leisten können.«

Eingesperrt in Maastricht

Die Demokratie lässt Menschen vielfältige Möglichkeiten, ihr Missfallen mit politischen und gesellschaftlichen Gegebenheiten zum Ausdruck zu bringen, zum Beispiel durch den Besuch einer Demonstration. Dieses Recht ist gesetzlich verbrieft; es gibt klare Regeln, wie Demonstrationen abzulaufen haben, wie lange im Vorfeld sie zu beantragen sind und wer sie unter welchen Umständen genehmigt. Alle Bedingungen waren erfüllt, als sich Anfang Dezember 1991 in Köln mehrere Busse in Bewegung setzten, um Demonstranten zu einer genehmigten Veranstaltung nach Maastricht zu bringen. Katrin Bornmüller, die sich mit katholischen Kroaten vom Rhein angefreundet hatte, fuhr in der Frühe dieses eiskalten Tages mit.

Es sollte ein Zeichen gesetzt werden gegen die Menschenrechtsverletzungen, die sich damals in Kroatien abspielten. Der Zeitpunkt war klug gewählt, denn in Maastricht begann gerade ein EG-Gipfel. Die Großkundgebung startete in einem Fußballstadion, in dem unter anderen schwer verletzte, meist junge Kroaten von ihrem Schicksal und generell vom Krieg in der Heimat berichteten. Viele hatten Gliedmaßen verloren, Arme und Bein waren auf den Schlachtfeldern des ehemaligen Jugoslawiens geblieben. Der Krieg direkt vor unserer Haustür mobilisierte viele, nicht nur Menschen aus Kroatien oder den Niederlanden. Man wollte diesem Entsetzen eine Stimme geben, wollte das Recht der Kroaten auf Unversehrtheit einklagen. Erschüttert musste Katrin stattdessen im Kreise ihrer Kölner Freunde miterleben, wie sie alle stundenlang von Polizisten zu Pferde im Stadion eingeschlossen wurden. Sie ließen die Demonstranten, nach Katrins Aussage ein friedlicher Menschenzug, die keinen Versuch einer Ausschreitung machten, lange nicht auf die Straßen, in denen sie den rechtzeitig angekündigten Protestmarsch durchführen wollten.

»Nach langen Verhandlungen wurde dann der Ausmarsch gestattet«, schrieb sie in einem Leserbrief, den sowohl die FAZ als auch der Trierische Volksfreund am 18. Dezember 1991 abdruckten, »aber nach kurzer

Zeit wieder von bewaffneten Polizisten gestoppt und alle Beteiligten zurückgeschickt.« Das Eingreifen sei absolut unangebracht und überzogen gewesen. Es werfe kein gutes Licht auf die viel gepriesenen demokratischen Rechte in unserem Nachbarstaat, der gleich mehrere Tausend friedliche Demonstranten behindert habe. Entsetzt über die unverständliche Tatenlosigkeit sämtlicher europäischer Staaten beim gewaltsamen Auseinanderbrechen des ehemaligen Jugoslawiens war sie ohnehin; dass sie jetzt nicht einmal mehr dieses Entsetzen zum Ausdruck bringen durfte, brachte sie vollends gegen westliche Staatsoberhäupter und deren unerschütterliche Fehleinschätzungen der Lage auf.

Angesichts der Berichte Betroffener wäre es besonders für den Niederländer Ruud Lubbers, damals Ratsvorsitzender der Europäischen Gemeinschaft, an der Zeit gewesen, den Kurs des weitgehend passiven Zuschauens zu korrigieren. Statt wenigstens einmal angehört zu werden, mussten die Demonstranten sich selbst das Recht zum Zug durch die Straßen von Maastricht erkämpfen. »Ich habe in den vergangenen zwölf Jahren an vielen Demonstrationen teilgenommen, bei denen auf die Verletzung von Menschenrechten hingewiesen worden ist«, sagt Katrin. »Niemals zuvor wurde ich eingesperrt. Dies blieb der niederländischen Polizei vorbehalten.« Die Demo war damit erledigt, die Menschen kehrten verfroren und deprimiert zu ihren Bussen zurück.

Bis heute sichtbar sind die Einschüsse in den damals umkämpften Regionen Ex-Jugoslawiens; selbst Minen gefährden immer noch Menschenleben an der serbisch-kroatischen Grenze. Jadranka Cigeljs Wunden, von denen an anderer Stelle des Buches geschrieben steht, mögen unsichtbar sein, heilen werden sie nie. Jean Améry, Überlebender eines anderen Lagers in einem anderen Krieg, schrieb: »Wer der Folter erlag, wird nicht mehr heimisch in der Welt.«

Im Gedenken an Claus-Einar Langen

Krank war Claus-Einar Langen bereits seit vielen Jahren. Vermutlich war seine Erkrankung eine jener Spätfolgen der politischen Haft, die keine Entlassung, keine Ausreisegenehmigung, keine Amnestie je wieder gutmachen kann. Auch eine finanzielle Wiedergutmachung hilft nicht weiter, wenn die Gesundheit geschädigt ist. Und das war sie bei vielen ehemaligen Gefangenen der früheren Ostblockstaaten.

Am 16. Oktober 2010 rief ich bei Langen an. Katrin hatte mir die Nummer gegeben, da sie meinte, er könne vielleicht etwas zu unserem Buch beitragen. Als ganz junger Mann war er, ein Bürger Westberlins, in die Fänge des DDR-Regimes geraten, inhaftiert und misshandelt worden. »War es Leichtsinn oder Naivität, dass Claus-Einar Langen im Frühjahr 1948 annahm, er könne für die in Westberlin erscheinende Jugendzeitschrift ‚Horizont' in der damaligen sowjetischen Besatzungszone etwas herausfinden über die Lage an den dortigen Universitäten?«, notierte die FAZ am 6. Dezember 2008 in ihrer Rubrik »Personalien«. Am darauf folgenden Sonntag feierte Langen, der ehemalige Korrespondent der FAZ, seinen 80. Geburtstag. Schon im Mai 1948 hatten die DDR-Behörden die Recherche des Neunzehnjährigen jäh beendet. Am Jahresende lautete das Urteil eines sowjetischen Militärgerichts gegen den blauäugigen Claus-Einar: 25 Jahre Haft wegen Spionage.

Acht dieser Jahre verbüßte er: in Bautzen, in Torgau, in Waldheim – Namen, die, wenn sie irgendwo fallen, den Betroffenen auch nach dem Fall der Mauer das Grauen bis ins Mark treiben. Die früheren Aufseher tragen leichter. In der FAZ-»Personalie« erfährt der Leser von einem damaligen Kerkermeister Langens, der 1989 die Bitte an ihn richtete: »Seien Sie mir nicht gram.«

Damals war Langen längst Korrespondent bei einer der angesehensten deutschen Tageszeitungen. Seit 1971 lebte er in Nürnberg, weil er von hier aus die deutsch-deutsche Grenze stets im Visier hatte. Die ersten Jahre nach seiner überraschenden Freilassung aus der Haft hatte er in Bonn gelebt. Er arbeitete sechs Jahre direkt am Puls der Zeit: Im Bundesministerium für gesamtdeutsche Fragen, 1969 umbenannt in Ministerium für innerdeutsche Beziehungen, sah und hörte er vieles unter den Ministern Ernst Lemmer, Rainer Barzel, Erich Mende und Herbert Wehner. Langens Artikel, immer politisch, waren akribisch recherchiert und sorgfältig geschrieben. Nie hörte er auf, sich um Menschen zu bemühen, die ähnliche Schicksale wie er selbst erleben mussten. Viele kamen nicht aus der Haft frei, bezahlten irgendwo hinter Mauern, in Gefängniszellen, in psychiatrischen Kliniken ihre kritische Einstellung mit dem Leben.

Katrin und Langen lernten sich 1980 in Madrid kennen. Es war die erste KSZE-Folgekonferenz, zu der Katrin als IGFM-Abgesandte reiste. Die beiden verstanden sich sofort. Sie kämpften denselben Kampf; einer musste dem anderen nicht erst erklären, worum es ging in diesen Tagen des Kalten Krieges. Langen recherchierte insbesondere Fälle aus der Sowjetunion, wo Regimekritiker in der Psychiatrie systematisch zu menschlichen Wracks gespritzt wurden. Psychopharmaka und Elektroschocks sind in jeder Diktatur dieser Welt willkommene Mittel, um politische Feinde »elegant«, weil kaum nachweisbar auszuschalten. Wir wissen aus dem freien Westen, wie schwer es ist, einem Mediziner vor Gericht einen Fehler nachzuweisen. In der Sowjetunion war dies völlig unmöglich. Übrigens gab es solche Fälle selbstverständlich auch in der DDR, und Langen recherchierte unermüdlich weiter, auch nach 1990. Der Kampf wird bis heute ausgefochten. Der Lette Peteris Lazda ist eines der Opfer. Ihm musste ein westdeutscher Rat von Psychiatern dabei helfen, als gesunder Mann rehabilitiert zu werden.

Doch zurück in den Herbst 1980 nach Madrid. 14 Tage lang weilte Katrin damals bei der Konferenz. Sie hatte gerade erst mit der Arbeit bei der IGFM begonnen, war ins kalte Wasser gesprungen, obwohl natürlich präpariert durch die Vorbereitungen im Frankfurter Büro der Gesellschaft. Längst wissen wir, dass Katrin keine halben Sachen macht. In Madrid setzte sie sich weiter mit erschütternden persönlichen Zuschriften, Bittschriften und Erfahrungsberichten auseinander. Bis Ende November waren 1.500 Briefe zusammengekommen, 90 Prozent aus der Sowjetunion, aus Rumänien und der DDR – drei der 35 Staaten, die

1975 die Helsinki-Schlussakte unterzeichnet und damit ihren Bürgern wesentliche Menschen- und Grundrechte zugesichert hatten. Eigentlich.

Katrin Bornmüller und Claus-Einar Langen wussten, dass die Realität ganz anders aussah. Abends saßen sie zusammen, tauschten Erinnerungen aus der Vergangenheit und Visionen für die Zukunft aus. Die Gespräche müssen angeregt und fruchtbringend gewesen sein. Katrins Erinnerungen sind sehr lebendig, und sie leidet heute sehr mit dem Mann, bei dem sich die gesundheitlichen Folgen der frühen Jahre in der DDR-Haft nicht erst im Alter gezeigt haben. Katrin kennt viele Menschen, die dieses Schicksal erlitten haben. Jadranka Cigelj, Peteris Lazda, Claus-Einar Langen: Die Liste ist lang, auch dieses Buch kann sie nur exemplarisch anreißen und nicht im Ansatz so würdigen, wie jede und jeder Einzelne es verdient hat. Peteris Lazda wurde 1990 sogar vergiftet, obwohl oder weil die lettischen Bürger ihn als Abgeordneten ins erste eigenständige Parlament nach der Unabhängigkeit von der Sowjetunion gewählt hatten.

So viel Aktionismus war im Fall Langen nicht nötig. Die schlimmen Folgen stellten sich von selbst ein. Trotzdem blieben Langen und Katrin in Kontakt. Wegen Problemen mit der Hüfte ließ Katrin sich irgendwann in den 1990er-Jahren in einer Klinik in Erlangen behandeln. Damals fand sie Unterschlupf im Hause Langen. In einem Brief vom Februar 2004 erinnert er sich lebhaft daran. Als einer der wenigen mahnt er Katrin dort übrigens auch an die Sorgfaltspflicht sich selbst gegenüber. »Verbunden hat uns die gemeinsame Arbeit für Mitmenschen, denen Unrecht geschehen ist oder die in Not geraten sind; Ihre Leistung über die langen Jahre ist bewundernswert; nur habe ich den Einruck, dass Sie zu sehr belastet sind. Unser Leben ist in Abschnitte geteilt, jeder hat ein vernünftiges Ende, so sollten auch Sie sich einmal Ruhe gönnen.«

Wieder geht es in diesem Brief, dessen Anlass eine Danksagung für Katrins Gratulation zu seinem 75. Geburtstag war, um die gemeinsame Arbeit. Zu Jadranka Cigelj schreibt er: »Niederdrückend der Bericht Ihrer kroatischen Freundin. Ich hätte ihr von dem Besuch in Den Haag abgeraten! Bei solchen Schwerstverbrechern ist eine Suche ,nach der geringsten Spur menschlicher Reue' vergeblich. Das Erdendasein wird stets von Verbrechen gegen die Menschlichkeit begleitet sein, auch vom Fehlverhalten von Leuten, das ins Unglück führt.« Damals arbeitete er noch gelegentlich journalistisch. Seine Themen waren wie immer die ganz schweren: die Rechtslage im Grenzstreit zwischen Namibia und Südafrika oder die Auseinandersetzung in der Kurilen-Frage zwischen der Sowjetunion bzw. der Russischen Förderation und Japan. »Wochenlange Recherche, dann Ärger von der Seite, bei der ich einen Rechtsanspruch verneine.«

Er wurde nicht weich im Alter. Aber müde. Dass er bald mit dem Schreiben aufhören würde, kündigte er Katrin an. Die völkerrechtlichen Arbeiten waren ihm einfach zu anstrengend geworden. Und dann, er konnte nicht anders, schrieb er vom konkreten, 30 Jahre zurückliegenden Fall eines sehr erfolgreichen DDR-Fluchthelfers, der noch einmal aktuell geworden sei. Langen hatte den mutigen Mann seinerzeit ausführlich porträtiert, »immerhin 450 Druckzeilen«, das wusste er noch. Das Bundesamt für Verfassungsschutz spielte in dessen Geschichte eine undurchsichtige Rolle, und sechs Jahre nach Langens Besuch wurde dieser Fluchthelfer, der in der Schweiz lebte, ermordet. Der später als tatverdächtig Verhaftete sei nach seiner Ansicht der Falsche, teilt Langen Katrin in seinem Dankesbrief mit. Menschenrechtler haben eben nie Feierabend; sie sind fast zwanghaft 24 Stunden im Dienst. Ich kenne dieses Getriebensein von Katrin. Langens Brief endet mit der Zeile: »Bitte gelegentlich wieder einen Ergehensbericht.« Die beiden Kämpfer bleiben sich gewogen.

Die schwere Anämie des Claus-Einar Langen ist nicht neu, sie war Katrin bekannt, als sie mir die Telefonnummer für meine Recherchen gab. Als ich gestern zunächst seine Ehefrau an den Apparat bekam, wusste ich allerdings nicht, wie schlimm es inzwischen um ihn stand. Unbefangen trug ich mein Anliegen vor. Ich wisse nicht, ob Katrin meine Recherche angekündigt habe, deshalb fiele ich möglicherweise mit der Tür ins Haus. Frau Langen sagte mir zwar, dass es ihrem Mann nicht gut gehe, reichte aber sofort den Hörer weiter. Die Stimme am anderen Ende war ausgesprochen leise; es erforderte meine volle Konzentration, die Sätze zu verstehen. »Ich bin sehr krank«, sagte Claus-Einar Langen in großer Offenheit. Er habe sehr, sehr starke Schmerzen. Darum bitte er um Verständnis, dass er mir nicht weiterhelfen könne. Er sei dabei zu sterben.

Was sollte ich antworten angesichts solcher Worte? Alles klingt albern, alles überflüssig, arm und einfältig. Ich wünschte ihm alles Gute, glaube ich, dass es mir sehr leid täte und was einem sonst noch für Plattheiten in den Kopf und auf die Zunge geraten in Momenten wie diesem. Offenbar war er ob meiner Unbeholfenheit nicht böse, sondern bat mich seinerseits um einen Gefallen. Er habe überall gesucht, habe aber weder Adresse noch Telefonnummer von Katrin wiedergefunden. Ob ich ihm wohl eine Karte schreiben könne, auf der ich beides notiere? Ja, Herr Langen, das tue ich gerne. Sie bekommen noch in dieser Woche einen Brief mit allem, was Sie sich wünschen.

Nachtrag

Claus-Einar Langen verstarb am 12. Januar 2011. Der Kontakt zwischen ihm und Katrin Bornmüller, der durch dieses Buch in den letzten Wochen seines Lebens wieder aufgelebt ist, hat ihm viel gegeben. Das betonte er in jedem der Telefonate, die die beiden noch führen durften. Sie hatten sich viel zu sagen.

Im Souterrain der IGFM

Für Dinge, die der Mensch sammelt, braucht er Platz. Wenn er viel sammelt, braucht er viel Platz. Den muss er erst mal haben! Als Katrin 1980 mit dem Sammeln von Kleidung und Lebensmitteln begann, lagerte sie zunächst das, was Freunde, Bekannte und Nachbarn vorbeibrachten, in einem leer stehenden Raum im ehemaligen Sekretärsgebäude des alten Forstamtes in der Beethovenstraße. Zu diesem Raum hatte sie jederzeit Zutritt: Katrins zu diesem Zeitpunkt sechsköpfige, während der Zeit, als sie die Kinder ihres Bruders mitbetreute, sogar neunköpfige Familie wohnte hier, hilfsbereite Menschen konnten klingeln und spontan abgeben, was sie für die Menschen in der DDR, in Polen, Rumänien oder ab 1986/87 auch für die Menschen in der Tschechoslowakei entbehren konnten. Außerdem standen allerhand Ecken und Winkel im damaligen Wohnhaus zur Verfügung, die rege zu Aufbewahrungszwecken genutzt wurden. Noch war keine gesonderte Logistik nötig wie in den späteren Jahren. »Es ahnte ja auch niemand, welches Ausmaß meine Arbeit annehmen würde.«

Ein weiter Weg war zu überwinden bis zu den heutigen durchorganisierten Strukturen. Zunächst galt es, anzupacken und zu improvisieren. Die alte Waschküche war winzig, obwohl aufgestockt zu einem regulären Zimmer, und oft genug kamen den Helfern die Kartons entgegengestürzt, statt ordnungsgemäß gestapelt an dem Platz auszuharren, der ihnen zugedacht war. Schnell wurde es zu eng; Katrin belagerte zusätzlich die Garage am Haus. Die von Anfang an erforderlichen Papiere, die korrekt auszufüllen oft einen Großteil der gesamten Arbeit ausmachte und Nerven kostete – dies gilt im Übrigen bis heute für alle Länder, die nicht Mitglied in der EU sind –, bearbeitete Katrin, noch ohne Büro, im eigenen Wohnzimmer oder in der Küche. »Ich hab mich eigentlich überall ausgebreitet, wo ich Gelegenheit dazu hatte.«

In den späten 1980er-Jahren wurde es erneut zu eng. Katrin bezog mit Tüten, Waschbütten, Paketen und Kartons zusätzlich den Forstamtsschuppen. Nun stand für ihre Arbeit etwas mehr Raum zur

Verfügung, doch die Hilfsbereitschaft der Wittlicher Bevölkerung wuchs weiter. Da sprang der Bürgermeister in die Bresche. Helmut Hagedorn, ein Christdemokrat und Stadtratsmitglied wie Katrin Bornmüller, stellte der IGFM die leer stehende Garage eines geschlossenen Kfz-Betriebes in der Kurfürstenstraße zur Verfügung, in Wittlich als Rauschmann-Garagen bekannt. Im Februar an Karneval 1992 zog man in die Rauschmann-Garagen ein. Eine Zeit lang musste man sich den knappen Platz mit der Rheumaliga teilen. Wieder spielten sich chaotische Szenen ab. Auf dem Boden stand das Altöl, über die Grube, in der früher die Kfz-Mechaniker überkopf an maroden Autos gearbeitet hatten, waren lediglich ein paar Bretter gelegt worden. Ein insgesamt recht halsbrecherisches Unterfangen, das die tatkräftige Truppe geduldig meisterte. Als die erste Garage aus allen Nähten platzte, erhielt man auch den Rest der alten Werkstatt hinzu. Die Stadt zeigte sich großzügig.

Helmut Hagedorn hatte, als die Verhältnisse auch in den Garagen zunehmend unerträglich wurden, eine weitere Idee. Anfang 1994 stellte er die Wartehalle des ehemaligen Bahnhofs im Zentrum der Stadt als Lager zur Verfügung. Der Bahnhof hatte seit der Schließung der Eifelstrecke vor sich hingegammelt. Innen zerfiel er langsam, davor und dahinter musste oft genug von städtischen Angestellten allerlei Unrat entfernt werden. Zunächst war auch für die IGFM Großreinemachen angesagt. Marlen Rodenbüsch und Katrin putzten den ganzen Laden – in den Ecken der alten Toiletten lagen noch menschliche Exkremente herum.

Eine Zeit lang lagerten die Waren an drei Stellen: sowohl in der Beethovenstraße und in den Garagen als auch im alten Bahnhof. Dennoch gab es so etwas wie den »Tag X«, an dem der Bahnhof bezogen wurde. Alle Beteiligten erinnern sich gut an den großen Umzug an Karneval 1994. Mit Sack und Pack ging es die eigentlich wenigen Meter hinüber zum Bahnhof, den man anfänglich von der Busbahnhofseite her betrat. Ganz in seinem Element war dabei Landwirt Albert Neubürger, der den ganzen Tag lang wacker mit Traktor und Anhänger hin- und herfuhr. Hinter die Fensterscheiben montierten Helfer von innen Bretter: eine Bedingung Hagedorns, damit von der Straße her die vielen Säcke nicht zu sehen waren. Den äußerlichen Zerfall des einst glanzvollen Bahnhofsgebäudes hielt das nicht auf, aber durch die IGFM-Truppe kam zumindest wieder »Leben in die Bude«.

Mehr und mehr drang die Arbeit der Gesellschaft für Menschenrechte ins Bewusstsein der Bürger der Stadt, allein schon dadurch, dass die Helfer regelmäßig dort zu sehen waren. In immer geringeren Zeitabständen beluden die Frauen und Männer Transporter, die gen Osten aufbrechen sollten, mit Hilfsgütern. 16 Meter lang ist so ein Sattelschlepper, 13,5 Meter misst allein der Auflieger, in Wittlich weiß man das genau. Der entsprechende Platz fehlte während der Stunden, in denen die Pakete im Inneren der Fahrzeuge verstaut wurden, auf der Straße und auf dem Bürgersteig vor dem Bahnhof. Immer wieder kam es zu Pöbeleien von Passanten an diesem Nadelöhr des innerstädtischen Straßenverkehrs.

Ein weiteres Problem an den Standorten aller von der IGFM genutzten Lager ist wilder Müll, der von Zeit zu Zeit vor den Türen steht. Oder, ebenso ärgerlich, aufgerissene Tüten und Kisten, wenn Menschen ihre Spenden außerhalb der Annahmezeiten deponieren. Randalierer reißen sie auf und werfen alles durcheinander. »Wir konnten in diesen Fällen auf Stadt und Kreisverwaltung zählen«, sagt Katrin dankbar. »Sie haben uns immer geholfen.« Selbst als es sich um das stinkende, feuchte Stroh eines weitergewanderten Zirkus handelte. Auf die Unterstützung der Verwaltungen kann sie bis zum heutigen Tag zählen. Die Menschen sind ja nicht rücksichtsvoller geworden, im Gegenteil. Seit das Lager an der Rommelsbach existiert, wo während der Nachtstunden nichts und niemand unterwegs ist, klagt die Truppe immer häufiger über Abfall, Exkremente oder Erbrochenes vor der Eingangstür. Das ist ekelhaft und macht mürbe. »So kriegst du auf Dauer jedes Ehrenamt kaputt.«

Natürlich hat die Arbeit auch Sternstunden. Schon im alten Bahnhof war immer an den Tagen, an denen Transporte geladen wurden, richtig was los. Menschen haben Ideen. Viele Menschen haben viele Ideen. Gegen Ende der 1990er-Jahre entwickelte sich Katrins Unterfangen zu einer wirklichen Vollzeit- und Lebensaufgabe. Gefragt war eine dauernde logistische Meisterleistung, die ihrerseits Kraft, Raum, Phantasie, Spontaneität und unendliches Durchhaltevermögen forderte. Das Team der Interessenten und der Helfer wuchs, einer schleppte den anderen mit, und wenn es nicht genug helfende Hände gab, machte Not erfinderisch. Ein Getreuer der ersten Stunde, von Beruf Polizist, hatte Katrin bereits im Forstamtsschuppen beim Laden der Transporter zur Seite gestanden, manchmal mitsamt den beiden Söhnen. Er verstarb auf grausame Weise. Selbst zu einem Verkehrsunfall gerufen, überfuhr ein zweiter Wagen den noch nicht einmal 50-jährigen Polizisten, als der gerade die Unfallstelle sichern wollte. Ebenso ein zweiter treuer Helfer, auch er Polizist: Sie sind nicht vergessen. Als unter großem Interesse der Öffentlichkeit im Mai 2010 an der Rommelsbach der 300. Sattelschlepper auf der Rommelsbach geladen wurde, dankte Katrin in ihrer Ansprache diesen beiden Menschen in besonders warmen Worten.

Transport nach Lettland, geladen am 30. Mai 1995 am alten Bahnhof, dabei Peteris Lazda (vorn am Lkw) und der rotarische Freund Professor Dr. Wolfgang Hengst (neben Katrin Bornmüller) mit Gattin Gundrid

Beständig rührte Katrin die Werbetrommel. Dass nichts ohne Öffentlichkeit funktionieren würde, wusste sie von Anfang an. Also schrieb sie nicht nur Petitionen, Protestnoten und Aufrufe in aller Herren Länder, sondern verfasste parallel zu ihren vielfältigen Aktivitäten permanent kleine Artikel für die örtliche Presse. Als Leiter des Forstamtes wurde ihr Mann auf sämtliche Empfänge, Jubiläen und Umtrunke der regionalen Politik und Wirtschaft geladen. Katrin selbst traf sich, bis Johannes in die Schule kam und ihre Kraft an die zeitweise sieben in ihrem Haus lebenden Kinder gebunden war, einmal wöchentlich zum Bridge mit munter parlierenden Französinnen. Deren Ehemänner waren in Wittlich stationiert, und Katrin nutzte die Gelegenheit, »um meine Sprachkenntnisse aufzufrischen, rechts neben mir lagen immer Stift und Vokabelheft«.

Es gilt die alte Binsenweisheit: Vitamin B ist alles. Katrin hatte Vitamin B, auch durch ihre Partei, und sie nutzte es. Seit 1991 beluden französische Soldaten 70 Sattelschlepper. »Das klappte immer einwandfrei.« Katrin hatte einen Offizier als Kontaktmann zugewiesen bekommen, den sie einige Tage vor der nächsten Ladeaktion anrief. Pünktlich wie die Maurer traten die jungen Franzosen an. Gerade mit ihnen herrschte stets gute Stimmung; Deutsche wie Franzosen waren froh um diesen Berührungspunkt, von denen es im Wittlicher Alltag wenige gegeben hat. Viele Einwohner, besonders ältere, bewahrten sich ihr Misstrauen gegenüber dem traditionellen »Erzfeind« bis an ihr Lebensende, andere verstanden schlicht kein Französisch. Ein feierliches Ende fand diese bilaterale Kooperation im März 1998, als zum Abschied der Soldaten die Fanfare erklang. Zugleich endete das Dasein Wittlichs als Garnisonsstadt, die schwierigen Verhandlungen zur Konversion der Kasernen-, Offiziers- und Wohngebäude begannen.

Fünfmal lud und fuhr das Technische Hilfswerk – unentgeltlich! Die Kosten trug 1991 die Bundesregierung in einer einzigartigen Aktion, mit der Deutschland die baltischen Staaten im politischen und wirtschaftlichen Umbruch unterstützen wollte. Selbstredend nutzte Katrin die Gunst der Stunde und stellte die erforderlichen Anträge. 50-mal waren ab 1993 Männer, später auch Frauen im Einsatz, die in der Wengerohrer Polizeischule ihren Beruf erlernten. Katrin hatte sich an Innenminister Walter Zuber persönlich gewandt und um die Erlaubnis dieser Unterstützung durch die Polizei gebeten. Die Zusammenarbeit beschreibt sie ebenfalls als reibungslos und fruchttragend.

Die umfassenden Umstrukturierungen innerhalb der rheinland-pfälzischen Polizei in den späten 1990er-Jahren verkomplizierten diese Zusammenarbeit irgendwann. Als die Polizeischule auf den Flughafen

Hahn verzog, war es ganz vorbei mit der Hilfe von dieser Seite. Um 1998 herum fasste die Wittlicher IGFM-Gruppe, die immer deutlichere Strukturen und Konturen annahm, den Entschluss, eine eigene, tatkräftige Lademannschaft aufzubauen. Seit 2008 greifen ihr wechselnde Ein-Euro-Jobber unter die Arme, entsandt von »Lernen und Arbeiten«, einem Kooperationspartner der Agentur für Arbeit. Katrins anfängliche Skepsis gegenüber diesen Helfern von einer privaten Arbeitsagentur, die nur bedingt freiwillig kamen, verflog schnell. Es ist wie überall sonst im Leben, »mal haste Glück, mal Pech, so ist es auch mit diesen Leuten.«

»Sie machen die Stadt bekannt«, hatte einst Helmut Hagedorn anerkennend zu Katrin gesagt. Er ist beileibe nicht dafür bekannt, anderen »Honig ums Maul zu schmieren«, auch nicht Parteifreunden. Dass er gern den Einladungen folgte, wenn wieder einmal ein Transporter mit einer »runden Nummer« losgeschickt wurde, half sicher dabei, den Bekanntheitsgrad der rührigen IGFM-Truppe zu steigern. Zahlreiche Fotos dokumentieren Hagedorns Präsenz bei den kleinen Feiern. Katrin entwickelte sie zügig, notierte einige Zeilen dazu – wer, was, wann, wohin, warum – und brachte sie, damals noch zu Fuß und im Briefumschlag, in die Redaktionen vor Ort. Spendenaufrufe, Nachberichte und Erfolgsmeldungen erschienen zusätzlich in der IGFM-Zeitschrift »Menschenrechte«. Katrins Name und ihre Aktionen sind jedem Mitglied seit Jahrzehnten ein Begriff. Und habe ich es nicht bereits an früherer Stelle erwähnt? Von allen Mitgliedern ist sie die erfolgreichste Geldsammlerin.

Die meiste Arbeit geschieht immer im Verborgenen. So auch im Falle der Hilfstransporte. Bevor ein Sattelschlepper überhaupt beladen werden kann, müssen sämtliche Spenden in übersichtliche und vor allem in gewichtsmäßig sinnvolle Einheiten gepackt werden. Die Ladetruppe hat dabei vieles zu berücksichtigen. Da sind die Bedürfnisse der konkreten Verteilstellen bzw. Einrichtungen, zu denen der jeweilige Transport geht. Katrin wird fortlaufend von allen betreuten Stellen im Ausland informiert und im Notfall alarmiert. Einer dieser Notfälle war das Hochwasser in Nordalbanien im Winter 2010. Die albanische Sektion bat dringend um Hilfe aus Wittlich. Spontan machte Katrin das fast Unmögliche möglich, knüpfte mit der gebotenen Eile das notwendige

Netzwerk, fand Mitarbeiter zumindest mit Englischkenntnissen – und mobilisierte einen Sattelschlepper zur nationalen IGFM-Gruppe nach Tirana. Ich habe die Fotos dieser in Deutschland nicht sonderlich beachteten Katastrophe gesehen und teile Katrins Entsetzen. »Die Armut dort ist unbeschreiblich. Mitten in Europa mag man das kaum glauben.«

Allerlei absurde Beförderungsvorschriften der einzelnen Nationen erschweren die humanitäre Hilfe bis zum heutigen Tag. Innerhalb der EU gelten inzwischen identische Richtlinien, doch außerhalb dieses Gebietes ist es chaotisch wie eh und je. Ohne die Hilfe des Zolls sei manches nicht möglich gewesen, gibt Katrin freimütig zu. Mit viel Freude und Geduld habe man ihr auch dort stets geholfen, wenn sie wieder an einer Formulierung oder einer Codierung gescheitert war, die sich kein normaler Mensch merken kann. Die fachkundige Unterstützung des Leiters des Zollamtes, Paul-Heinrich Neumann, ist Katrin über die Jahre eine feste Säule geworden, auf die sie sich stützen kann. Viele der ehemals kommunistischen Länder, die von Wittlicher Hilfstransportern angefahren werden, betrachten die Arbeit der IGFM argwöhnisch. Dass da jemand Hilfsgüter zu ihren Bürgern bringt, bedeutet ein Eingeständnis von Mangel. Noch immer tun sich viele Staaten schwer damit.

Die Familien, die Kinderheime, Krankenhäuser, Schulen und Kindergärten allerdings, die von diesen Lieferungen profitieren, schätzen sich glücklich. Kinder und Erwachsene danken mit Briefen und Karten, sie schicken Fotos oder selbst gemalte Bilder, auf denen sie mit den neuen Kleidungsstücken, Schulranzen, mit Möbeln und Fahrrädern zu sehen sind. Und sie bedanken sich mit teilweise hohen Auszeichnungen. Katrin darf mit Stolz auf Bundesverdienstkreuze, Ehrenbürgerschaften in Albanien, Litauen und Rumänien und Orden aus Lettland und Litauen blicken. Bei entsprechenden Anlässen schmücken sie ihr Revers.

Seit November 1999 residiert die IGFM im Keller des früheren E-Centers an der Rommelsbach. Neben glücklichen Umständen machte auch die Fürsprache eines einzelnen Menschen den diesmal recht langwierigen Umzug möglich. Otmar Stoffel, der Leiter des E-Centers, heute im verkehrstechnisch günstiger gelegenen Konversionsgebiet »Vitelliuspark« angesiedelt, stellte den Raum zur Verfügung. Der Bahnhof platzte damals aus allen Nähten; Gerüchte um Investoren für das historische Gebäude kursierten in der Stadt. Stoffel war ein Retter in großer Not. Der kleine Haken, den die Sache hatte, stellte kein echtes Hindernis dar. Im Lager mussten weiterhin Dokumente des Supermarktes aufbewahrt werden, zehn Jahre lang, wie das Gesetz es vorschreibt. Sukzessive konnte die IGFM die Regale abbauen, Jahr um Jahr wurde weniger Raum für die Akten benötigt.

»Einmal hatten wir Hochwasser im Keller.« Da hieß es anpacken und die undichten Stellen beseitigen, durch die das Wasser eingedrungen war. Die Truppe bekam das Problem in den Griff. Dann ging die Angst um, als das E-Center mitsamt dem Lager an die Firma Mehako vermietet wurde. Verlor man nun die liebgewonnene Bleibe? »Mit Gottes Hilfe haben wir auch das geschafft«, pflegt Katrin zu sagen. Gegen anfängliche Widerstände hat Mehako-Geschäftsführer Lars Metzen die IGFM nicht nur im Keller geduldet, er unterstützt sie sogar bei der Entsorgung ihres Altpapiers – und ist mit der Zeit ein großer Fan Katrins geworden. »Weißes Plastik dürfen wir in weißen großen Säcken auch abgeben.« Das Glück scheint Katrin weiterhin hold zu sein. Per Mail informierte Metzen sie kürzlich darüber, dass er ab 2011 Besitzer des gesamten Areals sein wird. Er wünschte viel Glück für die weitere Arbeit. Das kann nur eines heißen: Der Keller bleibt für die IGFM reserviert! Das Netzwerk bleibt stabil, allen Widrigkeiten zum Trotz.

Im Keller, das kannten die Helfer bereits vom Bahnhof, geht es zu wie im Taubenschlag. Immer mittwochs zwischen 13 und 18 Uhr steht an Katrins Seite ein krisenerprobter Trupp, der an der Tür im Souterrain annimmt, was abgegeben wird. Sofort wird vorsortiert, was an welcher Stelle in dem 700 Quadratmeter großen Lager zu deponieren ist. Kalt ist es dort, die Leute sind bis in die Sommermonate hinein warm angezogen. »An den Hundstagen dagegen ist es eine regelrechte Freude, im ,Souterrain' arbeiten zu können«, lacht Katrin. Kaffee bringt stets Johanna Spang mit. Wer Geburtstag hat, stiftet den einen oder anderen Kuchen, und wenn es einen Grund zum Feiern gibt, zum Beispiel wenn zuweilen die lokale Politprominenz zu »runden« Transporten zu Gast ist: Sektgläser gibt es genug!

An Tagen, an denen Sattelschlepper geladen werden, bringt Katrin (die übrigens niemals Kuchen backt, »man kann nicht alles selbst machen«) mehrere Drei-Liter-Kannen heißen Kaffee mit, außerdem wahlweise Kräutertee und im Winter Glühwein. Den Rohstoff hierzu stiften ebenfalls einige IGFM-Unterstützer: Den weißen Wein bringen Moselwinzer vorbei, den roten Freunde aus Köln, die in Frankreich persönlich die Ladung für den heimischen Weinkeller besorgen. Es ist die Nichte von Dr. Alois Mertes, die ihrem Onkel die Küche machte, als der im diplomatischen Dienst in Moskau war. So schließen sich die Kreise. Die Familie gehört zu denen, die weiterdenken: Stets spendet sie auch Geld für die Speditionen.

Alles muss seine Ordnung haben: Hilfstransporter mit IGFM-Schild, das die Mautkameras auf den Autobahnen erfassen. Die Transporter sind von der Maut befreit.

In diesem Punkt ist Katrin zur Fachfrau geworden. Sie sondiert regelmäßig den Markt, holt Angebote ein, verhandelt zäh. Seit vielen Jahren bucht sie ausnahmslos Speditionen aus dem Osten, deren Fahrer gern kommen. Immer fällt auch etwas für sie persönlich ab, ein Ranzen für den Jüngsten, ein Fahrrad für die Große, Gardinen fürs Wohnzimmer vielleicht. »Deutsche Speditionen sind deutlich teurer, die könnten wir überhaupt nicht mehr bezahlen.« Eine halbe Million Euro hat Katrin bis 2010 für die Hilfstransporte gesammelt: eine schier unvorstellbare Summe, wenn man bedenkt, dass ihr dieser Teil der Arbeit ebenso unangenehm ist wie jedem anderen. Sie tut es trotzdem. Bei jeder möglichen und unmöglichen Gelegenheit spricht sie Fremde und Bekannte darauf an.

Besonders spannend sind immer jene Tage, an denen die Aldi-Lkws kommen. Palettenweise liefern ganze Sattelschlepper aus einer Aldi-Warenzentrale – zeitweise sind es sogar zwei – ausschließlich Non-Food-Ware an, die sich in den Märkten nicht hat verkaufen lassen. Bedingung ist, dass nichts davon innerhalb der deutschen Grenzen gespendet wird. Das kann Katrin garantieren, ihre Spenden gehen ausschließlich in den ehemaligen Ostblock, der inzwischen vielerorts wieder im Elend zu versinken droht und damit einen Risikofaktor für die Stabilität in ganz Europa darstellt.

Nicht nur wenn die Laster kommen, muss es zügig gehen und dennoch systematisch bleiben. Dasselbe gilt generell mittwochs, wenn Menschen aus der Umgebung ihre Spenden vorbeibringen, sonst wäre das Chaos perfekt. Der Trupp, der dafür sorgt, nennt sich selbst flapsig »die Kellerasseln«. Das ist eine heterogene Gruppe von rund 60 Frauen und Männern, auf die Katrin im Wechsel zurückgreifen kann. Irgendwer hat immer Zeit, auch während einer Grippewelle, auch in der Ferien-, Oster- oder Weihnachtszeit. Die Menschen parken oben und werden unten von einer quirligen Katrin in praktischer Hose und orangem, braunem oder in der letzten Zeit hauptsächlich grünem Strick empfangen. Grün deshalb, weil dies die Farbe des iranischen Widerstandes ist. Alles, was Katrin seit 2010 einkauft, ist folglich grün. Zeichen setzen bis ins ganz Private, lautet ihre Devise. Um den Hals baumelt ihr Markenzeichen, der Lagerschlüssel, hier ist er sicher, hier geht er nicht verschütt.

Rechts neben der Tür liegen Blätter mit Informationen zu Gefangenen aus Kuba, China, Vietnam, Venezuela, dem Iran und woher sie sonst noch kommen, die politischen Häftlinge der Welt. »Mögen Sie unterschreiben?«, fragt Katrin auf ihre höfliche, aber bestimmte Art. Wer zum ersten Mal ins Lager kommt, kann seine Überraschung meist nicht verhehlen. So viele Menschen, die hier anpacken? So viele Kartons, die sich bis haarscharf unter die Decke stapeln? So viele Gefangene in der ganzen Welt? So viel pulsierendes Leben, so viel Lachen trotz allem in diesem Lager unter der Erde?

Jeder, der Sinn für das Stöbern auf Märkten hat, wird zu den übervollen Auslagen des Flohmarktes gezogen. Kristallgläser und Tupperdosen, Kaffeemühlen und Schaukelpferde, Nachttischlampen und Waffeleisen, gutes Leinen, Puzzles und Schallplatten: Wer hier nichts findet, der ist selbst schuld. Einige der Aktiven in Sachen Flohmarkt waren bzw. sind Heidi Valerius, Marianne Remmy, Rita Schäfer und Dorothee Kahl. Sie sammelten Gegenstände, die sich entweder nicht für den weiten Transport eigneten oder die im Osten einfach nicht gebraucht wurden, weil anderes vorrangig war. Frau Remmy fuhr einmal im Jahr damit zum Flohmarkt ins nahe gelegene Kloster Springiersbach, wo sie gute Umsätze erzielte mit den Waren, die andere nicht mehr wollten. Vieles erstanden die Damen durch Haushaltsauflösungen.

Wieder glänzt das Netzwerk: Ob Kreisverwaltung, Trierer Nothilfe, ÜAZ (Überbetriebliches Ausbildungszentrum), die »Wilma« (Wittlicher Modell für Arbeitssuchende) von Frau Maria Kremer, Caritas oder im privaten Kreis, überall wird die Adresse der IGFM weitergereicht mit dem Vorschlag, noch Brauchbares an der Rommelsbach abzugeben. »Die Truppe sortiert, was sich auf dem Flohmarkt gut verkaufen lässt, der Rest wird eingepackt.« Mehr und mehr kam so zusammen. Darum reifte die Idee heran, einen eigenen, ständigen Flohmarkt vorzuhalten. Der Keller ist der ideale Ort dafür, weil jeder, der Sachen vorbeibringt, zwangsläufig die präsentierten Waren sieht. Ohne zusätzlichen Zeit-, Kraft- und Personalaufwand werden seitdem die Umsätze getätigt, die die nächsten tausend Kilometer sichern. Die Frauen, die sich dieser Aufgabe widmen, sind Daniela Spiess, Rita Schäfer, Dorothee Kahl, Rosi Keller, Hannelore Petzold, Petra Bölinger, Ana Müller und Margret Zimmer.

Viel Geld hat der Flohmarkt an der Rommelsbach schon eingebracht, allein der Adventsflohmarkt 2010 brachte 1.200 Euro – eine beachtliche Summe im Gesamtgefüge der Wittlicher Hilfe. So gern Menschen ihre alten Sachen, die im Übrigen oft gar nicht so alt sind, für andere spenden, so schwierig ist es, sie davon zu überzeugen, doch auch ein bisschen Bares zu spenden. »Sie wissen es vielleicht nicht«, klärt Katrin auf ihre unnachahmliche Weise auf und lässt die »Kundschaft« nicht aus, »aber wir müssen pro Transport 1.700 Euro an die Spedition zahlen, und auch der Fahrer will schließlich seine Familie ernähren.« In der Tat: So ein Lkw fährt nicht von selbst, das ist den meisten gar nicht klar gewesen, und Sprit im Tank braucht er außerdem.

Besonders glückliche Tage sind die, an denen auch die Spenden in der Büchse stimmen. Nein, stimmt nicht, im Lager an der Rommelsbach bittet Katrin nicht mit der Büchse um Geld, mit Münzen allein ist es nicht getan. Sie lässt sich die Spendenbeträge auf das IGFM-Konto überweisen. Ordnungsgemäße Spendenquittungen folgen auf dem

Fuße, es sei denn, man verzichtet ausdrücklich darauf, auch das kommt vor. »Immer wieder kommen ausgesprochen großzügige Spender auf uns zu«, berichtet Katrin. »Klar, ohne die würde es ja auch gar nicht gehen.« Transport Nummer 300 beispielsweise sponserte die Wittlicher Firma Ziemann – und den nächsten gleich dazu! In Amerika ist es Bestandteil des bürgerlichen Selbstverständnisses, sich karitativ zu betätigen. Katrins Einsatz profitiert davon, dass Deutsche diese Idee zunehmend aufgreifen. Die Beträge, die nach runden Geburtstagen, Beerdigungen oder goldenen Hochzeiten eingehen, sind beachtlich.

Im Souterrain trifft man immer wieder Frauen und Männer an, die in der Stadt über eine gewisse Prominenz verfügen. Da ist zum Beispiel der ehemalige Richter am Amtsgericht Bitburg, Josef Hennes, der in seinem klapprigen VW-Bus schon Unmengen wertvoller Hilfsgüter organisiert und zum Lager transportiert hat. Im Jahr der Euro-Umstellung, als er noch in Diensten des Bitburger Amtsgerichtes stand und die Spenden knapp wurden, sicherten seine Bußgelder den Fortbestand der Arbeit der Wittlicher Gruppe. Meistens trifft man auch auf Monsieur Serge, den Ehemann von Katrins guter Freundin Ira Sitter, der einst Mitarbeiter einer großen Pariser Bank, danach einer Luxemburger Bank war. Der schweigsame Franzose, der aus Liebe zu seiner Frau in deren alte Heimat gezogen ist, hat Katrin erst vor wenigen Jahren verraten, dass er IGFM-Mitglied der frühen Stunde ist. Man kann sich vorstellen, wie groß die Freude bei den Bornmüllers war! Wenn sein Dienstplan es erlaubt, stattet auch Joachim Rodenkirch, Bürgermeister seit 2009, der Ladetruppe einen Besuch ab, nicht nur zum Fototermin. Beides Männer vom Forst, verbindet Hermann Bornmüller und Joachim Rodenkirch eine langjährige, tiefe Freundschaft. Für ihn ist es Ehrensache, auch mal selbst mit Hand anzulegen.

Über alles wacht seit Jahren Adam Dell, der Lagerverwalter, wie man ihn wohl nennen darf. Er hält die Fäden in der Hand, erscheint auch zu unzumutbaren Zeiten, wenn es nötig ist. Und das ist es oft genug. Häufig kommt ein größerer Schwung Hilfsgüter am Samstag, manchmal auch an Sonntagen, oder ein Einsatz dauert bis in den späten Abend hinein. Es ist sogar vorgekommen, dass zwei Transporter an einem Tag startklar gemacht werden mussten. »Da waren wir stolz, dass wir das geschafft haben!« Die Arbeit geht Hand in Hand, ähnlich der Kette, die sich bildet, wenn ein Brandherd zu löschen ist und das Wasser eimerweise vom Bach bis zur Brandstelle befördert werden muss. Wer hier anpackt, darf nicht zimperlich sein. Die Arbeit kostet Kraft, ist schmutzig, und wird nicht bezahlt. Ehrensache eben!

Die erste Litauen-Reise

Der Mauerfall im Jahr 1989 veränderte die Landkarte nicht nur in Deutschland. Er veränderte Europa und damit die ganze Welt. Kaum jemand hatte damit gerechnet, kaum jemand war wirklich vorbereitet, und es gab – zumindest nach meinem Kenntnisstand – keinen vergleichbaren Fall einer friedlichen Revolution, an der sich die Menschen ein Beispiel hätten nehmen oder Beratung erfahren können, wie man die notwendigen Umstrukturierungen vornehmen sollte. Alles wurde zum ersten Mal getan. Es war ein gewaltiges Abenteuer, für das Entscheidungen getroffen und Dinge erledigt werden mussten, von denen niemand vorhersagen konnte, wie sie ausgehen würden.

Nicht überall verlief der Niedergang des Kommunismus so unblutig wie in Deutschland. Am 25. Dezember 1989 – ich erinnere mich gut an die so unweihnachtlichen Bilder in den Nachrichten – erschoss man den rumänischen Diktator Nicolae Ceaușescu und dessen Frau. Zivilisten mussten ebenfalls um ihr Leben bangen, und zwar auf beiden Seiten, bei hoffnungsvollen Demokraten ebenso wie bei noch immer überzeugten Kommunisten, deren Lebenslügen gerade in sich zusammenfielen. Die Gemengelage war unübersichtlich; eine Garantie dafür, dass am Ende die Demokratie über die Diktatur siegen würde, konnte man nirgends geben. Auch nicht in Litauen, wohin es die Bornmüllers bereits 1991 verschlug. Die Pakete in die DDR waren nach der Wiedervereinigung überflüssig geworden. Andere Menschen blieben weiterhin bedürftig. Für Katrin begann die Zeit der organisierten Transporte in die immer noch kommunistisch regierten Länder. Im November 1990 fuhr der erste Litauen-Lettland-Transport aus Wittlich ins Baltikum: Vier Studenten, unter ihnen Andreas Bornmüller, erlebten die Repressalien der östlichen Behörden am eigenen Leib.

Eigentlich hatte die Familie ihre Reise früher antreten wollen. Beate, Andreas und Christiane hatten Urlaub genommen, Hermann ebenfalls, damals noch im Dienste des Forstes; sämtliche Visa über Weißrussland waren beantragt und bewilligt. Zustande gekommen war die reichlich waghalsige Idee durch einen Besuch des litauischen Gesundheitsministers Dr. Juozas Olekas in Trier 1990. »Mutterhaus statt Karl-Marx-Museum« (das Mutterhaus ist ein Krankenhaus in Trier, Anm. d. Verf.) titelte der Trierische Volksfreund am 17. Oktober 1990. Olekas, von Hause aus Chirurg, reiste durch Europa und die USA, um unterschiedliche Gesundheitssysteme kennenzulernen und anschließend eine wirklich gute Entscheidung für das eigene Land treffen zu können. Die Kontakte im Hintergrund hatte Katrin geknüpft: Durch die Menschenrechtsarbeit waren Beziehungen zum christlich-demokratischen Abgeordneten Vytautas Plečkaitis entstanden, der gemeinsam mit Olekas in Deutschland Station machte. Katrin hatte Christoph Böhr, damals Vorsitzender der Trierer CDU, gebeten, die beiden offiziell in seiner Stadt zu empfangen. Es folgte ein Eintrag ins Gästebuch von Trier. Die Apothekerin Zenona Marija Grigaitiene, stellvertretende Vorsitzende der Kommission des heimischen Gesundheitsministeriums zur Verteilung der Arzneimittel, die gut Deutsch sprach, vervollständigte die Gruppe aus Litauen. Wichtig für das Netzwerk, denn hier liegen die Wurzeln der Freundschaft und der gemeinsamen Arbeit der beiden Frauen. Grigaitiene wirkte entscheidend bei der Auswahl der jeweiligen Ziele mit, an die die Hilfsgüter von Wittlich aus geschickt wurden.

Im Frühjahr 1991 rief der damalige Geschäftsführer und Mitbegründer der IGFM, Iwan I. Agrusow, bei Katrin an und fragte, ob die Gesellschaft sie offiziell zu Professor Dr. Landsbergis, der als erster frei gewählter Präsident des litauischen Parlamentes zugleich das Amt des Staatsoberhauptes ausübte, nach Litauen entsenden könne. Katrins Mann war einverstanden, die Planung konnte beginnen. Eine Deutsche aus Litauen und der älteste Sohn Andreas fuhren mit. Es folgte eine persönliche Einladung des Gesundheitsministers Olekas: Wer in Zeiten der sowjetischen Blockade unverdrossen Hilfstransporte nach Litauen geschickt hat, dachte er sich, der soll doch das Land mit eigenen Augen gesehen haben. Diese Einladung war die Voraussetzung für die Visa der Bornmüllers gewesen und erwies sich auf der Reise als Türöffner in vielen Situationen.

Die Einladung, unterschrieben von Antanas Racas, Abgeordneter des Obersten Rates (Übergangsparlament Litauens) und Mitglied im Auswärtigen Ausschuss, findet sich in den Dokumenten. Als Bornmüllers in den Startlöchern standen, schlug wieder die Politik zu. Der Putsch in Moskau im August 1991 destabilisierte weiter die Verhältnisse in der im Zerfall begriffenen Sowjetunion. Dem linken Flügel der KPdSU gingen die Autonomiebestrebungen der einzelnen Republiken zu weit, die in den baltischen Staaten besonders weit fortgeschritten waren. Zu diesem Zeitpunkt hoffte Michail Gorbatschow noch immer, er könne den Gesamtverbund der sowjetischen Republiken in die Zukunft hinüberretten. Zumindest war dies die offizielle Lesart.

Statt über das weißrussische Brest, wie es geplant war und ursprünglich in den Visa stand, reiste man also im September 1991 ohne Beate und Christiane und auf dem direkten Weg über Polen ein. Die Visa waren hinfällig geworden. Auf der Hinreise nächtigte die Gruppe in Warschau in einer typischen Plattenbauwohnung bei der Tochter einer Polin, die in Wittlich mit einem Deutschen verheiratet war und der Katrin vieles für die polnischen Verwandten gegeben hatte. Auch die Rückreise unterbrach man bei Bekannten. Eine Nacht verbrachte man bei der deutschstämmigen Polin Irene Mieczkowska, deren gesamte Familie Katrin jahrelang mit Paketen beglückt hatte – und die sie über diese Zeit hinaus weiter unterstützte. Katrin erinnert sich an diese Bleibe als ausgesprochen ärmlich, »beengt ohne Ende, wenn auch immerhin in einem eigenen Haus«.

Mehr oder weniger alles habe sie wiedererkannt, »von der Gardine über die Bettwäsche bis zur Seife und Zahnpasta«, alles sei durch ihre Hände gegangen, alles habe sie zu Hause in Pakete gepackt. Es waren andere Zeiten; was damals noch als Abenteuer durchgegangen sein mag – »man war ja noch jung und belastbar« –, würde längst nicht mehr funktionieren. In jedem Fall haben die unverstellten Erlebnisse und Einsichten dieser Reise einen ungeschminkten Einblick in die Realität der Menschen vor Ort geboten, der schon heute als Zeitdokument gelten darf. Ein Blick in das von Hermann Bornmüller sorgsam beschriftete Fotoalbum dient als Gedächtnisstütze, wenn die Erinnerungen zu verschwimmen drohen.

Am Grenzübergang wurde es wieder spannend, wer weiß, vielleicht war es auch gefährlich. Wir erinnern uns: Das kommunistische Regime war noch lange nicht gestürzt, die baltischen Regierungen von Moskau nicht anerkannt, bestenfalls als Übergangsregierungen toleriert, die Parlamentarier betrieben ihre Geschäfte vielerorts unter Lebensgefahr. Das Herz mag schneller geschlagen haben an der Grenze in Lazdije. »Erst standen da die Polen, in der Mitte die Sowjets, ganz hinten die Litauer.« Stunden dauerte es, bis man bei den Litauern ankam. Schuld daran waren nicht etwa die sowjetischen Grenzer, es waren die Polen, die keine Ruhe gaben. Man wollte die Reisenden nötigen, doch über Brest einzureisen und nicht über Lazdije. Gottlob half die Sprachbegabung des zweiten IGFM-Mitglieds. »Die Dame konnte ziemlich gut polnisch.« Ihrem zähen Verhandlungstalent war es zu verdanken, dass nach zweieinhalb Stunden endlich doch der Grenzübertritt gestattet wurde.

»Die Sowjets stempelten nur noch ab, und die Litauer freuten sich sehr, dass wir kamen.« Bis zu diesem Zeitpunkt hatten sich erst wenige Deutsche nach Litauen gewagt. Bornmüllers schon. »Wir hatten wie immer Gottvertrauen und waren auch viel jünger. Mein Mann war regelrecht Feuer und Flamme. Anstrengungen haben wir ja nie gescheut.« Das stimmt: Katrin und Hermann waren in jungen Jahren bereits ausführlich gereist, Anfang der 1960er-Jahre, als noch kaum jemand unterwegs war. Sie kannten die klassischen Reiseziele wie Griechenland, Spanien oder Italien.

»Dann aber kamen wir nach Vilnius.« Der Satz wiegt schwer und man ahnt, dass keine Urlaubsberichte folgen, die nach Seelebaumeln, Ausschlafen und Strandspaziergängen klingen. 22 Stockwerke hatte das Intourist-Hotel »Lietuva«, die untersten fünf, schätzt Katrin, gehörten dem »Fußvolk«, sie selbst wurden etwa in der sechsten Etage einquartiert. Die Klimaanlage lief trotz niedriger Temperaturen auf Hochtouren. »Es war wie im Kühlschrank.« Schlimmer war das emsige Wachpersonal auf allen Fluren. Was nützte es da, dass Unterkunft, Speisen und Getränke für deutsche Verhältnisse annähernd nichts kosteten? Eine redaktionelle Randbemerkung sei diesbezüglich erlaubt: Katrins Familie zahlte die Reisekosten aus eigener Tasche – und das nicht nur in diesem Fall, wo sie gering ausfielen. Es gehört zu Katrins (und Hermanns!) Selbstverständnis, dass sie bei der IGFM-Arbeit alles andere als Pfennigfuchser sind, geschweige denn, wie von Kritikern regelmäßig behauptet, sich dabei selbst bereichern.

Im ehemaligen Büro der Freiheitsbewegung Sajudis, gegenüber der heute restaurierten Kathedrale, lernte Katrin zwei für Litauen entscheidende Männer aus jenen Tagen des Umbruchs kennen: Eduardas Potašinskas und den Abgeordneten Andrius Kubilius, dessen Familie Katrin jahrelang mit Paketen versorgt hatte. Seit 2008 ist er der Ministerpräsident Litauens, zum 70. Geburtstag gratulierte er seiner Wohltäterin eigenhändig auf hochoffiziellem Briefpapier. Virgilijus Čepaitis kannte sie bereits von der KSZE-Konferenz vom Juni 1990 in Kopenhagen. Bedeutende Begegnungen mit bedeutenden Freunden und Widerstandskämpfern: Mit Eduardas, damals der Beauftragte für ausländische Gäste des Parlamentes, gründete Katrin noch am selben Abend die nationale Litauische Sektion, die eine zuverlässige Anlaufstelle für Wittlicher Hilfstransporte bleiben sollte. Durch das Interview, das Katrin dem litauischen Fernsehen gab, erreichten sie am Abend ungezählte Anrufe von Menschen, die unverstellt Anliegen, Wünsche und Beobachtungen mit ihr teilten und die sich im Übrigen überschwänglich bedankten für die humanitäre Hilfe der IGFM. Zwei Sattelschlepper hatte Katrin zu diesem Zeitpunkt bereits für Litauen organisiert; Nummer drei und vier sollten im November und Dezember mit der Unterstützung des Technischen Hilfswerks folgen. Die Maschine »Arbeitsgruppe Wittlich« lief auf vollen Touren.

Katrin hilft stets sehr konkret. Das war schon am Anfang so. Olekas besprach in Vilnius die mögliche Hilfe für geschädigte litauische Soldaten, die die Sowjets zu Aufräumarbeiten in das nach dem Reaktorunfall verseuchte Tschernobyl geschickt hatten. Eine Frau brauchte einen Rollstuhl für ihren querschnittsgelähmten erwachsenen Sohn; Angele Pladyte suchte dringend einen Platz in einer Reha-Klinik. Sie hatte am 13. Januar 1991, dem »Blutsonntag« in Vilnius, als die Sowjets mit Panzern gegen Demonstranten vorgegangen waren, die die Unabhängigkeit ihrer Republik forderten, ein Bein verloren.

Das nun folgende Zusammentreffen mit dem damaligen Parlamentspräsidenten Vytautas Landsbergis hatte ursprünglich nicht auf dem Programm gestanden. Als Beauftragter für besondere Aufgaben, unter anderem für Kontakte mit dem Ausland, unterstand Eduardas Potašinskas direkt dem Präsidenten. Er organisierte spontan den Termin, der im Parlamentsgebäude stattfand, das zu diesem Zeitpunkt weiträumig abgesperrt war. Panzersperren kündeten von der jüngsten Geschichte, vom »Blutsonntag« und von der noch immer allgegenwärtigen Bedrohung durch russische Truppen. Hinter Barrikaden und notdürftig gesichert durch Wachpersonal am Eingang sowie auf allen Fluren, machten die Abgeordneten damals Politik. Sicherheitshalber schliefen sie auch hier, obwohl, wie Hermann Bornmüller sich erinnert, die Wachen sehr mangelhaft ausgerüstet waren. Das Parlament war nach wie vor bedroht. Die Maßnahmen hatten sich wohl als dringend erforderlich erwiesen: Die Lage blieb hochbrisant und gefährlich. Die sowjetischen Omontruppen des 13. Januar standen weiter in Bereitschaft, um der Freiheitsbewegung ein Ende zu bereiten. Auch polnische Bürger von Vilnius demonstrierten, weil sie mit der politischen Entwicklung nicht einverstanden waren. Das Verhältnis zwischen Polen und Litauern ist problematisch geblieben: Vielleicht erklären sich so auch die Schikanen beim Grenzübertritt der Wittlicher Reisegruppe.«

Das hohe Sicherheitsbedürfnis der Widerständler sprach Bände. Zwar hatten die Abgeordneten des damals noch zwangsläufig Oberster Sowjet genannten Parlamentes die Unabhängigkeitserklärung bereits im März 1990 verkündet. Anerkannt von der Sowjetunion wurde diese jedoch nicht. Es folgte eine monatelange Rohstoffblockade, die die litauische Wirtschaft zum Stillstand brachte. Im Januar 1991 sprach Gorbatschow eine Aufforderung an die Litauer aus, auf die Unabhängigkeit zu verzichten. Linientreue Militärs versuchten, die Uhr zurückzudrehen. Die Folge war der Überfall der Omontruppen auf das Parlament und den Fernsehturm von Vilnius am 13. Januar 1991.

Wir wissen heute: Der Versuch misslang. Er misslang im folgenden August auch in Moskau selbst. Erst danach erfolgte – dann allerdings binnen kürzester Zeit – die Anerkennung des litauischen Staates durch einen großen Teil der Völkergemeinschaft. Auch an diese Schlagzeilen erinnere ich mich gut. Die Wittlicher Besucher bereisten im September 1991 sozusagen ein Land in der Stunde null. Der Fernsehturm, seit Januar von den Sowjets besetzt, war gerade erst verlassen und bis auf sein Gerippe geplündert. »Bis hin zur Steckdose, der Kachel an der Wand, der Fliese am Boden und dem Lichtschalter: Was sie nicht hatten mitnehmen können, hatten sie verwüstet. Nichts haben sie heile gelassen.«

Kreuze vor dem Parlament und vor dem Fernsehturm erinnerten an die zwölf Toten des 13. Januar: Loreta Asanavičiūtė, Virginijus Druskis, Darius Gerbutavičius, Rolandas Jankauskas, Rimantas Juknevičius, Algirdas Petras Kavoliukas, Vidas Maciulevičius, Titas Masiulis, Apolinaras Juozas Povilaitis, Ignas Šimulionis, Vytautas Vaitkus, Vytautas Koncevičius. Drei wurden durch sowjetische Panzer getötet.

An einem Pfahl vor dem Parlament baumelten weithin sichtbar Parteiabzeichen und anderer überflüssig gewordener Tand des kommunistischen Zeitalters, das die baltischen Staaten endgültig hinter sich zurücklassen wollten.

Im Straßenbild von Vilnius war die wirtschaftliche Not der Menschen unübersehbar. Zerlumpte Gestalten, vor allem alte Menschen bettelten an allen Straßen und Plätzen. Man sah ihnen den Hunger und die Angst vor dem nahenden Winter an, in dem, das wussten sie, weder ausreichend Nahrung noch genügend Heizmaterial für alle vorhanden sein würde. Selbst ein Arzt verdiente zu diesem Zeitpunkt nur umgerechnet 20 D-Mark im Monat. Wenn eine minderwertige Hose bereits die Hälfte davon verschlang, was sollten dann erst die anderen Berufsgruppen und vor allem die vielen Arbeitslosen anziehen, was sollten sie kochen, was verfeuern?

Das Elend war allgegenwärtig. Bereits vor diesem Besuch hatte die Wittlicher Truppe Familien in Lettland und Litauen unterstützt. Es waren jedoch eher vereinzelte Maßnahmen gewesen, Namen und Adressen von Menschen, die Katrin auf unterschiedlichsten Wegen erreicht hatten. Für Landsbergis war Katrin jedenfalls keine Unbekannte, er hatte längst von ihr gehört. Nicht zuletzt Virgilijus Čepaitis dürfte von ihrem Einsatz erzählt haben, was die außerordentliche Wärme, die Herzlichkeit und das große Vertrauen belegen, mit der die Vertreter der IGFM im Parlament empfangen und im Fernsehturm herumgeführt wurden. Während des gesamten Besuches wich der Fernsehingenieur Eduardas Potašinskas nicht von ihrer Seite. Ihre tiefe Freundschaft hat in diesen Spätsommertagen von 1991 ihren Ursprung. Dass das IGFM-Netzwerk zwischen Deutschland und Litauen derart gut funktioniert, liegt ebenfalls in dieser Freundschaft aus schwierigen Tagen begründet. Und wir wissen alle, dass die Hilfe aus wohlhabenderen Staaten nach der weltweiten Finanz- und Wirtschaftskrise wieder extrem wichtig geworden ist. In weiten Teilen ähneln die heutigen Verhältnisse, zumindest die wirtschaftlichen, wieder jenen aus der Umbruchphase der frühen 1990er-Jahre. Und begünstigen so erneut die ewig Gestrigen.

Die Kontakte waren also geknüpft, die Realitäten wahrgenommen, Adressen ausgetauscht, Pläne geschmiedet, und es war eine litauische Sektion der IGFM gegründet worden, als Bornmüllers sich auf den Rückweg machten. Welch ein Glück, dass Gesundheitsminister Olekas persönlich ihnen den Passierschein ausgehändigt hatte, wohl wissend um die wahnwitzigen Verhältnisse an der Grenze zu Polen. Wieder nahm man den damals einzigen Übergang in Lazdije. »Die Schlange war wohl zehn Kilometer lang; in zwei Reihen standen die Autos bis zu sechs Tage und Nächte an.« Die Menschen aßen und tranken, warteten und spielten, schliefen und erleichterten sich in und rund um ihre Autos. Wohin hätten sie sonst gehen sollen? Ein Kuriosum dieser Rückreise war die Tatsache, dass mit guten Plätzen in der Schlange gehandelt wurde. Not macht zu allen Zeiten erfinderisch. Vorn angekommen, verkaufte mancher den begehrten Platz für ein paar Münzen – und stellte sich wieder hinten an.

Sohn Andreas erwies sich in dieser Situation als besonders katastrophentauglich. Forsch zeigte er das Schreiben des litauischen Gesundheitsministers vor und arbeitete sich zügig bis zu den dreifachen Grenzposten durch. Wieder machten die Polen Ärger. Da die Gruppe schließlich keine humanitäre Hilfe nach Polen brächte, könne sie wie alle anderen warten, meinten sie. Es war ein sowjetischer Offizier, der Bornmüllers zu Hilfe eilte und mit seinen Kollegen verhandelte – und sie schließlich überzeugte, die Deutschen doch endlich durchzulassen. Glück gehabt!

In Berlin trennten sich Katrin und ihr Mann von ihren Reisebegleitern, die die Heimfahrt mit dem Zug fortsetzten. Das Ehepaar stattete guten rotarischen Freunden bei Uelzen, Gabriele und Frank Ehlers, noch einen Besuch ab, wie immer auch dies einerseits eine Urlaubs-, andererseits eine Dienstreise. Frank Ehlers vermittelte in seinem Rotary Club unverzüglich einen Vortrag über das gerade in Litauen Erlebte. Der Rotary Club Uelzen reagierte mit einem großartigen neuen Baustein im Netzwerk der humanitären Hilfe: Im Herbst 1992 organisierte er die notwendige Reha-Maßnahme in einer Klinik nahe Uelzen für das weibliche Opfer des Blutsonntags, von dem Landsbergis, Potašinskas und Kubilius erzählt hatten, und finanzierte die gesamte Behandlung. 1997 reiste das Ehepaar Ehlers mit einem weiteren rotarischen Ehepaar ebenfalls nach Litauen, besuchte dort das nach deutschen Kriterien erbärmliche Altenheim von Pfarrer Petras Linkevicius, dem der Club einen Teil der Ausstattung des Heimes finanzierte. Ehlers war Geschäftsführer bei den Uelzena Milchwerken, wo Katrin über Jahre preiswertes Milchpulver für ihre Transporte kaufen durfte. »Das ist ein super Rotary Club dort«, schwärmt Katrin, »sie spenden mir immer noch regelmäßig Geld.«

Geld ist viel, aber nicht alles. Das persönliche Bemühen um Menschen ist ebenso wichtig. Emilija Čepaitis, Tochter von Virgilijus, absolvierte als junge Medizinstudentin im Jahr 2002 ihr Praktikum in einem Uelzener Krankenhaus. Wohnen durfte sie bei Familie Ehlers und weiteren treuen Rotariern.

»8+« Die humanitäre Hilfe für Kroatien

Der Tag war kalt und begann für mich mit einer Verabredung mit Hermann. Als Vorsitzende der deutschen Sektion verbrachte Katrin das gesamte Wochenende in Bonn bei der Jahreshauptversammlung ihrer IGFM. Hermann und ich fuhren am Samstagmorgen nach, in den beginnenden Frühling im Rheintal hinein. Wir lauschten den Vorträgen, durchstöberten Flugblätter und widmeten uns persönlichen Begegnungen, die für mich meist die ersten, für Katrin und Hermann Bornmüller ausschließlich Wiederbegegnungen waren.

Dieser Tag erweiterte meinen Horizont aufs Neue: Die Liste der Staaten, um die die Gesellschaft sich kümmert, ist lang. In Wittlich und Umgebung ist Katrin bekannt als eine, die sich ausschließlich um Menschen aus dem ehemaligen Ostblock kümmert – eben dies wurde und wird ihr regelmäßig zum Vorwurf gemacht. Man unterstellt ihr den engen Blick auf das schwere Schicksal von Frauen und Männern, die Opfer linker Systeme geworden sind.

Ich dachte früher genauso. Doch was interessiert die Opfer dieser Welt, ob rechte oder linke Systeme sie unterdrücken? Hat es die Amerikaner nach dem Zweiten Weltkrieg von ihren Care-Paketen abgehalten, dass das Regime der Deutschen noch kurz zuvor nationalsozialistisch war? Erzählen nicht alle Überlebenden vom großen Glück, das ein solches Paket für sie bedeutete? Bestraft man den Einzelnen nicht doppelt, indem man den Opfern eines linken Systems keine Hilfe leistet, nur weil man selbst vielleicht ein Linker oder auch nur ein vermeintlich Linker ist? Und sind nicht alle diese Fragen Relikte der Vergangenheit, heute, wo das politische Links und Rechts auf der ganzen Welt zur Nebensache geworden sind, die Blöcke sich aufgelöst haben oder doch in Auflösung begriffen sind? Stellen nicht längst Wasser, Luft und Erde die eigentlichen Herausforderungen dar, die, falls sie zu lösen sind, nur global und nicht national gelöst werden können?

Zurück zu Katrin: Hat sich Katrin wirklich je darum geschert, wer der Verursacher menschlichen Leids war? Nein, das weiß ich heute mit

Gewissheit. Katrin schaut auf den Notleidenden und hilft, wenn sie es vermag, sie schaut nicht auf den, der diese Not verursacht. Sie schwätzt nicht, sie handelt. Da sind zum Beispiel über sieben Millionen Uiguren, eine in China massiv unterdrückte Minderheit. Jeden, der etwas im Lager an der Rommelsbach abliefert, bittet Katrin mit ihrer liebenswürdigen Hartnäckigkeit um seine Unterschrift für Männer und Frauen dieser muslimischen Gemeinschaft. Das tut Katrin ganz selbstverständlich, obwohl sie nirgends einen Hehl daraus macht, dass sie große Probleme mit manchen islamischen Ansichten hat.

Die politische Arbeit im großen Stil will ebenfalls getan sein. Ohne Netzwerk, Artikel in Zeitungen und Zeitschriften, ohne Vorträge und Werbung im besten Sinne geht es nicht. Deshalb die IGFM, deshalb die Arbeit im Präsidium, deshalb auch die Reisen Katrins und anderer zu Vereinen und Clubs, deshalb Vorträge vor Schülern, Lions, Rotariern und diversen Fraktionen, deshalb Stände in Fußgängerzonen und auf Weihnachtsmärkten, wo nicht selten wilde Beschimpfungen auf die Aktivisten einprasseln.

Das waren die Gedanken, die mir im Kopf umherschwirrten, als ich mich unter das bunte Volk der Jahreshauptversammlung mischte. Weit ist der Blick der Gesellschaft gerichtet, stellte ich fest: China und Kuba, Venezuela und Tibet, die Türkei, Pakistan, der Iran und immer noch Russland und der gesamte postsowjetische Raum stehen auf der langen Liste der Staaten, in denen die elementarsten Menschenrechte mit Füßen getreten werden. Folter, Vergewaltigung, Organraub, Zwangssterilisation, immer wieder Verfolgung religiöser Minderheiten, gebrochene Knochen und gebrochene Seelen, immer wieder das Verbot für ethnische Randgruppen, ihre Sprache zu sprechen und ihre Traditionen auszuleben.

In der Mitte des Podiums saß Katrin: Schmal, freundlich lächelnd, mit Bauchweh wegen ihres nervösen Magens, so gut kannte ich sie inzwischen, hörte sie konzentriert den Berichten aus den unterschiedlichsten Ländern zu. In den seltenen Fällen, in denen sie ans Mikrofon trat, sagte sie, was sie zu sagen hatte, in knappen Worten. Man war schließlich hier, um zu arbeiten, um zu erfahren, in welchen Regionen des Globus es besonders »brennt«, und nicht, um sich gegenseitig zu beweihräuchern. Das gemeinsame Mittagessen unterbrach die erschütternden Schilderungen von Betroffenen auf eine angenehme Weise: Das Büffet war reichhaltig, die Atmosphäre freundlich und warm. Katrin aß kaum etwas – wie immer machte ihr nervöser Magen ihr einen Strich durch die Rechnung –, stattdessen stellte sie, immer im Dienst, mir Pater Mirko Barbaric vor.

Don Mirko, ein drahtiger, gebildeter und humorvoller Salesianerpater aus Kroatien, wirkt in seiner Heimat kleine Wunder. Der äußerst rührige Pater lernte Katrin durch Jadranka Cigelj kennen, die er während des Jugoslawienkriegs getroffen hatte, in einem Lager in serbischer Gefangenschaft. Don Mirko gehört zu den Gründungsmitgliedern der kroatischen IGFM-Sektion. »Große humanitäre Hilfe kam während der dramatischen Kriegsjahre in Kroatien (1991 bis 1995) von der IGFM Wittlich, von Frau Bornmüller und ihrer Gruppe.« Diese humanitäre Hilfe hält bis heute an, so Pater Mirko, für den Katrin, wann immer sie von ihm spricht, höchsten Respekt übrig hat.

Acht Jahre lang arbeitete er mit anderen Salesianerbrüdern in Žepče, Bosnien-Herzegowina. Dort gründete er das katholische Schulzentrum »Don Bosco«. Die Wittlicher IGFM unterstützte sie fleißig. Don Mirko: »In meiner Erinnerung bleiben die Sattelschlepper, unter anderem mit Möbeln, Kleidung und Schuhen, Sportbekleidung, Materialien für unsere Bastelgruppe, mit Musikinstrumenten, Medizin und Spielzeug.« Zuvor hatte er Katrin lediglich durch E-Mails gekannt. Mit der ersten Hilfslieferung an sein Schulzentrum habe er »in jedem geschickten Teil ihre Großzügigkeit und Liebe erkennen« können. »Unvorstellbare Freude« habe ihr Einsatz in viele Kindergärten und Familien gebracht: Alles, was »Don Bosco« entbehren konnte, gab man weiter an Bedürftige in der Umgebung.

Die Hilfe für Žepče besteht weiterhin über den in Vinkovci, Kroatien, ansässigen Verein »8+«, der sich beständig und zuverlässig um Familien mit acht und mehr Kindern sowie um Kriegswaisen kümmert. Nicht sporadisch, sondern kontinuierlich ist die Hilfe aus Wittlich; die Menschen können sich darauf verlassen und dürfen konkrete Bitten äußern. Die Koordination von »8+« ist eine von Jadrankas Aufgaben in der IGFM.

Don Mirko wirkt heute im kroatischen Rijeka. Die zahllosen Probleme, die während des Krieges in Ex-Jugoslawien und danach entstanden sind, hat zumindest Kroatien durch Hilfslieferungen aus dem Ausland zu mildern versucht. Priorität, so Don Mirko, hatten dabei immer Mütter mit kleinen Kindern. »Frau Katrin war und blieb ein ‚Lichtblick und Stern im humanitären Himmel'«, so schreibt der Freund. »Nächstenliebe ist Hilfe und Liebe, die Armut beseitigt, so wie Jesus Christus es uns gelehrt hat.« Der Salesianer, der sich naturgemäß in der Nachfolge Christi sieht, erkennt in Katrins Arbeit jene Barmherzigkeit, die die Bibel einfordert.

Sich selbst sieht Mirko als »Glied in der Kette« von Katrins Arbeit. Er fragt sich, woher sie die ganze Energie nimmt, selbst weit entfernte Projekte von Menschen, die sie zu Anfang nicht persönlich kennt, in die Tat umzusetzen. Er beschreibt sie als »spontan, offen, kommunikativ«. Sie »besitzt die Fähigkeit, einem nah zu sein, ohne sich aufzudrängen.« Sie erfülle Gottes Werk und finde stets jene Menschen, die Hilfe brauchen, sei es in Rumänien, Litauen, Kroatien oder sonst wo auf der Welt.

Und dann folgt einer dieser schweren Sätze, die man so selten hört und die vielen Menschen, die ich nach Katrin befragt habe, so leicht zu fallen schienen: *»Die Wahrheit ihres Glaubens erkennt man in der Wahrheit ihres Tuns.«*

Sie hatten im Vorfeld viel Aufhebens um den Ehrenamtspreis gemacht, die Damen und Herren des SWR. Eine von 16 Kandidaten war Katrin. Man hatte eine Zweiminuten-Dokumentation gedreht, hatte Katrin im Lager einen Besuch abgestattet. Alles, was Beine hatte, half beim 278. Transport. Der Film war, wie die Filme aller 15 Ehrenamtler, mehrmals im SWR gesendet worden. Jeder stellte sein Projekt vor, alle Projekte waren großartig. Man ließ die Zuschauer wählen, welches das tollste war, das zur großen Fernsehgala in Oppenheim den Ehrenamtspreis von Ministerpräsident Kurt Beck erhalten sollte.

Aufgeregt, Katrin mit dem üblichen Bauchgrimmen vor wichtigen Ereignissen, reiste ein kleiner Tross von Wittlich her an: Hermann Bornmüller, Ana Müller und ich fühlten uns reichlich verloren auf dem weitläufigen Gelände, auf dem ungezählte Vereine und Vereinigungen ihre Arbeit an Ständen präsentierten. Keiner außer der SWR-Moderatorin Daniela Engelhardt kümmerte sich um Katrin, keiner um die 15 anderen Nominierten an diesem Tag des Ehrenamts 2009. Vor der großen Bühne abgesperrte Bierzeltgarnituren unter freiem Himmel – ein echtes Wagnis an diesem kalten, windigen, regnerischen Herbsttag. Unterhaltungsprogramm auf der Nebenbühne, kalte Füße, Hände und Nasen, knurrende Mägen. Die Zeit bis zu Gala zog sich endlos.

Gegen halb sechs stürmten die Menschen die Bierzeltgarnituren. Der unvermeidliche Einheizer vor Live-Sendungen trainierte mit ihnen bis zum Beginn der Sendung die Faxen, die sie wie und wann zu machen hätten. »Jetzt die Hände hoch« und »Von rechts nach links schwenken« und »Das geht noch viel lauter«. Na, wenn's der Sache dient! Dann die ersten Preise: Ärztin Monika Orth, die sich mit einem mobilen medizinischen Dienst um Mainzer Obdachlose kümmert, Lehrerin Erdesvinda López aus Neustadt, die Hausaufgabenhilfe und Sprachförderung für Migrantenkinder anbietet, Daniel Imhäuser aus dem Westerwald, der generationenübergreifend und als Non-Profit-Veranstaltung Musicals produziert: Wunderbare Projekte, aber nicht vom Publikum ausgewählt, sondern von der mehr oder minder prominenten Jury auf der überdachten Bühne.

Die Bitburger Brauerei wurde dann von Kurt Beck persönlich mit dem Ehrenpreis des Landes ausgezeichnet. Der weltweit agierende Bierkonzern unterstützt Projekte in der Jugendarbeit. »Was das nun noch mit Ehrenamt zu tun hat?«, fragte Hermann Bornmüller. Inzwischen waren mehrere Regengüsse auf uns Zuschauer niedergegangen. Die Schirme falteten sich auseinander, verhakten sich ineinander, benässten und verletzten den einen oder anderen Nachbarn zur Rechten und zur Linken. Wir, ohne Schirm, schützten uns notdürftig mit ein paar Pappdeckeln aus meiner Kameratasche und »genossen« den Auftritt der Deutschrockgruppe Pur. Dann Obacht: Der Moderator kam gemessenen Schrittes herab von der Bühne, hinunter zu den 15 verbliebenen, fröstelnden, inzwischen arg angespannten Ehrenamtlern. Er schritt exakt entlang jene Reihe von Holzbänken ab, an deren Ende unsere Katrin saß! War es möglich? Zwei Schritte auf Katrin zu, zwei Schritte an ihr vorbei: Er hielt bei Sanni Koster aus Speicher und nahm sie mit hinauf auf die trockene Bühne. Ausatmen, der Spuk war vorbei, wir konnten nach Hause, kein Hahn hatte nach Katrin gekräht – und nicht nach den anderen, ausgenommen Sanni Koster.

Niemand hatte sie wahrgenommen bei dieser Gala, in deren Mittelpunkt sie doch hätten stehen sollen mit ihrem Einsatz, ihren Ideen, ihren Projekten und Anliegen. Sie fühlten sich wohl alle wie Katrin: als billige Staffage benutzt, verletzt und ignoriert.

Hermann Bornmüller machte sich später in einem bitterbösen Brief an den SWR Luft. Darin spricht er von einer »wohlinszenierten Selbstdarstellung der sogenannten Jury, die sich auf bequemen Sofas im Trockenen niedergelassen hatte«. Unerträglich für ihn als jemand, der unter den Nazis aufgewachsen war, erschienen ihm die Manipulationen des Moderators, wer wann, wie und wo zu klatschen und zu winken hatte. »Widerlich« finde er diese Art von Fremdbestimmung. Nie wieder würde seine Frau sich auf eine vergleichbare Farce einlassen. Und außerdem empfiehlt Hermann: »Sie hätten das viele Geld, das die überflüssige, chaotische Veranstaltung gekostet hat, besser für einen guten Zweck gestiftet.«

Ehemaliges Wittlicher Haftkrankenhaus für Kongo-Brazzaville

14 Tage dauert der Transport auf dem Seeweg bis nach Pointe Noire. Wen das nun wieder interessiert? Nun, Katrin hatte es geschafft, dass die allesamt voll funktionstüchtigen Gerätschaften des ehemaligen Wittlicher Haftkrankenhauses nicht verschrottet werden mussten, sondern in ein katholisches Krankenhaus nach Pointe Noire in Kongo-Brazzaville kamen.

Die Geschichte begann vor Jahrzehnten. Noch zu DDR-Zeiten hatte ein junger Mann aus der Republik Kongo, Brazzaville (bis 1991 Volksrepublik Kongo) in der DDR Telekommunikationstechnik studiert. Marcel Mahoukou, von 1990 bis 1995 Secretaire d'Etat au Ministère de Telecommunication, spricht Englisch, Französisch und Deutsch. Katrins Bruder wiederum war für seine Firma beauftragt, die Telekommunikation für diverse afrikanische Länder zu vermarkten. Aus dieser Zeit kennen sich die beiden. Marcel Mahoukou hatte schon damals vom humanitären Engagement der Schwester seines Geschäftsfreundes erfahren und bat irgendwann im Jahr 2009 seinen Freund um den Gefallen, doch einmal in Wittlich anzufragen, ob es dort wohl möglich sei, auch medizinisches Gerät für den Kongo zu besorgen. Durch seinen Kontakt zu einem katholischen Krankenhaus in Pointe Noire, geleitet von Père Abbé Alain, wusste Marcel Mahoukou, wie nötig Unterstützung von außerhalb war.

Katrin kannte einen in Wittlich praktizierenden Chirurgen aus der Zeit, in der er, noch minderjährig, in der Jungen Union aktiv war. Inzwischen ist Dr. Michael Praeder fast 50 Jahre alt und wie Katrin Stadtratsmitglied für die CDU. Längst hat sich aus der Bekanntschaft eine ziemlich gute Freundschaft entwickelt. Und Freunde kann man ja mal fragen, ob das eine oder andere Gerät vielleicht bei ihm selbst oder bei Ärztekollegen übrig ist und für die IGFM-Hilfssendungen gespendet werden könnte. Da traf es sich gut, dass Dr. Praeder kurz nach Katrins Anfrage mit seiner Praxis in den neu gebauten Fürstenhof umzog – die Gelegenheit auch für Investitionen in moderneres Gerät.

Dr. Praeder nutzte die Zeit zwischen Weihnachten und Neujahr für den Umzug. Gut erhaltene und voll funktionstüchtige alte Liegen, wertvolle OP-Lampen, Verbandsmaterial und allerlei Sonstiges übergab er an die IGFM. Er packte selbst mit an und fuhr das für ihn entbehrlich gewordene Material eigenhändig zum Lager. Am 3. Januar verabredeten wir uns, damit ich von der guten Tat ein Foto machen konnte: Trommeln gehört schließlich zum Handwerk. Längst leisten die Praeder'schen Lampen und Liegen in Rumänien ihren Dienst, vermutlich eher über Jahrzehnte als nur über Jahre.

Ohne ihr Netzwerk hätte Katrin nie derart effektiv Hilfe leisten können. Auch diesmal wirkte das Netz. Dr. Praeder arbeitet parallel zur eigenen Praxis auch im Haftkrankenhaus der Wittlicher Justizvollzugsanstalt. Bedingt durch gigantische Modernisierungsarbeiten wurden dort OP-Räume samt allem, was dazugehört, überflüssig. Wenn Deutsche investieren, kleckern sie nicht, sie klotzen. Geld scheint keine Rolle zu spielen. Das trifft, wie Katrin neuerlich lernen musste, insbesondere auf Steuergelder zu. Im alten Haftkrankenhaus sollte restlos alles verkauft werden, auf den Rest wartete die Entsorgung. Meistbietend wechselten einige der, wie gesagt, allesamt voll funktionstüchtigen Geräte und Einrichtungsgegenstände den Besitzer, wobei es kein Geheimnis war, dass das meiste vor Ort liegen blieb.

Das wurmte Katrin sehr. Es ist genau diese Haltung des allzu laxen Umgangs mit Dingen, die nicht mehr funkelnagelneu sind, was sie böse macht. Wie nötig haben Menschen in anderen Teilen der Welt oft gerade das, was wir in Deutschland achtlos in die Tonne hauen. Katrin schrieb auf Dr. Praeders Informationen hin noch im November 2009 eine »Bewerbung« an den Landesbetrieb Liegenschafts- und Baubetreuung LBB. Nach anfänglichem Zaudern, was denn wohl in Brazzaville von Nutzen sein könnte und was nicht, hatte der Chirurg geraten: »Das läuft alles, also nimmst du alles!«

Nun stelle sich keiner vor, dass man an ein, zwei Wochenenden mit einem Trupp »Kellerasseln« im Gefängnis anrücken kann, freundliche Justizvollzugsbeamten die Tore aufschließen, vor der Tür werden ein paar Container beladen, und auf geht es über den Ozean nach Afrika. Auch der unerschütterlichen Katrin zog es bei dieser Hilfsaktion regelmäßig den Boden unter den Füßen weg. »Ich hatte richtig Angst, fühlte mich oft ziemlich überfordert«, gab sie an einem Tag zu, an dem die Arbeit gerade ganz frisch hinter ihr lag: Die Container, drei an der Zahl, standen reisefertig in Antwerpen, die Papiere waren geschrieben, die Montageanleitungen lagen bei, einschließlich der Übersetzungen ins Französische, die Serge Sitter als Mitglied der IGFM übernommen hatte, und Katrin konnte wieder einmal Gott danken, dass er seine schützende Hand über ihre Pläne hielt.

Immer wieder zitiert sie ihren Mann, der ihr in den Stunden der Verzweiflung Mut zusprach, sie an der Hand nahm und, wenn es sein musste, mit ihr gemeinsam eben zum fünften Ortstermin fuhr. »Du schaffst das schon«, ist sein Standardspruch. Und sie hat es geschafft. »Nicht ohne diese vielen tollen Männer wie Eugen Dühr, Serge Sitter, Peter Schulze, Willi Weber, Frank Hillebrenner, Leo Schäfer und die anderen, die mir immer zur Seite standen.«

Bis Antwerpen vergingen anstrengende Tage und oft ruhelose Nächte. Auch die Feierlichkeiten zu Katrins 70. Geburtstag lagen mitten in dieser Zeit. Zunächst einmal galt es – und das bei jedem Gegenstand in schriftlicher Form –, die Liste der Dinge zu vervollständigen, die in den Kongo verschifft werden sollten. Früh stand fest, dass Katrin seitens der Justizverwaltung mit keinerlei Hilfe zu rechnen hatte. Sie war ganz allein verantwortlich für die Demontage und das ordnungsgemäße Verpacken der Dinge, die ohne den Einsatz der IGFM-Leute für teures Geld hätten entsorgt, sprich: verschrottet werden müssen. Über Monate hinweg stellten sich zahllose Probleme ein, die der optimistisch Tätige lieber Herausforderungen nennt, um sich nicht selbst endgültig zu demotivieren.

Auf Anfang Juni hatte man den ersten Sichttermin gelegt. Fachleute der Wittlicher Firma Lütticken begutachteten die Situation und warnten: Alles müsse vom Netz, bevor die Arbeiten begonnen werden könnten. Und beim Abbau der Armaturen müsse für Stunden das Wasser abgestellt werden. Man stelle sich vor: Ein ganzes Gefängnis von 7 bis 12 Uhr ohne Wasser! Katrin setzte es durch. Beim zweiten Termin rückte bereits eine Fachfirma aus Rastatt an, die ihr Bruder zahlte, der über eine Vollmacht für das entsprechende Konto des Marcel Luc Mahonkon verfügte. Nicht alles geht im Ehrenamt, aber doch das meiste. Peter Schulze, pensionierter Diplom-Meteorologe, und Eugen Dühr, der Elektriker der »Truppe«, kappten die Maschinen vom Strom ab. Doch Obacht: Der wichtigste Teil eines OP-Tisches liegt fest verankert im Boden – auch das eine Überraschung für die IGFM-ler. Wieder ein Anruf zu der Firma Maquet, dann nach Altrich zur Firma Kappes, die ein sehr sozial eingestellter Rotarier-Freund von Hermann Bornmüller leitet. Einer seiner Beschäftigten sowie Schreinermeister Willi Weber aus der »Truppe« öffneten also den Boden.

Der nächste Schreck überkam sie, als sie die vier Stahlträger im Boden sahen. Die Platte war fest verankert. Wieder war guter Rat teuer. Diese Stahlträger konnten, gottlob, am Ende im Boden bleiben, die Platte wurde gehoben, der OP-Tisch war geborgen. Zahlreiche Fotos dokumentieren sämtliche Details der Bergung, um sie für jene nachvollziehbar zu machen, die in Pointe Noire den Wiederaufbau im katholischen Krankenhaus bewerkstelligen sollten. Nachdem alles zusätzlich ordentlich beschriftet war, übernahm Serge Sitter die unverzichtbare Übersetzung ins Französische. Alles wurde sorgfältig verpackt in Kisten, um zu verhindern, dass einzelne Teil locker herumliegen und sich womöglich später nicht mehr zuordnen lassen. Die Montageanleitung erreichte Afrika per Mail. Später beim endgültigen Abbau der Geräte halfen auch Dr. Michael Praeder und sein Sohn Peter; auch Peters Freund René van der Heyde, der sowieso ab und zu im Lager dabei ist, packte mit an.

Allein vom Schreiben gerate ich, die diese Geschichten nur vom Erzählen kennt, ins Schwitzen. Ich teile den Stress, wechsle unwillkürlich ins Präsens. Ich kenne Umzugstress aus eigener Erfahrung. Es ist spannend genug, auch ohne den im Boden verankerten Fuß eines Operationstisches!

Als Termin für die Schlussaktion setzte Katrin den 27. und 28. Juli 2010 fest. Aktionen, an denen viele Menschen und Institutionen hängen, bedürfen stets genauer Planung. Doch bekanntlich kann der Mensch nur denken, Gott dagegen lenken: »Dann passten die Sattelschlepper vom Elsen nicht auf den Hof!«, beschreibt Katrin die neuerliche – nennen wir es Herausforderung. Klagen nützte nichts, also stellte man schon mal alles, was nicht rostig werden konnte, nach draußen auf den Hof. Große Becken und Schränke aus Edelstahl, 39 Krankenbetten mit Nachttischen, Infusionsständer, sogar ein gynäkologischer Stuhl, was immer der in einem reinen Männerkrankenhaus zu suchen gehabt haben mag, und so weiter und so fort.

Wieder spielten sich kleine Dramen ab. Als die Mitarbeiter an einem Montagabend die Container vor dem Gefängnis abstellten, fiel ihnen auf, dass die Wagen mit dem angelieferten Essen für die Bediensteten und Häftlinge der Justizvollzuganstalt nicht mehr vorbeipassten. In die Container verladen wurde schlussendlich an zwei Vormittagen. Die Firma Elsen stellte Paletten und eine Ameise für das Verladen innerhalb des alten Krankenhauses zur Verfügung. Draußen erleichterte ein kleiner Hublader mit drei Elsen-Leuten das Geschäft. Auch das Verpackungsmaterial, das in diesem Fall besonders dick, widerstandsfähig und professionell hatte sein müssen, stammte von Elsen.

Am Ende sollten es drei Container werden, die über die Zwischenstationen Spedition Elsen und Antwerpen in die Republik Kongo reisten.

Nicht alles lief ganz unentgeltlich. Das hatte Katrin im Vorfeld geklärt. Die Truppe kann arbeiten, sie kann organisieren, Kontakte nutzen und neue knüpfen, doch wann immer Geld fließen werde, müsse Herr Mahoukou zahlen. Auf diese Abmachung konnte Katrin während der gesamten Aktion zählen. Für den Schlussakkord bei diesem kräftezehrenden Meisterstück der humanitären Hilfe setzte wie immer die Bürokratie. Die EU verlangt in den Ausfuhrpapieren genaue Wertangaben über das, was die Grenzen passiert. »Damit geben sie dann an, weiß Gott wie gut und großherzig sie sind«, so Katrin. Es geht um die Statistik. Als Laie konnte man nur rätseln, welchen Wert das abgebaute Krankenhaus haben mochte. Der Rat kam wieder einmal von Dr. Michael Praeder: »Setz halt 300.000 Euro ein«, meinte er. Und so geschah es.

Verständlich, aber doch schade, dass Katrin die bereits ausgesprochene Einladung in den Kongo nicht wahrnehmen wird. Hermann, das Alter, der gesundheitliche Allgemeinzustand, die Verpflichtungen, die IGFM-Arbeit, der Hund ... Die Liste der Hinderungsgründe für eine so große Reise könnte beliebig erweitert werden. Doch die Ersatzidee ist schon geboren. Herr Mahoukou wird nach Wittlich kommen und dort bei einem guten Essen seine Geschichte, sich selbst und sein Wirkungsfeld vorstellen. Und, wie könnte es anders sein, neue Netzwerke knüpfen, tragfähiges Potenzial für eine mögliche Zusammenarbeit in der Zukunft.

Um eine Vorstellung von den Dingen zu bekommen, die sich bei dieser ganz speziellen Hilfsaktion im Hintergrund abgespielt haben, und auch um Katrins Gedanken darüber vorzustellen, füge ich diesem Kapitel ihren Brief an einen Landtagsabgeordneten bei.

Herrn
Hans-Josef Bracht MdL
Johann-Philipp-Reis-Straße 5
55469 Simmern

Sehr geehrter Herr Bracht, Herr Dr. Praeder, den ich vor 36 Jahren bei der JU kennenlernte und mit dem ich seitdem befreundet bin, gab mir Ihren Namen. Er sagte mir, dass Sie es erreicht haben, dass der LBB in Trier die medizinische Ausrüstung des ehemaligen Wittlicher Haftkrankenhauses, die eigentlich entsorgt werden sollte, freigegeben hat. Dafür danke ich Ihnen.
Seit 35 Jahren bin ich für die CDU im Wittlicher Stadtrat, seit 30 Jahren arbeite ich ehrenamtlich in der Internationalen Gesellschaft für Menschenrechte und bin seit fünf Jahren die Vorsitzende der Deutschen Sektion. In Wittlich hat sich auf meine Anregung hin eine Arbeitsgruppe von heute ca. 60 Leuten gebildet. Ich organisiere Transporte mit humanitärer Hilfe, die wir in einem von der Edeka, jetzt Metzen, zur Verfügung gestellten 700 Quadratmeter großen Keller in Wittlich sammeln, sortieren und verpacken. 305 Transporte sind bisher geladen (unter anderem mithilfe der Polizei und französischer Soldaten) und in die Zielgebiete geschickt worden. Diese Hilfstransporte gingen anfangs nach Rumänien, Litauen und Lettland, später auch nach Kroatien, Bosnien-Herzegowina und Albanien.
Im vergangenen Jahr erhielt ich von einem ehemaligen Minister aus der Republik Kongo-Brazzaville über meinen Bruder, der aus seiner Tätigkeit bei der Fa. Siemens Verbindungen nach Afrika hat, die Anfrage, ob ich für ein katholisches Krankenhaus in Pointe Noire medizinische Geräte sammeln

kann. Herr Dr. Praeder gab mir den Tipp, mich um die Geräte des Witt-
licher Haftkrankenhauses zu bewerben. Nach einigem Hin und Her nahm
Herr Werle vom LBB Trier Kontakt zu mir auf und bot uns die Prüfung der
Gegenstände an, die wir brauchen könnten, und riet mir, sofort zuzugreifen,
weil er wisse, dass alles voll funktionstüchtig sei.

Damit war dann der Hilfe wohl Genüge getan, denn ab da musste ich al-
les allein organisieren, ich bekam nur die Namen der medizinischen Firmen,
die den Abbau des OP-Tisches und der Röntgenanlage bewerkstelligen soll-
ten, selbst die Auftragserteilung an fremde Firmen für den Abbau überließ
man mir. Das größte Problem waren die Termine, wann wir zum Arbeiten
in das Haftkrankenhaus durften. Ein Elektriker aus meiner Gruppe hat mit
einem anderen Freund alle Geräte vom Strom gekappt, die Schrankanlagen
hat meine Männergruppe auseinandergebaut, Installateure habe ich beauf-
tragt – hier gab es Probleme, weil das Wasser abgestellt werden musste. Wir
haben mithilfe zweier Männer einer Speditionsfirma drei Sattelschlepper be-
laden. Wir bekamen Paletten und eine Ameise und einen Hublader, nachdem
die teils 600 Kilogramm schweren Geräte auf die Paletten gesetzt waren. Alles
haben wir dann in Eigenregie von der dritten Etage nach unten gebracht. Wo
der Aufzug nicht passte – oder weil er mal wieder ausgefallen war, auch über
die Treppen! Ein Zahnarztstuhl, der uns, wie versprochen, rechtzeitig zum
Laden gebracht werden sollte, wurde aus unverständlichen Gründen nicht ge-
liefert. Schließlich hat ein Justizvollzugsbeamter den Stuhl abends einfach vor
dem Tor der JVA abgestellt, und er wurde prompt des Nachts von irgendwel-
chen unberechtigten Personen auseinandergenommen; alle Metallteile waren
entwendet worden. Unglücklicherweise war zu dieser Zeit Sperrmüllabfuhr
in Wittlich. Mit Herrn Dr. Praeder ging ich zum Ende der Aktion noch ein-
mal durch alle Krankenhausräume, dabei fanden wir in einem Schrank noch
Material im Wert von 10.000 Euro, das zur Röntgenanlage gehört.

Alle meine Helfer und ich haben freiwillig unseren Beitrag geleistet, ohne
eine Entschädigung dafür zu erhalten. Ich selbst habe gut 60 Stunden mei-
ner Freizeit dafür geopfert. Rückwirkend betrachtet, bin ich stolz auf die
Leistung unserer gesamten Mannschaft und dankbar für jede Hilfe, die uns
entgegengebracht wurde. Dankbar bin ich für die wertvolle Hilfe des JVA-
Personals, die, wie sie sagten, eigentlich nicht zuständig für uns seien, aber
immerhin haben sie die Türen aufgeschlossen, den Fahrstuhl in Gang gesetzt
und telefoniert, wenn etwas nicht klappte.

Für uns normale Bürger ist es unverständlich, warum u. a. die noch funktionstüchtigen Krankenbetten aussortiert wurden. Aber überhaupt nicht zu verstehen ist, warum alles entsorgt werden sollte. Die angesagte Verkaufsaktion hat ja leider nicht viel gebracht. Mit unserem ehrenamtlichen Engagement haben wir aus dem Abbruchvorhaben wertvolle medizinische Ausrüstung in ein Entwicklungsland gebracht. Bei dieser Aktion sind uns absehbare, aber auch nicht vorhersehbare Kosten entstanden: Den Abtransport und die Überfahrt nach Pointe Noire/Kongo trägt Herr Marcel Luc Mahoukou aus Brazzaville, aber wer ersetzt uns die angefallenen Kosten in der Phase des Abbaus für fremde Kräfte, die wir dafür beauftragen mussten? Wir hoffen, dass sie den Gesamtrahmen von 15.000 Euro nicht sprengen werden.

Sehr geehrter Herr Bracht, unsere Arbeit wird nur aus den Spenden getragen, die wir für unsere Arbeit selbst sammeln. Jeder Betrag, den wir an einer Stelle sparen können, kommt dem nächsten Transport oder sogar einem zusätzlichen Transport zugute. Jede Hilfe, die wir im humanitären Geist der Völkerverständigung an Hilfebedürftige in fremden Ländern leisten, ist eine freiwillige, gemeinsame Leistung von Bürgern dieser Region und mehrt das Ansehen von Rheinland-Pfalz in Deutschland und der Welt. Ich möchte Sie daher sehr herzlich bitten, zu prüfen, ob wir aus Mitteln des Landtags oder eines Ihnen zugänglichen Sonderfonds einen finanziellen Zuschuss erhalten können, dies auch unter dem Gesichtspunkt, dass Entsorgen sicherlich viel teurer gewesen wäre.

Mit besten Grüßen
Katrin Bornmüller

Die Wittlicher Truppe

»Die« Wittlicher Truppe besteht bei genauem Hinsehen aus mehreren Gruppen: Die einen laden die Lkws aus, die Ware angeliefert haben, die anderen beladen die Sattelschlepper, die gen Osten abfahren. Die einen reparieren beschädigte Fahrräder, Elektrogeräte, Puppen und Kleidung, organisieren den Flohmarkt, waschen Verschmutztes; wieder andere nehmen mittwochs in Empfang, was Privathaushalte abgeben. Im Lager unter der Erde ist es kalt, die Arbeit ist hart, oft schmutzig, und ohne Lohn ist sie sowieso. Auch andere Dinge müssen getan werden: Übersetzungen, Zollpapiere, Stände in Fußgängerzonen … Die meisten bleiben über viele Jahre der Truppe treu. Was hält die Frauen und Männer bei der Stange? Gehen wir ins Detail.

»Ich möchte meinen Einsatz nicht missen«, sagt zum Beispiel Marlen Rodenbüsch. »Es macht mir einfach Spaß.« Irgendwie sei in ihr das Gefühl gewachsen, tätig werden zu können, zu sollen oder zu dürfen. Ihre Familie hatte Verwandte in der ehemaligen Ostzone, die sie reihum mit Dingen versorgte, an denen es im Osten mangelte. Als die Familienmitglieder starben, schickte sie eine Weile Pakete an bedürftige Polen, deren Adresse sie sich irgendwo im Hunsrück besorgt hatte. Dann ging es auch in Polen besser, die Hilfe wurde überflüssig. Auf der Suche nach neuen Aufgaben rief sie einfach an bei Katrin: Ihr Sohn und Katrins Ältester waren befreundet.

»Ich war eigentlich überzeugt, die hat eine Menge Hilfe«, erinnert sich Frau Rodenbüsch, schließlich war sie erstens Stadtratsmitglied und zweitens regelmäßig in der Presse, »aber die stand da ganz allein auf dem Hof beim alten Forstamt und packte ein Paket nach dem anderen!« Sie stellte sich dazu und ist seitdem dabei. Als sie noch berufstätig war, konnte sie nur mittwochs kommen. So richtete Katrin den Mittwoch als »Jour fixe« für alle Spendenwilligen ein. Am Mittwoch ist Lagertag: Die Sachspender wissen das. Angesteckt worden ist Marlen Rodenbüsch von Katrins Begeisterung, die sich nachhaltig übertragen hat.

Katrins geniales Gedächtnis hat die erste Begegnung mit Johanna Werner aus Altrich abrufbereit. »Es war im Frühjahr 1995 bei Aldi an der Kasse, als sie mich fragte, ob ich Hilfe brauche beim Aus- und Verpacken. Oh ja, ich brauchte Hilfe.« Seitdem kommt Johanna regelmäßig mittwochs ins Lager, und bei Bedarf hilft sie Sattelschlepper laden. »Der 47. Transport nach Litauen war Johannas erster.« Der ging im März 1995 vom alten Bahnhof ab. Seitdem war sie bei über 250 Transporten dabei. »An Dreck und Anstrengung denke ich gar nicht, wenn ich im Lager stehe«, so Johanna Werner. Als Hausfrau hat sie Potenzial, das sie einer guten Sache widmen möchte. »Ich wollte einfach etwas abgeben von meiner Zeit, meiner Kraft und meinem Wohlstand.«

Sie springt ein, wenn Leute ohne eigenes Auto anrufen, die trotzdem etwas spenden möchten. »Da fahre ich immer hin, das finde ich wichtig.« Oder wenn zum Beispiel ein Einkauf zu machen ist. Die Verteilstellen melden, was dringend fehlt, und die Wittlicher machen es möglich – jedenfalls meistens. Wenn dann Rückmeldungen kommen, motiviert das weiter. »Ich kenne inzwischen so viele, den Peteris Lazda, Eduardas Potašinskas, Jadranka oder Katarina Grieb, das macht wirklich Spaß, da bei der Stange zu bleiben.« Frau Werner bestätigt, wie schön persönliche Kontakte nicht nur für die sind, denen Hilfe zuteil wird. Auch das Leben derer, die selbst helfen, wird dadurch voller und reicher.

Natürlich spende sie auch Geld für anonyme Organisationen in der Hoffnung, es werde dort ankommen, wo es gebraucht wird. Die konkrete Arbeit vor Ort sei damit nicht zu vergleichen. Und Katrin? Wenn sie von Johanna erzählt, vergisst sie nie, deren herrliche Stimme zu erwähnen. Den Gottesdienst zu Hermann Bornmüllers 80. Geburtstag habe sie mit ihrem Gesang zu einem unvergesslichen Erlebnis gemacht. Und dann kommt ein Lob, das sie selten vergeben kann. »Sogar bei den vorweihnachtlichen Informationsständen in der Fußgängerzone macht sie mit! Für diesen Job kann ich nicht viele motivieren.« Stimmt: Wer sich mit der Sammelbüchse unter die Leute wagt, dem ist ihre Hochachtung gewiss. Im Dezember 2007 erhielt Johanna endlich die Ehrennadel von Rheinland-Pfalz für ihr Engagement.

Auch Antje Sanchen warb in der Fußgängerzone für die IGFM, damals noch vor dem alteingesessenen Strumpfhaus Bohlen am Marktplatz. Seit 1985 ist die Deutsche aus Siebenbürgen in Deutschland, half beim Übersetzen von Lade- und sonstigen Papieren ins Rumänische. Auch zu den Verleihungen der Ehrenbürgerschaft in Mediasch und zu den Ordensverleihungen in Lettland und Litauen fuhr das Ehepaar Sanchen mit. Die Männer wechselten sich auf den langen Reisen hinterm Steuer ab; denn Hermann Bornmüller fliegt nicht. Auch wenn Rumänisch eine romanische Sprache ist: »Ich verstehe kein Wort davon«, gibt Katrin trotz ihrer annähernd perfekten französischen Sprachkenntnisse zu. Wenn Antje Sanchen in eines der Lager kam, packte sie dort auch mit zu.

Einer der Zupacker über lange Jahre ist Friedrich Remmy aus Bruch. Als er Ende 1999 mit seiner Frau Marianne zum ersten Mal im Lager vorbeischaute, blieben sie dabei. Der Funke war sofort übergesprungen. »Frau Bornmüller hat ein unglaubliches Geschick, Menschen zu begeistern«, lächelt Friedrich Remmy. Das Ehepaar hatte sich bereits in den Jahren zuvor engagiert. Durch eine Rumänienhilfsaktion in den 1990er-Jahren, als die Post frachtfrei Pakete transportierte, hatten sie Verbindungen in dieses arme Land geknüpft, die sie nicht plötzlich abbrechen konnten. Eine alte Dame war ihnen besonders ans Herz gewachsen, und trotz relativ großer Summen, die das Versenden kostete, hielten sie ihr die Treue. Die Bekanntschaft mit Heidi Valerius aus Dreis war es schließlich, durch die sie den Kontakt zur Wittlicher IGFM fanden.

Frau Valerius nahm die Päckchen der Remmys in Empfang, die Katrin mit auf die Transporter nach Rumänien lud. Just zum 100. Transport, der noch vom alten Bahnhof aus startete, gesellten die Remmys sich zur aktiven Helfertruppe. »Beim 101. Transport waren wir krank«, erinnern sie sich, »wir lagen beide mit einer Grippe im Bett.« Transport Nummer 102 startete dann im Januar 2000 bereits von der Rommelsbach aus. Gute Dienste leistete der Firmenwagen des Schreiners: Wenn es zum Flohmarkt nach Springiersbach ging, wurde er voll bepackt. Marianne Remmy gesellte sich sofort zum Team um Heidi Valerius und Dorothee Kahl. Heute kann Marianne kaum mehr mit packen, auch Friedrich kämpft mit ernsthaften Rückenbeschwerden. Geblieben ist das eigene Haus gewissermaßen als Annahmestelle für Menschen, die Geld- und Sachspenden für die IGFM vorbeibringen können. Wenigstens das

Vergnügen, diese Dinge noch in passende Einheiten zu verpacken, ist Marianne Remmy geblieben.

Ihre Liebe zu Rumänien verdankt Heidi Valerius aus Dreis schlussendlich der Mitarbeit bei der IGFM. Als CDU-Frauen 1993 eine Sammelaktion für Flüchtlingslager im ehemaligen Jugoslawien durchführten, wurde sie damit betraut, die Pakete zu Katrin zu transportieren. Durch die österreichische Sektionsvorsitzende Katharina Grieb, die regelmäßig zu Jadranka Cigelj fuhr, bestanden Beziehungen nach Kroatien. Katrin verpflichtete sich, auch die CDU-Pakete zu übernehmen. Heidis Mann Paul, ein exzellenter Hobbyfotograf, nutzte die Gelegenheit, einen Transport nach Rumänien zu begleiten und in Bildern zu dokumentieren: für Heidi Valerius der Einstieg in die Menschenrechtsarbeit. Seitdem reist das Paar jährlich nach Rumänien. Heidi und Katrin waren auch gemeinsam dort. Die abenteuerlichste Fahrt unternahmen sie mit dem Zug – sie sollte 27 Stunden lang dauern. Zeitweise hatte die Dreiserin zudem einen Sitz im deutschen IGFM-Vorstand wie auch im Internationalen Rat inne.

Dass Nachbarn und Bekannte so schlecht informiert sind, beklagt Rosi Keller aus Zeltingen-Rachtig. Seit 20 Jahren hilft sie mit, packt Pakete, lädt aus und ein, sammelt Geld, wirbt für das Unternehmen IGFM Wittlich. Das meint sie wörtlich: »Wir haben inzwischen das beste Geschäft Wittlichs! Schauen Sie doch mal, wie viele Lastwagen da jede Woche an- und abfahren!« Und tatsächlich: Mittwochs, wenn die Menschen ihre Sachen abliefern, ist auf der Treppe hinunter ins Lager oft kein Durchkommen. Mitunter stehen 20 Autos auf dem Parkplatz, Türen und Kofferraum weit geöffnet. Die Spenden müssen runter, ausgepackt, sortiert und wieder eingepackt werden, von neuen Dingen müssen die Preisschilder runter: Frau Keller hilft, wo Hilfe gebraucht wird, gern auch vorn im Flohmarkt. Darüber hinaus kennt sie viele der Pflichten, die im Hintergrund zu erfüllen sind, weiß um das komplizierte System nationaler Zollvorschriften. Sie fiebert mit, wenn wieder ein Sattelschlepper tagelang an der Grenze festgehalten wird. »Wahrscheinlich schmieren sie nicht genug«, lautet die bittere Wahrheit. Besonders von der polnischen Grenze kenne man das, schrecklich angesichts der Not der Menschen, die irgendwo in Lettland, Albanien oder sonst wo warten.

Denn nicht nur in Wittlich stehe diese bewundernswerte Logistik, an den Zielorten gehe es ja weiter. »Ganze Landstriche werden von hier aus versorgt.« Als Teil ihrer Aufgabe sieht sie es an, die Menschen im persönlichen Umfeld mit Informationen zu versorgen. Da die Armut im ehemaligen Ostblock kein Thema mehr in den Medien ist, vermittelt das den Bürgern des Westens das trügerische Gefühl, die Segnungen der Marktwirtschaft hätten dort Einzug gehalten. Mitnichten: Die Briefe, Mails und Erzählungen Betroffener, die sich manchmal im Lager einfinden, und der überschwängliche Dank, der darin zum Ausdruck kommt, motivieren Rosi Keller weiterhin zum Mitmachen. Es sei einfach nötig, nicht müde zu werden. Zu viele Menschen warteten auf Medikamente, warme Kleidung, auf Bücher und Nahrungsmittel.

Dorothee Kahl aus Reil nennt die Freude an der Arbeit als Grund, warum sie im Lager so lange dabei bleibt. Frau Kahl hat ebenfalls in den ersten Tagen begonnen, als die Hilfsmaschinerie im Forstamtsschuppen anlief, sie verwaltet den Flohmarkt. »Irgendwann wurde es mit Springiersbach immer schwieriger«, sagt sie. Elf Meter Tapeziertisch sind kein Pappenstiel, und warum nicht die teils wertvollen, schweren, unhandlichen Gegenstände gleich im Keller belassen, wo sie hingebracht werden, und sie allwöchentlich dort verkaufen? In doppelter Hinsicht macht ihr das Spaß. »Wir helfen Menschen, die wenig haben. Und wir besorgen etwas von dem Geld, das wir für die Transporte hin zu ihnen brauchen. Das eine ohne das andere würde nicht funktionieren.«
An Dorothee Kahls Seite steht ihre Freundin Daniela Spiess ebenfalls flohmarkterfahren noch aus früheren Zeiten und jeden Mittwoch »unter der Erde« an der Rommelsbach. Begonnen hat ihre Mitarbeit im Forstamtsschuppen Mitte der 1980er-Jahre. Mal packt sie Pakete, mal verkauft sie den Trödel rechts im Lager – sie schaut, wonach ihr gerade der Sinn steht und was gerade gebraucht wird.

Bände schreiben könnte man wohl über Josef Hennes, den ehemaligen Richter am Bitburger Amtsgericht, der im Jahr 2002 der Wittlicher IGFM über die schwierigen Monate der Umstellung von der D-Mark auf den Euro hinweghalf. Regelmäßig verpflichtete er Straftäter dazu, Bußgelder für einen sozialen Zweck zu zahlen – und leitete beträchtliche

Summen an die Truppe um Katrin weiter. Nach seiner Pensionierung vergaß er die IGFM keinesweg, sondern klinkte sich ein ins Netzwerk der flächendeckenden Sammel- und Verteilweltmeister. Mit seinem klapprigen VW-Bus holt er zuverlässig Brauchbares aus privaten Haushalten, Verwaltungen oder Krankenhäusern ab und bringt es ins Lager, lädt mit ein und aus und ist sich für keine Drecksarbeit zu schade. Seine Bewunderung für die »Kellerasseln« ist echt: Längst gehört seine Telefonnummer zu denen, die man bei jedem Engpass anrufen kann. Ende Oktober 2010 – Katrin mailte mir zeitnah sämtliche kleinen und großen Ereignisse – schrieb sie: »Hennes hat heute 600 Kilogramm Spaghetti geholt, 300 behält er für Simbabwe, die anderen sind für Litauen und Lettland.«

Hunderte Fahrräder hat Erich Ludwig aus Wengerohr im Lauf der Jahrzehnte repariert. Und Paul-Heinrich Neumann hat geholfen, sie ordnungsgemäß durch den Zoll in aller Herren Länder zu transportieren. Im Namen aller Kollegen, das betont er, greift man selbstverständlich unter die Arme, wenn einer ein Problem mit dem Ausfüllen der Zollpapiere hat – schließlich verstehe man sich längst als Partner der Wirtschaft. Und rein formell sei das, was Frau Bornmüller mache, ein Export. Auf der kleinen Wittlicher Dienstelle kann sein Team die moderne Idee einer Service-Verwaltung sehr persönlich ausleben. Regelmäßig ist die Schließung im Gespräch. Dass Katrin vor diesem Tag graut, braucht nicht erwähnt zu werden.

Schon zu Zeiten der DDR-Pakete unterstützte Johanna Spang die Menschenrechtsarbeit. Weil keine Organisationen, sondern ausschließlich Privatpersonen Pakete schicken durften, hatte sie Namen und Adresse zur Verfügung gestellt, mal einen Kaffee gekauft, mal einen Zwanziger für Porto gegeben – man kannte sich durch die Kinder. Im Lager steht sie seit 2003. Bis dahin hatten familiäre Pflichten ihre ganze Kraft gefordert.

Die ehemalige Lehrerin Inge Rotte steht heute in regem Kontakt mit Ingrid Osis, einer im Kindesalter aus Königsberg geflüchteten Lettin. Wann immer ein Sattelschlepper gen Lettland fährt, sind auch Pakete von Frau Rotte dabei. »Heute brauche ich da eher keine Grundnahrungsmittel mehr hineinzupacken. Aber über Gewürze, fertige Soßen oder ausgefallene Konserven freut sich die große Familie immer«, berichtet Frau Rotte. Wenn ein Transport losgefahren ist, erhält sie prompt in der folgenden Woche das briefliche Dankeschön. Vor Osis betreute sie eine Litauerin, die urplötzlich starb. Auch auf deren Vorlieben war sie eingegangen. Kaffee und Süßes in jedweder Form standen bei dieser Dame besonders hoch im Kurs. Leider passten – wohl infolge dieser Vorliebe – die Kleider nicht, die Inge Rotte erübrigen konnte. Doch darüber macht sie sich keine Sorgen: Irgendjemand ist immer bedürftig. Früher gaben die Schüler ihrer Klassen mit Freuden, heute ist es die Belegschaft des Ursulinenklosters Ahrweiler, für die Frau Rotte die Kontaktperson zum Bornmüller'schen Netzwerk ist. Wenn sie von dort kommt, ist das Auto manchmal von oben bis unten vollgepackt.

Erst kürzlich ist René Kallenberg aus Bernkastel-Kues als Ein-Euro-Jobber zum Lagertrupp gestoßen. Obwohl das Projekt »Lernen und Arbeiten« Ende 2010 ausgelaufen ist, packt er, hochmotiviert, zweimal in der Woche im Lager mit an. Wenn wenigstens der Sprit bis Wittlich gezahlt würde, wäre dem trotz zweier abgeschlossener Berufsausbildungen arbeitslosen jungen Mann geholfen. »Wir suchen nach einer Lösung«, verrät Katrin. »Frau Bornmüller kann nie abschalten«, weiß Kallenberg und findet das »nicht eben gesund – aber was soll man machen?«

Pause ist im Lager, grüppchenweise geht es irgendwo im hinteren Bereich zwischen meterhoch gestapelten Kisten an den mitgebrachten Kaffee und Kuchen. Zeit für mich, einmal mit Adam Dell zu sprechen, dem »Lagerverwalter«. Acht Kinder hat der Mann. Es war noch zu Zeiten des alten Bahnhofs, als er zur IGFM kam. »Ich bin eines Tages dort hinein und habe gefragt, ob es Kleidung zu kaufen gäbe.« Nein, zu kaufen gab es nichts, aber genug Arbeit für einen kräftigen Mann, denn damals, vor inzwischen 16 Jahren, waren nur Frauen beim Trupp. Adam sprang ein und ist seitdem dabei. Genauso wie Ehefrau Martha, die, gleich einem Fels in der Brandung, vor einer besonders großen Kiste sitzt, in die Spender ihre Sachen kippen können. Seit drei Jahren klappt es nicht mehr so recht mit dem Laufen und Stehen, also arbeitet sie sitzend. Bei Martha beginnt das Sortieren; sie ist meistens von mehreren Helferinnen umgeben, und gemeinsam werden Schuhe, Kleider und Hosen gleich portionsweise verpackt: Die Teekanne kommt zum Flohmarkt, und diese Daunenjacke dort, »wäre die nichts für Jadranka? Der nächste Transport geht doch zu ihr, da machen wir ein Extrapaket ...«

Fleißig arbeiten Rita und Leo Schäfer aus Großlittgen mit. Seit Jahren treu auch zu den unmöglichsten Uhrzeiten zur Stelle, packen sie ein und aus, sortieren Geschirr, Schuhe, trennen vorsichtig Preisschilder aus neuer Aldi-Kleidung (noch immer besteht in einigen Staaten die Bedingung, nur getragene Kleidung einführen zu dürfen). Begonnen haben sie, als beide in Pension gingen. »Uns läuft zu Hause nichts weg, und hier haben wir Freundschaften geschlossen.« Ohne Rita Schäfer würde kein Flohmarkt in der heute bestehenden Form existieren. 17.000 Euro erbrachte er im Jahr 2011, das ist das Geld für zehn ganze Hilfstransporte gen Osten: eine Leistung von unschätzbarem Wert für die IGFM-Arbeit.

Mit Raimonda und Helmut Pelm finde ich ein drittes Ehepaar im Keller. Raimonda stammt aus dem Norden Litauens und freut sich, anderen zu helfen, weil es einfach notwendig ist. »Nicht nur in meinem Land«, betont sie, aber natürlich auch dort. Wer wüsste es besser als sie? Seit sechs, sieben Jahren hilft sie im Lager, etwas später war auch Helmut überzeugt. »Ich habe die Armut gesehen«, sagt er, »und unsere Sachen kommen definitiv dort an, wohin wir sie schicken. Ich halte das hier einfach für eine richtig gute Sache.« Raimonda übersetzt meine Fragen an Eduardas Kaktavicius, den litauischen Fahrer, der weit über 30 Transporte der IGFM gefahren hat.

Am Abend des 24. Dezember muss er los; er braucht das Geld für seine Familie, die Spedition fragt nicht nach christlichen Feiertagen. Seine Ladung von Litauen her bestand aus Holz. »Jetzt bringe ich diese Sachen nach Vilnius«, erzählt er, während er wartend einen wärmenden Kaffee trinkt, bis die Truppe ihren 21. und damit letzten Sattelschlepper im Jahr 2010 fertig geladen hat. Dass es zu Weihnachten etwas extra gibt auch für ihn, hat Kaktavicius versöhnlicher mit seiner Situation gestimmt. Sein Einkommen ist kärglich, die Arbeitsbedingungen hart, aber immerhin hat er einen Job.

Mit 84 Jahren ist Oswald Schlimpen aus Hetzhof das älteste männliche Mitglied der Lademannschaft. »Andere gehen spazieren, wir gehen eben hierhin«, sagt er trocken und packt sommers wie winters zweimal pro Woche im Lager an. Dazugekommen ist er nach dem Tod seiner

Frau. Als er begriffen habe, dass die Erinnerung nicht im Kleiderschrank hänge, habe er deren gesamte Kleidung der IGFM gebracht und gesehen, dass er gebraucht wird. »Die Arbeit ist sinnvoll und macht Spaß.«

Immer wieder höre ich diese Worte: Spaß und Sinnhaftigkeit hält die Menschen zusammen, ganz gleich, an welcher Stelle im Netzwerk sie stehen. Ob Erna Herzfelder, Nadja Heronime oder Isolde Liebscher, ob Margret Zimmer, eine ehemalige Floristin aus Dudeldorf, Hermann Linden aus Arenrath, Klaus Zimmer aus Plein, Josef Keil aus Bergweiler, Peter Berg aus Salmtal, die alle vier von Friedrich Remmy angeworben wurden, ob Albrecht Praus aus Platten, Karl Hoffmann aus Salmrohr oder Adolf Becker aus Neuerburg, der wiederum von Peter Berg angesteckt wurde: Es scheint in der menschlichen Natur zu liegen, dass sie genau dies sucht, um ihr inneres Feuer entzünden zu können. Wenn dann noch der Zeitpunkt passt, kann die einmal entfachte Begeisterung lange vorhalten. Natürlich ergänzt bei jedem Einzelnen eine spezielle Erfahrung, ein spezielles Leid oder auch eine persönliche Beziehung die Inspiration: Mal ist es der Kampf gegen die Einsamkeit, mal gegen eine schwere Krankheit, auch Dankbarkeit für den wider Erwarten noch einmal ganz gesund gewordenen Ehegatten habe ich als Motivation gehört, aber allen gemeinsam ist, dass sie etwas Sinnvolles mit ihrer Zeit und ihrer Kraft machen wollten.

Zwei Schwestern aus dem weiteren Kreis der Truppe sehen das ähnlich. Marlene und Hildegard Joksch, beide pensionierte Lehrerinnen, kommen in unregelmäßigen Abständen vorbei. Als sie noch im Schuldienst waren, die eine in Zeltingen, die andere in Kerpen, schafften sie es, Menschen in ihrem Umfeld zu aktivieren. Sie erzählten in ihren Klassen von der guten Sache, die Kinder erzählten es zu Hause, die Eltern erinnerten sich, dass sie bereits in der Zeitung davon gelesen hatten – und brachten und bringen bis heute Dinge vorbei, die sie selbst nicht mehr brauchen, die aber zu schade zum Wegwerfen sind. Der Vorteil solcher Netzwerke im Kleinen ist ebenfalls das unmittelbare In-Augenschein-Nehmen der abgegebenen Sachen.

Hildegard Joksch wäscht bei Bedarf angeschmutzte Kleidung noch einmal, bügelt sie auf, bevor sie sie zum Abtransport nach Wittlich fährt. Nichts ist verkommen, alles grundsächlich noch völlig in Ordnung.

Auch die Schwestern haben längst Bekanntschaft mit einigen der Beschenkten gemacht. Hildegard Joksch war sogar in Rumänien bei Maja Caspari, »deren Leistung man gar nicht hoch genug schätzen kann«. Als vor Jahren die gesamte Klasseneinrichtung in Zeltingen erneuert wurde, ging die entsorgte gen Osten. Eine andere Schule konnte sich freuen.

Eine treue Seele aus den ersten Tagen des Paketpackens im Forstamt war Ulla Türk. »Möchte sich nicht jeder irgendwo hilfreich einbringen?«, fragt sie. Durch die Freundschaft ihres Sohnes mit Christiane Bornmüller bekam sie Kenntnis von der IGFM. Katrins Art sei es gewesen, die einen derart einbinde, derart festige in der Erkenntnis, dass man gar nicht anders könne als mitzuarbeiten, die seinerzeit den entscheidenden Anstoß gegeben habe zum Mitmachen. Und zum Dabeibleiben. Denn als der Rücken schlapp machte, schrieb sie Ladelisten. Viele Jahre stand sie an wechselnden Lagern bei Wind und Wetter vor den Sattelschleppern, die mal von den eigenen Helfern, mal von Franzosen und Polizisten beladen wurden, zählte Pakete und listete akribisch Inhalt und Gewicht für die Kontrollen am Zoll auf. Außerdem war sie es, die die inzwischen 83-jährige Klara Caspary »anschleppte«, die schon Hunderte Pullover und Strümpfe gestrickt hat, unter anderem für eine Armee von Puppen. Es hat Frau Türk unendlich leid getan, als die Gesundheit sie irgendwann zum Aufhören zwang.

Ana Müller aus Bausendorf wurde in Kroatien geboren. Oft genug packt auch sie im Keller an, tritt zu Katrins Geburtstagen zur Belustigung aller bei den Modenschauen auf, deren Haute-Couture-Modelle aus dem reichen Fundus der abgegebenen Spenden stammt. Ihr überschäumendes Temperament steckt an. Ana begleitet Katrin stets zu den Jahreshauptversammlungen, wo sie als Dolmetscherin gute Dienste leistet. Zwischen ihr und Mirko Barbaric besteht eine enge Freundschaft, die alljährlich in Bonn mit neuem Leben erfüllt wird. Speziell für die Wittlicher Truppe ist ihre Einsatzbereitschaft in der Fußgängerzone von hohem Wert. Wo sich kaum jemand mit hinstellt, an die IGFM-Stände besonders zur windigen Vorweihnachtszeit, kann Katrin auf Anas Hilfe zählen: Sie hat keine Scheu, auf Menschen zuzugehen und um Zuwendungen auch in Form von Geld zu bitten.

Auch Albert Klein sei hier nicht vergessen. Der langjährige Erste Beigeordnete der Stadt und Stadtverbandsvorsitzende der Wittlicher CDU hat Katrin von Beginn an unterstützt. Nicht nur moralisch, sondern mit Fakten. Als sie Anfang der 1980er-Jahre Deckadressen benötigte für ihre Paketsendungen in die DDR, gab er gern die eigene her. In den Dokumenten taucht sein Name immer wieder auf. Dankbar ist Katrin auch für Kleins entscheidenden Beitrag in Bezug auf ihre Funktion als seine Stellvertreterin: »Albert ist die treibende Kraft gewesen«, erinnert sie sich. Dass der Erfolg ihrer Menschenrechtsarbeit mit dem Bekanntheitsgrad an anderer Stelle im Stadtgeschehen ursächlich zusammenhängt, war ihr immer bewusst.

Wer hier nicht namentlich genannt ist, soll bitte nicht gram sein. Es würde den Rahmen sprengen, jeden Einzelnen zu erwähnen. Ebenso unverzichtbar war und ist die Hilfe an Infoständen, beim Übersetzen von Ladepapieren, manche bieten ihre Betten als Schlafstatt an, wenn, wie zu Katrins runden Geburtstagen, die Gäste zu zahlreich sind, als dass sie alle Platz im Bornmüller'schen Haus fänden. Der Laden läuft weiter, wenn sich im Herbst eines jeden Jahres Katrin ihre Auszeit nimmt. Als eingespieltes Team geht es auch mal ohne sie – aber nicht lange. Katrins größte Leistung sei es, die ganze Truppe zusammenzuhalten, hat einst Dr. Reinhard Gnauck von der Frankfurter IGFM gesagt.

Katrin schätzt alle, braucht alle, motiviert alle und wird im Gegenzug selbst motiviert, wenn sie es einmal nötig hat. »Ohne euch führe kein einziger Transport«, betonte sie zum 300. Transport im Jahr 2010, als Bürgermeister, Landtags- und Bundestagsabgeordnete und die Landrätin das Lager an der Rommelsbach mit ihrem Besuch beehrten. »Ihr arbeitet unermüdlich und verliert auch dann noch nicht die Lust, wenn kein Lkw am Zollamt steht, obwohl er längst angekündigt war, wenn dann alle wieder heimgehen und wiederkommen, und das manchmal sogar zweimal. Wenn ich mich nicht auf euch verlassen könnte, hätte ich keine Chance!« Diese verbale Auszeichnung stand an zweiter Stelle, unmittelbar hinter dem Dank an ihren Mann: »Er gibt mir Kraft durch seine Liebe.«

Jeder Mensch hinterlässt im Leben
anderer Menschen Spuren:

Dr. Gabriele Enzmann und Christian Enzmann

In den 1980er-Jahren moderierte Gerhard Löwenthal jeden Monat
einmal die ZDF-Sendung »Hilferufe von drüben«. In linken Kreisen
Westdeutschlands galt sie als nicht salonfähig, der hartnäckige Journalist selbst als Gegner der Entspannungspolitik, sein Gedankengut als
revanchistisch und überholt. Auch die Funktionäre der DDR nahmen
ihn als Feind wahr: 18 Akten legte die Stasi im Lauf der Jahre über ihn
an. Er war 1922 als Sohn eines jüdischen Kaufmanns in Berlin geboren
worden. Seine Großeltern brachten die Nazis in Theresienstadt um, und
er selbst und sein Vater waren zeitweise in Sachsenhausen inhaftiert.
Mitten in Berlin überlebte der spätere Journalist das Naziregime und
empfand den Einmarsch der Roten Armee als Rettung und Befreiung.

Löwenthal blieb in Deutschland, studierte im Ostteil Berlins Medizin und arbeitete parallel für den Rundfunk RIAS im amerikanischen
Sektor. Dann übernahmen kommunistische Funktionäre den Ostsektor
Berlins. Seine Arbeit wurde massiv eingeschränkt, er selbst körperlich
bedroht. Er brach das Studium ab und war einer der studentischen Mitbegründer der Freien Universität in Westberlin.

Vor diesem persönlichen Lebenshintergrund setzte Löwenthal sich
permanent für Verfolgte in der DDR ein, prangerte das Unrechtsregime
an und wurde nicht müde, Berichte über tragische Schicksale in die
abendlichen Wohnzimmer des demokratischen Westens zu transportieren. Aktiv und unmissverständlich in der Wortwahl blieb er auch nach
dem Mauerfall, der ja kein »Fall« war wie von Geisterhand, sondern ein
sehr aktives »Zerschlagen« durch eine mutige Gruppe von Menschen,
die nicht mehr derart eingesperrt leben wollten.

Löwenthal in einem Interview vom September 2000, zwei Jahre bevor er starb: »Es wird zu wenig über die Opfer geredet und zu viel über
die Täter. Auch die Entschädigungsregelung für die Opfer des SED-

Terrors ist unzulänglich. Ich habe damals – als ehemaliger Verfolgter des Naziregimes – vorgeschlagen, die Entschädigungsgesetze für die Opfer der Nazidiktatur zu nehmen und entsprechend zu novellieren: Für mich kann es keinen Unterschied geben zwischen den Opfern der NS-Diktatur und den Opfern der SED-Diktatur.«

Die Sendungen dieses Mannes, übrigens eines sehr frühen Mitglieds der IGFM (damals GFM und noch nicht international), waren es, die Katrin in den 1980er-Jahren so ergriffen, dass sie den persönlichen Einstieg in die Menschenrechtsarbeit suchte. Der damalige Mitgliederbetreuer und jetzige IGFM-Geschäftsführer Karl Hafen beantwortete ihr sämtliche Fragen. Und das waren nicht wenige: Katrin ist eine kritische, energische und strukturierte Persönlichkeit, die, wenn sie sich für etwas einsetzt, dies mit Haut und Haaren tut. Sie muss nur sicher sein, dass es das wert ist. Und in diesem Fall war sie sich bald sicher.

Katrin arbeitete sich ein in diverse Fälle von Menschenrechtsverletzungen in der DDR, die, sofern die Genehmigung der Betroffenen vorlag, in der GFM-Zeitschrift »Menschenrechte« veröffentlicht wurden. »Es lagen genügend Bertreuungsfälle vor.« Die Empathie war da; nun galt es, den Kopf einzuschalten und mit politischem Kalkül vorzugehen, immer das Wohlergehen der Betreuten im Sinn. Katrin versuchte behutsam, um die Betroffenen nicht noch stärker zu diskreditieren, mit ihnen in Kontakt zu treten. Dabei darf man nicht vergessen, dass die DDR als diktatorischer Staat sich tagtäglich der gesamten Mechanismen eines solchen bediente. Telefonate wurden abgehört, die Post gelesen, Kollegen und Nachbarn befragt, Menschen auf jedwede Weise kontrolliert und bespitzelt.

Die Kontaktaufnahme gestaltete sich eigentlich einfach. Das Mittel der Wahl waren simple Postkarten. Die benutzten Vokabeln waren für Sender und Empfänger, leider aber auch für die Stasi, klar zu dekodieren. Mal schrieb man an die Inhaftierten selbst, mal an deren Freunde, Ehepartner, Eltern oder Kinder. Wenn die bunten Karten nicht abgefangen wurden, kam fast immer eine Antwort. Das war der Startschuss für die konkrete Hilfe, die stets nach folgendem Muster ablief: Man schickte Pakete mit Dingen, die in der DDR Mangelware waren, legte zum Beispiel eine Nylonstrumpfhose, Kaugummi oder ein Pfund Kaffee für die kontrollierenden Staatsdiener obenauf und hoffte, dass die Sachen mehr oder weniger vollständig den Adressaten erreichten. Häufig kam es vor, dass einzelne Posten für den Eigengebrauch entnommen wurden. Manchmal verschwand auch ein komplettes Paket. Ungezählte westdeutsche Familien kannten diese Schikanen von Geschenken, die sie ihren Verwandten in Ostdeutschland oder anderen Staaten der kommunistischen Hemisphäre machen wollten.

Als ein Beispiel unter Tausenden darf hier die Geschichte von Christian und Gabriele Enzmann dienen. 1987 übernahm Katrin den »Fall Enzmann«. Die IGFM hatte im Jahr zuvor in ihrer Dokumentation »CSCE and human rights« über den politischen Häftling Dr. Bernd Ettel berichtet. Katrin hatte den Fall auf der KSZE-Konferenz in Bern kommuniziert, an der sie 1986 gemeinsam mit Edgar Lamm, heute Beisitzer in der deutschen IGFM-Sektion, teilgenommen hatte. Ettel hatte Glück: Die Bundesregierung kaufte ihn frei (vermutlich für etwa 140.000 D-Mark; seinerzeit existierten Tabellen, welche Berufs- bzw. Gefangenengruppen zu welchem Preis zu haben waren), und unmittelbar nach seiner Haftentlassung am 3. Dezember 1986 meldete er seine Freunde Christian und Gabriele Enzmann als Ausreisewillige an, die dringend Unterstützung brauchten. Ihre Ausreiseanträge hatten sie im April 1984 gemeinsam gestellt: Christian Enzmann und Bernd Ettel waren Freunde und Kollegen und hatten sich ohne Wissen der DDR an einem Architekturwettbewerb beteiligt – in Westberlin! Die Inhaftierung folgte rasch. Während die beiden seit Juli im Gefängnis saßen, blieb Gabriele Enzmann auf freiem Fuß, stets im Unklaren darüber, was mit ihrem Mann und dessen Freund im Gefängnis geschah, und dennoch ungebrochen in der Absicht, das Land irgendwann zu verlassen.
Standhaft blieben auch die inhaftierten Männer. Während Enzmann im März 1986 in die DDR entlassen wurde – im Prinzip gegen seinen Willen, die Ausreiseanträge für sich und seine Frau erneuerten sie trotz existenzbedrohender Schikanen regelmäßig alle acht Wochen –, blieb Ettel bis Dezember 1986 hinter Gittern und gelangte von dort direkt in den Westen. Christian Enzmann blieb nach der Haftentlassung in Ostberlin arbeitslos und lebte vom Gehalt seiner Frau, die das Geld als Biochemikerin an der Charité verdiente. Das Leben blieb bezahlbar,

die kommunistische Gesellschaft war ja stets eine Mangelgesellschaft, während beide sehr unter der psychischen Belastung und der unsicheren Situation litten.

Katrin hat Buch geführt. Am 14. Juli 1987 schrieb sie Brief Nummer eins an Enzmanns, samt Rückschein und einem dazugehörenden 20-Kilo-Paket. Darin fand das Ehepaar Kleidung, Lebensmittel und Pflegeartikel – eine willkommene Hilfe in knappen Zeiten. Die Überraschung war groß wie immer, wenn einer aus der DDR von Unbekannten aus dem westlichen Ausland Hilfe erhielt. Schnell entspann sich auf dem Postwege eine Art Freundschaft. Katrin schrieb so viele Ansichtskarten wie möglich, veranlasste Freunde und Bekannte, es ihr gleichzutun, und Enzmanns antworteten in schöner Regelmäßigkeit. Der Plan: Nichts brachte die DDR mehr aus dem Tritt als öffentliche Kritik aus dem Ausland. So kam es, dass Katrin zum Beispiel jedes Mal, wenn sie in Luxemburg tankte (Wittlich liegt knapp 50 Kilometer von Luxemburg entfernt, wo der Sprit seinerzeit erheblich billiger war als in Deutschland), dort auch einige Ansichtskarten in den Postkasten warf. Mitstreiter von der IGFM taten es ihr gleich, und so wuchs die Bedrängnis der DDR-Behörden stetig.

Im September 1987 wagte sich Erich Honecker im Zuge der Entspannungspolitik nach Trier. Diese Gelegenheit nutzte Katrin mit einer Handvoll Mitstreiter, auf großen Plakaten die Ausreise von Gabriele und Christian Enzmann und anderen Inhaftierten oder anderweitig bedrängten Menschen zu fordern. Wieder einmal kamen ihr ihre Fremdsprachenkenntnisse zugute. Die Flugblätter, die sie vorbereitet hatten, waren auf Deutsch, Englisch und Französisch verfasst; das Interview mit einem Schweizer Sender, sinnigerweise vor dem Karl-Marx-Haus, konnte sie in fließendem Französisch führen. Das Transparent sollte weit herumkommen: Drei Monate später reiste es mit Edgar Lamm und Katrin nach Wien.

Dort fand die für Katrin inzwischen 6. KSZE-Konferenz statt. In den freien Stunden demonstrierten beide unter anderem vor der Wiener Botschaft der DDR, der »Verkehrsvertretung der Deutschen Demokratischen Republik«. Mit im Boot war Katharina Grieb, eine resolute, durchsetzungsstarke und temperamentvolle Frau. Als Vorsitzende der österreichischen Sektion mochte sie dem diensthabenden Mitarbeiter der Botschaft durchaus schon bekannt gewesen sein. Wie dem auch sei, ihr Auftritt beeindruckte diesen so, dass er sofort seine Dependance schloss, als die IGFM vor seinem Fenster Stellung bezog, und fluchtartig das Weite suchte.

Katrin informierte neben sämtlichen IGFM-Sektionen das Europäische Parlament und die UNO über die Enzmanns. Bittbriefe erreichten auch Erich Honecker. Fotos, die auf abenteuerlichen Wegen irgendwann in Wittlich eintrafen, wurden auf Flugblätter und Transparente geklebt, denn ein Gesicht sagt mehr als tausend Worte. In Wien kümmerte sich Katharina Grieb mit Sohn Mitja intensiv um die Enzmanns. Katrin rührte in Wittlich die Trommel, nutzte die Kanäle, die sie sich über die CDU erschließen konnte, in die sie 1973 eingetreten war, stellte sich in die Fußgängerzone, erzählte den Rotariern davon, deren Mitglied Hermann war. Ganz besonders stolz war sie auf ihren Jüngsten, Johannes, der wie Mitja in Wien inzwischen in die IGFM eingetreten war. Diese beiden jüngsten Mitglieder der Organisation schrieben fleißig Briefe, genau wie die Freunde ihrer Eltern in aller Welt. Das darf wörtlich genommen werden, denn das Netzwerk wuchs beständig. Und Katrin wusste ja, dass eine große internationale Öffentlichkeit der wunde Punkt der DDR war

Da konnten selbstverständlich auch Kontakte zu »Hauptamtlichen« der CDU nur von Nutzen sein. Katrin war nicht faul, bat zunächst innerhalb des übersichtlichen Wittlicher Stadtrats um Hilfe. Auch Politiker, die auf internationalem Parkett agierten, schrieb sie an. Manchmal kamen Antworten, insbesondere aus Kreisen der CSU, wie sie sich gern erinnert. Der bayerische Ministerpräsident Franz Josef Strauß ließ sie wissen, »dass das Ehepaar Enzmann in meine persönlichen Bemühungen einbezogen ist«. Das Netzwerk tat seine Wirkung. Am 29. September 1988 schrieb Christian Enzmann, dass er die DDR verlassen dürfe, allein der Zeitpunkt stehe noch nicht fest. Am 27. November war es dann so weit. »Donnerstag um 11.30 Uhr geht es los!«, konnte Enzmann berichten.

Die Freiheit schmeckte gut. Endlich kam ein Brief mit Enzmanns Schrift, auf dem eine westdeutsche Briefmarke klebte, und es war diesmal kein Bittbrief mehr, sondern ein Dankesbrief. »Ich kann nicht beschreiben, welch ein Glücksgefühl es ist, wenn man sich jahrelang ,in einen Fall reindenkt‘, Flugblätter ansieht, sich mit dem Transparent überall hinstellt«, sagt Katrin. »Man sammelt Unterschriften, schickt Karten sogar an Honecker, und immer hofft man, dass man die Betreuten bald in die Arme schließen kann.« Bei Enzmanns und Ettel ist der schönste aller denkbaren Fälle eingetreten: Katrin und ihre ehemaligen »Fälle« sind Freunde geworden. Insbesondere zu Gabriele besteht weiter ein tiefes Vertrauensverhältnis.

Gabriele und Christian Enzmann, Berlin in den 1980er-Jahren

Ich habe diese Frau selbst kennenlernen dürfen, als sie während eines ihrer Besuche bei Bornmüllers schlief. Sie hielt sich beruflich in der Nähe von Gießen auf und gab dem Bedürfnis nach, Katrin und Hermann wieder einmal zu sehen. Die Atmosphäre, wenn alle drei im Wohnzimmer sitzen, ist eine sehr entspannte. In politischer Hinsicht schaut Gabriele Enzmann anders auf die Welt als Katrin. Sie ist weder christlich noch konservativ sozialisiert, hat keine Kinder, und wie so viele Ehen hat auch die ihre nicht gehalten.

Umso schöner ist es für mich, zu erleben, wie Katrin ihren Kritikern zum Trotz eben nicht nur Menschen lieben kann, die ihre Weltanschauung teilen. Ihr Herz ist groß genug, um hinter Partei, Religion, Sprache, Nationalität, hinter materiellem und sogar geistigem Besitz immer zuerst den Menschen zu erblicken und zu erfühlen. Fassaden können sie kaum blenden. Dies scheint mir ein Schlüssel ihres Erfolges zu sein.

Dres. Sonja und Ralf Raasch

Auch die Geschichte der Familie Raasch muss erzählt werden. Dr. Sonja und Dr. Ralf Raasch, sie Zahnärztin, er Chirurg, Viszeralchirurg und Proktologe, sprechen kaum über ihre Zeit in DDR-Gefängnissen. Sie haben es immer vorgezogen, nach vorn zu blicken, um wirklich von vorn anfangen zu können. Zu tief sind die Verletzungen, die ihnen zugefügt wurden, auch wenn sie von dem, was wir gemeinhin eine Folter nennen, verschont blieben. Ihr Glück im Unglück war die Tatsache, dass sie erst in den späten 1980er-Jahren verhaftet wurden. »Viel schlimmer waren die Zustände für politische Häftlinge in früheren Jahrzehnten«, sagt Sonja Raasch.

Das Ehepaar führte nach außen hin ein angepasstes Leben. Die Fassade hatte wenig Kratzer; sie spielten das Spiel mit: Als die Kollegen sie als Ärztevertreterin in die Gewerkschaft wählten, nahm sie den Posten an, berichtet Sonja Raasch. Nicht auffallen, hieß die Devise des Paares, das sich im Stillen in oppositionellen Kreisen bewegte und längst seine Flucht vorbereitete. Die Illusion, dass man sich in eine intellektuelle Enklave zurückziehen konnte, musste an der dumpfen Beharrlichkeit der staatsoriginären Penetration allen Freidenkertums scheitern. Ein Antrag auf Reisegenehmigung zu einem internationalen Kongress der Ärzte gegen den Atomkrieg wurde abgelehnt. Als Freunden mithilfe einer westdeutschen Organisation die Republikflucht glückte, beschlossen die Raaschs, das Wagnis ebenfalls einzugehen.

Irgendwann hielten sie das Klima der Angst und des Misstrauens einfach nicht mehr aus. Sie sehnten sich nach Dingen, die in ihrem eigenen Leben nicht selbstverständlich waren: in einen Laden gehen und sich jedes beliebige Buch oder jede Landkarte bestellen können, seine Meinung sagen können, ohne dafür Kopf und Kragen zu riskieren, Meinungsverschiedenheiten austragen und aushalten, eine heterogene Gesellschaft mit all ihren Licht- und Schattenseiten. Kurz, sie wollten endlich auch leben in einem Klima der geistigen, körperlichen und mentalen Freiheit.

Mit dem hohen Risiko, das sie auf sich nahmen, hatten sie sich auseinandergesetzt. Falls der Fluchtversuch missglücken sollte, bedeutete das für sie selbst die Haft in einer Diktatur. Schwerer noch wog das Schicksal, das ihre zum Zeitpunkt der Flucht siebenjährige Tochter Johanna ereilen konnte. Es war in der DDR an der Tagesordnung, dass solche Kinder in einem Heim oder bei Adoptiveltern verschwanden. Die möglichen Folgen verdrängten sie nicht, im Gegenteil. Sie setzten sich auseinander mit allen Eventualitäten, sprachen miteinander darüber, zauderten, wogen ab. War das Leben im freien Westen wirklich so frei, wie sie glaubten? Würden sie beruflich Fuß fassen können in einem Land, das sie höchstens aus dem Fernsehen kannten? Was wäre mit Heimweh, mit den Freunden, die sie zurückließen, mit Vater und Mutter, die in der Kleinstadt, in der sie lebten, für den Rest ihres Lebens dem Hohn der Leute ausgesetzt sein würden? Ja, sagt Sonja Raasch im Rückblick, sie seien damals »mental präpariert« gewesen.

Eingeschraubt in ein Wohnmobil, wagte die Familie im Dezember 1987 die Flucht. Sie wurden von westlicher Seite her verraten. Von wem, fanden sie nie heraus: Auch in den anderthalb Metern Stasiakten, die sie später einsahen, fanden sie den Namen des oder der Schuldigen nicht. Ralf steckten sie nach Cottbus, Sonja nach Hoheneck, zu Kindsmördern und jeder Art von Gewaltverbrechern. Das Mädchen, das in den ersten Tagen noch bei der Mutter hatte bleiben dürfen, wurde ihr am Silvestertag weggenommen und zunächst tatsächlich in ein Heim gebracht. Nach wenigen Tagen durfte sie zu den Großeltern. Mit Zähnen und Klauen schützten und verteidigten sie ihre Enkeltochter gegen Übergriffe, die in dieser Situation unweigerlich versucht wurden. Sie standen ihr in allem zur Seite, was wesentlich war. Die Eltern hinter Gittern wussten nun zumindest, dass es dem Mädchen so gut ging wie eben möglich. »Sonst«, ahnt die Mutter heute, »hätte es schon geschehen können, dass ich dem Druck im Gefängnis nachgegeben und fast alles unterschrieben hätte, was man mir vorhielt.«

In der Haft ging es ums nackte Überleben. Dreieinhalb Jahre Zuchthaus für Spionage und Landesverrat waren zu bewältigen. Keinerlei Informationen erreichten die Gefangenen, nichts ließen die Bediensteten durch. Keine Hoffnung konnte keimen ob der Entwicklungen in Ungarn, von der ersten Stunde an setzten die Raaschs auf eiserne Disziplin: Sie trieben gnadenlos Gymnastik, soweit das auf wenigen Quadratmetern möglich ist, lasen alle Buchstaben, die bis zu ihnen durchdrangen, hielten das eigene Uhrwerk am Laufen, so gut es ging, und gaben die Hoffnung auf die Zeit nach der staatlich verordneten Hölle nicht auf. Über die Entwicklungen außerhalb von Hoheneck und Cottbus erfuhren sie nichts. Selbst wenn das Neue Deutschland von Massenprotesten, Demonstrationen oder von den Vorgängen am ungarisch-österreichischen Grenzzaun berichtet hatte – die entsprechenden Exemplare wurden zwar ausgeteilt, aber sofort wieder konfisziert. Und Fernsehen war, anders als in westdeutschen humanen Vollzugsanstalten, eine große Auszeichnung, die nur jenen zuteil wurde, die sich angepasst verhielten.

Katrin erhielt Kenntnis von der Haft der Raaschs am 27. Januar 1989. Da hatten sie schon über ein Jahr der Strafe abgesessen. Ein entlassener Haftgefährte hatte den Fall an die Frankfurter IGFM gemeldet. Am 30. Januar ging das erste Paket mit 20 Kilogramm Hilfsgütern auf die Reise in die DDR: an die Tochter und die Großeltern. Es kam nicht durch, was Katrin dadurch erfuhr, dass der Rückantwortschein sie nie erreichte. Drei Postkarten, die sie in kurzen Abständen gleich hinterherschickte, fing ebenfalls die Stasi ab. Endlich, im März, erreichte ein Brief sein Ziel: Dem Wunsch der Großeltern, dass ihre Wohltäterin aus dem Westen sich telefonisch bei ihnen meldete, entsprach sie gern. Wie immer blieb Katrin hartnäckig: Nach ungezählten Versuchen gelang schließlich auch dieses Vorhaben. Noch im März sandte sie Paket Nummer zwei ab, wieder an die Großeltern, wieder 20 Kilogramm mit Produkten, die in der desaströsen Mangelwirtschaft der DDR schwer bis gar nicht zu kriegen waren. Wieder keine Reaktion, wieder die Unsicherheit auf Katrins Seite, ob die Sendung abgefangen worden oder doch angekommen war.

Per Telegramm traf im April die Empfangsbestätigung für dieses zweite Paket ein. Wieder erging ein Rundruf im gesamten, recht internationalen Bornmüller'schen Bekanntenkreis: Schreibt Postkarten, macht die Behörden mürbe, zeigt Flagge und beweist den DDR-Behörden, dass wir den Fall kennen und nicht lockerlassen werden. Wie immer schrieben die einen fleißig, und die anderen unterließen es. Raaschs wussten nichts von alledem, erfuhren von der Wohltäterin erst nach ihrer Entlassung. Ihnen blieben die dreisprachigen Flugblätter verborgen, auf denen Katrin für ihre Freilassung kämpfte, auch die Transparente auf der KSZE-Konferenz (Juni 1989) in Paris, auf denen sie den Fall populär machte. An der österreichisch-ungarischen Grenze wurde es spannend, als der ungarische Außenminister Gyula Horn und sein Wiener Amtskollege Alois Mock den Stacheldraht zerschnitten (27. Juni 1989), und sogar in der DDR begannen die Menschen, zu fordern, zu wollen und zu demonstrieren.

Und Michail Gorbatschow ließ sie gewähren – wie lange wohl? Das wusste keiner, und kaum einer wagte es, den Gedanken zu Ende zu denken, dass der Eiserne Vorhang tatsächlich bald ganz fallen könnte. Dennoch: Die Stimmung änderte sich, es wehte endlich ein zaghafter Wind von Freiheit und Hoffnung in den kommunistischen Ländern. Das war auch auf der KSZE-Konferenz spürbar. Katrin, für die es die achte Teilnahme war, erinnert sich: »Die Stimmung unter den Konferenzteilnehmern hatte sich deutlich geändert. Niemals hatte es so viel Kritik an den Ostblockstaaten gegeben.« Mit ihrem Transparent bezog sie wieder einmal Stellung vor der DDR-Botschaft. Der Fall Raasch war inzwischen sehr publik.

Aufregend war es für die, die das Geschehen allabendlich an den Fernsehern mitverfolgen konnten. Für die Raaschs blieb alles beim Alten. Noch immer war jeder Tag ein schlimmer Tag, auch wenn sich Sonja Raasch aufgrund ihrer Ausbildung bis in den medizinischen Bereich des Gefängnisses »vorgearbeitet« hatte und die Lebensbedingungen entsprechend humaner wurden, verglichen mit dem Beginn der Haft. Bis zum 27. Juli 1989 musste sie das Schicksal tragen. An diesem Tag kaufte die westdeutsche Regierung die beiden frei. Sie dürften, wie Christian Enzmann, jeweils 140.000 D-Mark wert gewesen sein.

Bis September warteten sie auf die Tochter. Ralf Raasch reiste mit dem Zug nach Magdeburg, wo sie von den Großeltern an ihn übergeben wurde. Auch dieser allerletzte Zugriff, den die DDR-Behörden auf die Familie hatten, verlief nicht ohne Angst und Schrecken: Auf dem ersten DDR-Bahnhof holten die Grenzer Raasch aus dem Abteil und ließen ihn erst mit dem nächsten Zug weiterfahren. Lange sollte es nicht mehr dauern, bis die deutsch-deutsche Mauer endgültig fiel. Aber was am 9. November 1989 geschehen würde und vor allem wie unblutig es geschehen sollte, sagten zu diesem Zeitpunkt selbst die größten Optimisten noch nicht voraus.

Bornmüllers und Raaschs verloren sich nicht aus den Augen. Im Juli 1990 kamen sie mit ihrer Tochter nach Wittlich. Katrin: »Es war einfach ein wunderbares Gefühl!« Als die Tochter im Jahr 2009 an der Trierer Uni promovierte, frischten die Familien den Kontakt auf, der jetzt nicht mehr einschlafen soll. Im Herbst 2009 verbrachten Katrin und Hermann ein Wochenende in der zweiten Heimat der Raaschs. Die alten Narben brachen wieder auf, es flossen viele Tränen. Sonja Raasch sieht den neuerlichen Kontakt als Chance, sich endlich mit den Wunden auseinanderzusetzen, die ihr und ihren Liebsten in der DDR zugefügt worden sind. Schwer wiegt die Last, von der sie sich dennoch nicht erdrücken lässt. Denn eines weiß sie sicher: Den Weg des Hasses und der Rache an den Tätern von damals möchte sie nicht gehen – der würde ihr eigenes Seelenheil in diesem jetzt endlich doch freien, arbeitsamen und »schönen!« Leben gefährden.

Dr. Ilze Kreicberga, Neonatologin, Fachärztin für Neu- und Frühgeborene aus Riga

Interview

»Katrin erzählte mir, dass sie in Krankenhäusern von Trier und Wittlich Praktika für Sie gefunden hat. Wann war das, und aus welchem Grund haben Sie so weit weg von zu Hause Arbeit angenommen?«

»Zu Beginn der 1990er-Jahre, es war wohl 1992/93, vermittelte Katrin mir zwei Stellen als Gastärztin im Herz-Jesu-Krankenhaus in Trier und im St.-Elisabeth-Krankenhaus in Wittlich. Ich bin Neonatologin (Spezialistin für Neugeborenenmedizin). Mein Fachgebiet ist die Perinatologie, also alles, was vor, während und unmittelbar nach der Geburt geschieht. Folglich kam für mich als passendes Praktikum ein Platz auf der Geburts- oder auf der Neugeborenenstation infrage. So arbeitete ich zwei Monate in Trier und einen Monat in Wittlich.

Diese neue und wirklich interessante Erfahrung half mir entscheidend dabei, meinen beruflichen Horizont zu erweitern. Ich war später noch in anderen Ländern als Praktikantin tätig, besuchte Konferenzen und Kongresse, zum Beispiel in den USA, in Westeuropa und anderen

Teilen der Welt, aber diese erste Auslandserfahrung in Deutschland, die Katrin mir vermittelt hat, bleibt unvergesslich – der erste Schritt in eine neue Welt.«

»Wann und wie kamen Sie überhaupt in Kontakt mit Katrin?«

»Das war wohl 1992, als Katrin unser Krankenhaus in Riga besuchte. Sie war mit einigen Mitgliedern ihrer Menschenrechtsorganisation angereist, und ich war diejenige, die sie im Krankenhaus herumführte.«

»Stimmt es, dass Sie noch immer Hilfe von ihr bekommen? Was bedeutet diese Hilfe für Sie und Ihre Patienten?«

»Als ich das erste Mal in Deutschland war, erlebten die meisten Menschen in Lettland eine extrem schwere Zeit. Selbst die, die Arbeit hatten, konnten von dem Geld, das sie damit verdienten, noch lange nicht ‚normal‘ leben. Während meines Aufenthaltes in Trier und Wittlich kümmerte sich meine Mutter um meine Kinder, was alles andere als leicht war. Damals half Katrin mir sehr; jeder Sattelschlepper nach Lettland brachte immer auch Sachen für meine Familie mit! Und nicht nur für die Kinder, meine Mutter und mich, sondern für die gesamte, ziemlich weitläufige Verwandtschaft.

Irgendwann begannen wir damit, die Hilfsgüter zusätzlich an Freunde und Kollegen zu verteilen und dann an alle, die irgendwie Hilfe nötig hatten. Glücklicherweise änderte sich die wirtschaftliche Situation in meiner eigenen Familie, und heute kann ich von Glück sagen, dass wir seit etwa zehn Jahren nicht mehr auf fremde Hilfe angewiesen sind. Das heißt keinesfalls, dass wir Katrin nicht brauchen würden: Sie ist unsere Freundin geworden! Aber es gibt immer noch genügend Hilfsbedürftige in Lettland, und soweit ich weiß, kümmert Katrin sich weiterhin um sie. Sie wird dabei von zahlreichen Menschen unterstützt – bedauerlicherweise habe ich selbst keine Zeit mehr dafür.

Es ärgert mich sehr, dass es immer wieder Leute gibt, die Katrins Arbeit unterschätzen, sogar solche, die einst selbst auf ihre Hilfe angewiesen waren und diese Hilfe auch bekamen. Dann fällt mir der Spruch ein: Die, die sich nicht an die Vergangenheit erinnern, haben auch keine Zukunft. Ich bin der festen Überzeugung, dass Katrin eine großartige Arbeit leistet: Sie hilft Menschen, die sie noch nicht einmal kennt und die vor allem versuchen, die harte Zeit in ihrem Leben so schnell wie möglich zu vergessen. Wer Katrin nicht kennt, glaubt gern, so etwas wie eine eiserne Lady vor sich zu haben. Ich habe das Gefühl, sie möchte es vielleicht selbst nicht so gern, dass andere ihr warmes, verletzliches Herz sehen. Sie ist eine starke Frau. Aber die wirkliche Quelle ihrer Stärke ist ihre Familie: Hermann und die Kinder. Und ihre Mutter, die ich kennenlernen durfte, eine außerordentlich interessante, charmante und selbstbewusste Frau.«

Neben das obige Interview stelle ich den Dankesbrief, den Ilze Kreicberga nach dem Fest zu Katrins 65. Geburtstag schrieb, zu dem sie 2005 nach Wittlich gereist war – Menschen aus elf Nationen hatten sich damals im Lüxemer Pfarrheim versammelt.

Liebe Katrin, ich bin heil nach Hause gekommen. Herzlichen Dank für die wunderbare Zeit, die ich mit Euch verbrachte. Ich habe den ganzen Morgen nachgedacht und bin zu der Überzeugung gekommen, dass ich auf Deiner Feier hätte sprechen müssen, darum kannst Du vielleicht diesen Brief übersetzen für Deine Freunde.

Für Deine IGFM-Mannschaft ist es vielleicht nicht so klar und verständlich, was Deine Arbeit wirklich bedeutet, wir haben zu Hause ein Sprichwort: »Nicht-verhungernde Menschen, selbst die sympathischsten, werden Verhungernde nie verstehen.«

Aus meiner heutigen Sicht kann ich das besser sehen. Ich dachte über das erste Mal nach, als mich der IGFM-Vertreter über meinen Chef eingeladen hatte in das Lager, wohin Deine humanitäre Hilfe gebracht wurde. Es ist lange her (1991, Anm. K. Bornmüller), *und ich kannte Dich nicht zu dieser Zeit, aber ich erinnere mich noch an dieses unglaubliche Gefühl von Glück, als ich nach Hause ging mit einer großen Plastiktüte voll Kleidung – vor allem für meine Kinder. Sie waren noch so klein zu der Zeit, und ich war so glücklich, es gibt keine Worte, das Gefühl wirklich auszudrücken, so schöne Sachen für sie zu bekommen.*

Nicht nur, dass man sich kleiden kann, das ist eine Art Stolz – dass die eigenen Kinder nicht schlimmer aussahen, sogar viel besser als die anderen. Das ist so wichtig, wenn Du wirtschaftliche Probleme hast, meiner Meinung nach viel wichtiger, als wenn Du viel Geld hast. Wenn Du genug Geld hast, kannst Du anziehen, was Du willst, und die Kleidung wird unwichtig.

Nochmals herzlichen Dank, und vergesst nicht: Ihr habt versprochen, zu kommen! Deine Ilze, Riga, 12. Juli 2005

Maja Caspari aus Mediasch, Rumänien

In der Zeitschrift »Menschenrechte«, die alle zwei Monate unter der Regie des geschäftsführenden Vorsitzenden der IGFM Karl Hafen erscheint, lesen wir in der Ausgabe August/September 2006:

»Rumänien: Diese Frau hat einen Orden verdient. Maja Caspari verkörpert das Rumänien, das wir in der EU begrüßen. Als Maja Caspari, Rumäniendeutsche, vor 17 Jahren mit Unterstützung der IGFM den Krebs- und Diabetiker-Selbsthilfe-Verein in Mediasch nach dem Sturz der Regierung Ceauşescu 1989 aus der Taufe hob, hatte sie selbst nicht daran geglaubt, dass er die nächsten Jahre überleben würde. Es gab kein Gesetz, das erlaubte, Vereine zu gründen, und Behinderte, die vor der Wende weggesperrt wurden, waren in der Öffentlichkeit ein ungewohntes Bild.

Heute hat der Verein ca. 850 betreute Mitglieder; drei Ärzte sind in der Unterweisung und in der Hauspflege tätig, eine Apothekerin leitet die vereinseigene Apotheke; in einer Diätküche werden in Kleinkursen je sechs bis sieben Personen im diätischen Kochen für ihre kranken Angehörigen unterrichtet, die wiederum von einem Psychologen auf die mit Krebs und Diabetes zusammenhängenden Umstellungen systematisch vorbereitet werden. In diesem Jahr hat der Verein die ersten 20 Arbeitslosen in halbjährigen Seminaren zu Heimbetreuern ausgebildet und strebt nun die staatliche Anerkennung als Ausbildungsstätte für ordentliche Pflegeberufe an. Zum Ausbau des gerade neu bezogenen Domizils in einer ehemaligen Schule benötigt das Heim etwa 3.000 Euro.

Maja Caspari hat nicht nur den Verein aufgebaut, sie hat Gesetze mitgestaltet, nimmt Einfluss auf das Sozialsystem. Vor allem aber hat sie behinderten Menschen Würde gegeben. Die IGFM begleitet ihr Werk seit den Anfängen, und daher empfehlen wir die Unterstützung mit ganzem Herzen. Kennwort Mediasch.«

Damit ist Maja Caspari mitsamt ihrer Arbeit einleitend vorgestellt. Die alte Dame, selbst zuckerkrank und inzwischen schwer sehbehindert, arbeitet weiter. Wenn man sie anruft, sollte man viel Zeit mitbringen. Ich war »vorgewarnt«. Dennoch schaffte es die 77-jährige Maja, mich vollends »niederzuquatschen«. Als Journalistin bin ich es gewohnt,

Menschen Löcher in den Bauch zu fragen. Bei Maja war das nicht nötig, ich kam kaum zu Wort. In einem bemerkenswerten Redeschwall sprang sie vom Hölzchen aufs Stöckchen und plapperte sich alles fort, was ihr auf dem Herzen lag.

So weiß ich am Ende unseres Telefonates nicht nur, was sie an diesem Tag gekauft, gekocht und verspeist hat. Ich weiß zum Beispiel auch, dass sie seit 30 Jahren Rentnerin ist, zum Überleben in harten Zeiten »von Schürzchen über Deckchen, Blumen und Gemüse aus dem Garten alles verkauft hat, außer krummen Negern«, und dass es ihr heute »im Grunde genommen sehr gut« geht. Schließlich lebe sie, Diabetes hin oder her, jetzt in Verhältnissen, von denen sie ihr Leben lang nur hatte träumen können. »Ich bin die Meisterin des Unterzuckerns«, lacht sie, »wenn ich spüre, dass es so weit ist, drücke ich mir die Sahne direkt aus der Packung in den Mund.«

Katrin hat mir erzählt, dass Maja fast blind ist. Ach was, wiegelt die Rumäniendeutsche am anderen Ende der Strippe ab, so schlimm sei das alles gar nicht. Eine humanitäre Gruppe habe ihr die Operation an der Universitätsklinik von München finanziert. Jetzt sei sie nur noch »gesichtsblind«, aber Bäume, Berge oder das Meer sehe sie durchaus. Ja, der Computer, dass sie den nicht mehr nutzen kann, empfinde sie als wirkliches Übel, der fehle ihr fast am meisten. Der Computer war in den letzten 20 überaus aktiven Jahren ihre Verbindung zur Welt. Mit seiner Hilfe hielt sie Kontakt zu den anderen Sektionen der IGFM, koordinierte die Arbeit diverser Gruppen und Initiativen, vernetzte ihre Kranken und Behinderten im rumänischen Mediasch mit Projekten auf dem ganzen Kontinent. Das zumindest ist nun vorbei. Heute muss sie Radio hören, telefonieren und sich auf die Erzählungen der freundlichen Nachbarin, »meiner Perle«, verlassen, die zweimal in der Woche nach ihr schaut. Dass Maja selbst nicht mehr putzen kann, leuchtet ein. Aber, so sprudelt es aus ihr heraus, alles habe zwei Seiten. Auf ihre alten Tage treffe sie regelmäßig Menschen, die ihr Treppen hinaufhelfen, Bankgeschäfte abwickeln, das passende Kleingeld aus der Geldbörse nehmen – und auch wieder hineingeben! Noch nie habe einer sie beschummelt, da sei sie sicher, und aus ihrem kleinen Häuschen, das über Jahrzehnte eine erbärmliche Bruchbude war, sei inzwischen eine recht ansehnliche Bleibe geworden. Maja ist ihr eigener Herr und hat auch einen kleinen Garten. Sie schließt beides bis heute nicht ab. »In diesem Hause gibt es nur eines, das wertvoll wäre, das bin ich selbst. Wenn ich nicht zu Hause bin, was sollte jemand dort stehlen?«

In Rumänien wächst, wie in vielen ehemals kommunistischen Staaten, die Not inzwischen wieder. Die Preise, beispielsweise für Energie, sind unbezahlbar hoch, viele Familien können im Winter nicht mehr heizen, haben weder warme Kleidung noch entsprechendes Schuhwerk, von der medizinischen Versorgung ganz zu schweigen. Ihr hingegen gehe es gut, sagt Maja: Aus der Bruchbude von damals sei ein stattliches Häuschen geworden, für das sie sich nicht mehr schämen müsse. Im Gegenteil, gut lasse es sich hier leben, alles sei isoliert, das Heizen bezahlbar und das Wasser warm. Im Sommer gerate das Gärtchen, aus dem sie in Notzeiten Kartoffeln und Gemüse verkauft hat, zum Idyll.

Vor 800 Jahren verließen Majas Vorfahren die Mosel in Richtung Siebenbürgern. 1991 reiste sie selbst das erste Mal nach Deutschland – und fand Verwandte in Traben-Trarbach an der Mosel. 21 Mal war sie inzwischen bei Katrin und Hermann. »Schau nach, es steht im Gästebuch!« Wie einst bei Katrin ist Maja auch bei mir binnen weniger Minuten zum Du gewechselt. Warum nicht, mir ist die alte Dame sympathisch. Sie jammert nicht, hält sich nicht lange bei den eigenen Schicksalsschlägen auf, und wenn ich nicht konkret nachfrage, erzählt sie nichts von all den Wohltaten, die sie anderen hat angedeihen lassen. »Ohne Katrin wäre unser Verein längst eingegangen«, sagt sie, »er wäre wahrscheinlich nicht einmal gegründet worden.« 51 Transporte sind von Wittlich nach Mediasch gerollt. Das Glück, das Katrin und ihre Mitstreiter den alten, kranken und behinderten Menschen, die Majas Verein versorgt, immer wieder beschert hat, sei nicht in Worte zu fassen.

Eine Lawine von Hilfsgütern rollte in den 1990er-Jahren nach Mediasch. Mit einem Studenten aus Frankfurt, Christian Preis, begann das Märchen. Wer dem jungen Mann ihre rumänische Adresse bereits in den 1980er-Jahren zugespielt hat, weiß sie nicht. An die erste Begegnung mit Katrin erinnert Maja sich gut: Ziemlich abgerissen sei sie, die zu Hause ausschließlich im Trainingsanzug herumläuft, in Frankfurt angekommen. Eine tadellos gekleidete, liebenswürdige Dame und ein Herr, der ihr in nichts nachstand, haben sie dort in Empfang genommen. Die Dame sei Katrin gewesen, der Herr Professor Wolfgang Hengst, den Katrin ganz ähnlich wie ihre Freundin aus Rumänien beschreibt. Was sie am Leib getragen habe, sei den beiden gut gekleideten Deutschen offenbar nicht wichtig gewesen.

Maja arbeitete zu dieser Zeit bereits im Dienste von Krebs- und Zuckerkranken in und um Mediasch. Zur Erinnerung: Erst im Dezember 1989 hatte sich das rumänische Volk von der jahrzehntelangen Diktatur des Nicolae Ceaușescu befreit. Am ersten Weihnachtsfeiertag wurden er und seine Frau Elena hingerichtet – die Nachrichten schickten die Fotos in die ganze Welt. Als man die bis dahin sorgfältig verriegelten Türen von Heimen für Kinder und Behinderte öffnete, gingen auch diese Bilder um die Welt. Die ganze Menschenverachtung des gestürzten Regimes wurde darauf entlarvt. Meiner Generation brannten sich die Dokumentationen ins Gedächtnis ein. Als Maja 1991 zum ersten Mal nach Frankfurt kam, schrieb man also erst das Jahr zwei nach Ceaușescu.

Längst war sie aktiv geworden, hatte eine Ernährungsschule für Diabetiker und deren Angehörige eingerichtet, in der man ihnen alles notwendige theoretische Wissen und praktische Beispiele für ein Leben mit der Krankheit vermittelte. Eingerichtet wurde die Übungsküche mit Hilfsgütern aus dem Lager von Katrin. Maja trat 1993 während einer Jahreshauptversammlung in Königstein, zu der die Gesellschaft sie als Betroffene eingeladen hatte, in die IGFM ein. Von der Seelenverwandtschaft war sie sofort begeistert, egal ob die Delegierten nun aus Litauen, der Slowakei, aus Deutschland oder der Schweiz kamen: »Wir waren alle von derselben Art«, erinnert sie sich. Noch im selben Jahr gründete Maja die IGFM-Sektion Rumänien und ist bis heute deren Sprecherin. Zu ihrem Bedauern wird die Mitgliederzahl in ihrer Heimat immer kleiner. Für jene, die am Ball geblieben seien, übe sie den Job der »Sklaventreiberin« aus, meint sie, und lacht mal wieder herzlich.

51 Transporte brachten Nahrungsmittel, Medikamente, Kleidung, Bargeld und, was nicht unterschätzt werden sollte, auch moralische Unterstützung nach Mediasch. Wo sonst hätte Majas Verein Insulinspritzen, Schokoriegel und H-Sahne (bei Unterzuckerung) bekommen sollen? Wer hätte sie in diesen tumultartigen Umbruchjahren verordnen, wer organisieren, wer womit bezahlen sollen? Machen wir uns nichts vor: Der plötzliche Umschwung in ein kapitalistisches Wirtschaftssystem

mag zweifellos für Kluge, Starke, Junge und Gesunde ein Segen gewesen sein. Für die schwachen Glieder der Gesellschaft war er das nicht unbedingt oder doch nicht sofort. Sie waren dringend auf Hilfe von außen angewiesen. Mediasch hatte Glück. Durch die Netzwerke, die Maja, Katrin und die IGFM geschaffen hatten, erhielten sie Unterstützung auf breiter Front.

Wie wichtig die Hilfe aus Deutschland für die 53.000 Einwohner von Mediasch nach dem Kommunismus war, zeigt sich an der Ehrenbürgerschaft, die Bürgermeister Teodor Plopeanu im Mai 2002 an Katrin, obwohl Ausländerin, verliehen hat. Doch die Arbeit geht weiter, muss weitergehen, denn die Verhältnisse verschlimmern sich gerade nach der internationalen Bankenkrise wieder dramatisch. Auch am Lager von Maja, dem Umschlagplatz für Hilfe aus Deutschland, geht die wirtschaftliche Talfahrt nicht spurlos vorbei. »Dringend müsste unser Dach repariert werden«, sagt sie mir am Telefon. Zwar beklage sich niemand laut, aber trotz ihres getrübten Augenlichts sehe sie doch, was los sei. Die Helfer und Helferinnen werden in der Kälte der Lagerräume inzwischen selbst krank: Husten, Schnupfen, Rheuma und Allergien, die ganze Palette eben, wenn Menschen sich in feuchter Kälte aufhalten müssen. Wenn draußen Minusgrade herrschen, gehe das auf Dauer nicht ohne einen Ofen, und den haben sie nicht.

Nun bin auch ich ein Teil des helfenden Netzwerks geworden. Nicht ohne Stolz werde ich mich bemühen, einen kleinen Text in der nächsten Eifelzeitung zu veröffentlichen, in dem für Spenden geworben wird. Mein Ehrgeiz ist es, den Rumänen in Mediasch bis zum Weihnachtsfest ein bisschen Wärme zu organisieren. Ob wir das wohl schaffen?

Dr. Irina Nulle, Kinderärztin aus Tukums, Lettland

Jeder hinterlässt im Leben anderer Menschen Spuren, der eine mehr, der andere weniger. Deutliche Spuren hinterlassen hat Katrin im Leben der Irina Nulle. Deren Mutter war Russin, geboren in der Nähe von Leningrad bzw. St. Petersburg, der lettische Vater stammte aus Riga.

Sie selbst wuchs in der Sowjetunion auf. Katrin hatte der angehenden Kinderärztin in jungen Jahren ein Praktikum im Wittlicher Krankenhaus vermittelt – und damit Weichen gestellt für Irinas spätere Karriere. Sie spricht russisch, einigermaßen gut deutsch und lettisch. Sie versorgt zahllose Kinder in ihrer Kinderstation im Krankenhaus von Tukums, einer knapp 20.000-Einwohner-Stadt in der lettischen Küstenregion.

»Katrin weiß nicht, wie wichtig und lieb sie für meine Familie ist«, schrieb sie in ihrer Antwort auf meine Fragen. Irgendwie schnitt sie sich auch dafür die nötige Zeit aus den Rippen, denn Zeit ist knapp in Irinas Leben. Heute leitet sie die Kinderstation im Krankenhaus in Tukums. Immer wieder erhält sie Unterstützung von der Wittlicher Truppe der IGFM, die an den Verteilerpunkt des getreuen Peteris Lazda geht und von dort aus an sie weitergeleitet wird. Unverzichtbare Hilfe, wie Dr. Nulle in ihrem Brief immer wieder betont.

Bereits vor 1993, als Irina noch in Russland wohnte und nach Wittlich kam, war ihr Leben vergleichsweise multikulturell verlaufen. Dann hatte sie 1993 ganz unverhofft die Möglichkeit bekommen, ein Praktikum in Deutschland zu absolvieren. Denn nach dem Fall des Eisernen Vorhangs öffnete sich damals der gesamte Ostblock gen Westen. Inzwischen laufen längst Austauschprogramme auf staatlicher Ebene, ob im Schüler- und Ausbildungsbereich, ob auf wissenschaftlichem oder kulturellem Gebiet. Doch Anfang der 1990er-Jahre waren die Menschen noch weitgehend auf private Initiativen angewiesen. Der Kontakt, der Irina Nulle ihre Hospitanz ermöglichte, war über die IGFM zustande gekommen. Letztlich war er Katrins ausgezeichneter Verbindung zu Hans-Joachim Doerfert zu verdanken, jenem umstrittenen Leiter der Caritas Trägergesellschaft Trier, CTT, der später wegen Untreue zu einer mehrjährigen Gefängnisstrafe verurteilt wurde. Katrin: »Was immer er sonst getan haben mag: Für unsere Arbeit hat er sich immer eingesetzt; ich konnte mich auf sein Wort verlassen.«

Irina Nulle arbeitete zu Beginn der 1990er-Jahre im russischen Pechory nahe der Grenze zu Estland. Der damalige Geschäftsführer der IGFM, Iwan Agrusow, bat Katrin, der russischen Kinderärztin einen Praktikumsplatz zu besorgen, was Katrin schon mehrere Male zuvor für Medizinstudenten, Ärzte und Schwestern aus dem Baltikum gelungen war. Wie immer stand und fiel alles mit dem persönlichen Netzwerk der Gesellschaft: Irina erinnert sich, dass der Bruder des damaligen Geschäftsführers in Pechory wohnte. Da erreichte den Chefarzt das Angebot, ein Praktikum in einer deutschen Klinik zu absolvieren. Ihm fehlten jedoch jegliche Sprachkenntnisse, also durfte die junge Kollegin fahren.

»Es war eine wunderbare Zeit!«, schwärmt Dr. Nulle heute. Sie erinnert sich in tiefer Dankbarkeit an die Namen vieler Ärzte, an deren Seite sie damals wissbegierig »herumspaziert« ist. Arbeiten durfte sie nicht, aber sämtliche Fragen stellen, die ihr am Herzen lagen, und das waren eine Menge. Geduldig habe man ihr alle beantwortet, Chefarzt Dr. Ulrich Iseke, Oberarzt Dr. Rozhina und all die anderen »aufmerksamen, guten Ärzte und Sekretäre in Wittlich und Bernkastel«. Und nicht nur das, man sei sogar an ihrer Meinung zu diversen Themen interessiert gewesen.

In diesen beiden Monaten haben Katrin und Irina sich selten gesehen. Wen wundert das angesichts des Arbeitspensums einer Stationsärztin! Lebhaft in Erinnerung blieb Dr. Nulle die Warmherzigkeit, mit der sie im Hause Bornmüller aufgenommen wurde. Dass die zierliche, quicklebendige Mutter Katrins es sich damals nicht hatte nehmen lassen, ihren Koffer eigenhändig in den Kofferraum des Autos zu befördern, als sie sie zum Zug begleitete, der sie wieder in die Heimat bringen sollte, erzählt sie bis heute mit Verwunderung.

Wen Katrin einmal in ihr Herz geschlossen hat, den lässt sie nicht mehr im Stich. Neben den Lieferungen, die en gros zur zentralen Verteilstelle nach Lettland gehen, schickt sie von Zeit zu Zeit persönliche Pakete für die Nulles. Große Hilfen in kargen Zeiten, die die Familie trotz Irinas vergleichsweise gut bezahlten Arbeitsplatzes zu bewältigen hatte. Mit ihrem Gehalt unterstützte sie eine große Familie. Die Eltern in Tukums, wohin sie nach der aktiven Zeit des Vaters in der russischen Armee gezogen waren, den Bruder Ivar, der im Jahr 2003 an Lymphknotenkrebs starb. Damals brach wohl das Herz des Vaters, der 2007 mit 62 Jahren ebenfalls einem Krebsleiden erlag.

Katrin kannte nicht nur Irina, der sie übrigens auch noch einen wohlmeinenden und großzügigen Brieffreund vermittelt hatte: Georg Roder (auch er ist bereits tot). Bei einem Besuch in Wittlich lernte Katrin den

Vater der Ärztin kennen und schätzen. Ihren 65. Geburtstag beging sie, wie jetzt auch den 70., mit einem großen »Fest der Menschenrechte«, zu dem Freunde aus allen Himmelsrichtungen kamen. Herrliche Tage seien es gewesen, erinnert sich Irina, die besonders dem Vater unglaublich gut getan haben.

Mehrmals spielte Katrin Schicksal in Irinas Leben. Denn sie half der Kinderärztin nicht nur in beruflicher Hinsicht weiter. Als Dr. Nulle sich in schwerer Zeit an sie wandte, riet Katrin dazu, mit der Familie an einem Ort zusammenzuleben. Irina fragte Katrin, ob sie nach Lettland gehen solle, bevor das Land in die Europäische Union aufgenommen würde. »Pack sofort deine Koffer und fahr nach Lettland«, riet Katrin ihr. Gesagt, getan. So kam es, dass Irina lettisch lernte, als »Repatriante« ihren Eltern nach Lettland folgte und am Krankenhaus in Tukums als Kinderärztin begann. Nicht ohne regelmäßig mit Kleidung, medizinischem Gerät, mit Medikamenten, Windeln und allem, was im Wittlicher Lager für ein Krankenhaus so anfällt, versorgt zu werden.

Persönliche Bindungen tragen stark und sind eine wichtige Basis bei aller IGFM-Arbeit. Dass Irina die Wittlicher Ärzte kennt, die Rodenbüschs, die Brischs und Marianne Remmy, erfüllt die materielle Unterstützung mit zusätzlichem Leben. Die wahrscheinlich wichtigsten Geschenke waren ein Laserapparat und ein Infusomat für »ihre« Kinderklinik, um endlich venöse Lösungen exakt dosieren zu können. Das nötige Geld dafür kam aus Wittlich, im Nachgang des 65. Geburtstages, an dem so viele persönliche Beziehungen geknüpft wurden.

Irina schreibt in ihrem Brief auch davon, dass es ihr immer wieder warm ums Herz wird, wenn Hilfslieferungen kommen. Briefe gehen hin und her, wenn auch viel weniger, als sie sich wünschen würde, nicht nur in ihrem Leben ist Zeit ein knappes Gut. Sie schreibt von den glücklichen Gesichtern der Kinder, wenn sie ihre Geschenke in Händen halten, und von den überraschten Gesichtern der Eltern: »Wenn arme Leute unerwartet nötige Dinge erhalten, ist das doch wichtig«, meint die engagierte Ärztin. Und sie beobachtet, dass dies manchmal auch im Verhalten der Eltern den eigenen Kindern gegenüber etwas bewirkt. Wenn Fremde Kindern irgendwo in einem Land, das sie bestenfalls aus Büchern oder aus dem Fernsehen kennen, schöne Dinge schenken – einfach so –, dann sind sie manchmal selbst milder, sanfter, liebenswürdiger gestimmt und verhalten sich auf der Station plötzlich anders – milder, sanfter, liebenswürdiger eben.

»Für Menschen mit einem liebenden Herzen sind Katrins Sorgen helle Momente im Leben«, fasst Irina Nulle zusammen. Ich freue mich darauf, auch sie kennenzulernen an Katrins 70. Geburtstag.

Jadranka Cigelj, Rechtsanwältin und Autorin, Kroatien

»Jeder Mensch braucht eine Katrin. Nicht nur in der Not, auch sonst.«

Jadranka kannte ich bereits, bevor ich sie für dieses Buch zu Katrin interviewte. Während meiner Arbeit als freie Journalistin für die lokale Tageszeitung hatte Katrin sie mir 2003 vorgestellt, gemeinsam mit Katharina Grieb, der österreichischen Sektionsleiterin der IGFM, und einigen anderen Menschenrechtlern. Diese anderen sind mir nicht in Erinnerung geblieben.

Jadranka aber hatte schon damals einen starken Eindruck bei mir hinterlassen: eine herbe Frau, starke Raucherin, unübersehbar gezeichnet vom Krieg in ihrem Land, dem ehemaligen Jugoslawien, wo sie einst eine erfolgreiche Rechtsanwältin, eine alleinerziehende, gebildete, selbstbewusste und politische Frau war. In meinem damaligen Artikel über ihr Schicksal und die Hilfe, die ihr über Katrins Kreis zuteilwurde, schrieb ich davon nichts: Jadrankas Augen waren zu dieser Zeit tot. Zu nah noch waren die Grausamkeiten der serbischen Männer, die sie und 36 Leidensgefährtinnen über Wochen im Konzentrationslager Omarska gefangen gehalten hatten, die sie zwar leben ließen – fünf wurden ermordet –, aber nur, um sie für ihre perversen Gelüste jederzeit zur Verfügung zu haben.

Die ermordeten Frauen, so steht es im Vorwort zu Jadrankas Buch, dessen Übersetzung und Veröffentlichung in Deutschland später die unermüdliche Katrin besorgte, diese umgebrachten Frauen waren es, für die Jadranka die Geschichte niederschrieb. Für sie selbst, die nie eine Therapie gemacht hatte, war das Schreiben eine Chance, »mitten im Alltag« zumindest ein Stück weit das Erlittene zu bewältigen und zu verarbeiten. Zu vergessen wohl kaum. Sie nutzte die Chance: Als ich Jadranka im Dezember 2006 erneut traf, signierte sie ihr Buch in einer Wittlicher Buchhandlung. Ihre toten Augen waren wieder lebendig geworden.

Ich weiß, dass sie regelmäßig von bösen Erinnerungen heimgesucht wird, unter extremen Schlafstörungen und immer wieder an Depressionen leidet, wie könnte es anders sein. Ich weiß aber auch, dass Jadranka neue Kraft geschöpft hat, dass sie sich selbst für die Menschenrechte einsetzt und dass sie bei Katrin eine Menschlichkeit und Güte gefunden hat, an die sie lange nicht mehr hat glauben können.

»Jeder Mensch braucht eine Katrin.« Damit begann Jadranka das lange Gespräch, das wir Anfang Januar 2009 führten. Sie war in Wittlich, besuchte mich zu Hause, brachte mir kroatischen Kuchen mit – alles Zeichen einer wiedergewonnenen Normalität. Für Jadranka begann das zweite Leben mit dem norwegischen Botschafter, der sie in Okucani eigenhändig vom Geländer einer Brücke über die Autobahn herunterholte. Sie hatte sich hinabstürzen wollen, als sie im August 1992, nach der Befreiung aus Omarska, von der eigenen Mutter erst auf den zweiten Blick erkannt worden war. Jadranka machte weiter, arbeitete bald im kroatischen Informationszentrum für eine Zagreber Zeitung, wo sie im Dezember 1992 von deutschen und österreichischen IGFM-Vertretern interviewt wurde. »Damals ging es mir noch sehr schlecht.«

Im Februar 1993 erreichte sie eine Einladung zur Jahrestagung nach Deutschland – »die IGFM hat alles bezahlt«. Dort durfte sie im Rahmen des fest etablierten Programmpunktes »Zeugenberichte« über das Grauen von Omarska berichten, dort fand sie Zuhörer, dort saß Katrin im Präsidium, die aufmerksam lauschte. Katrin sagt heute, dass diese erste Begegnung sie tief erschüttert hat. Die beiden Frauen sprachen damals nicht miteinander. Katrin wusste allerdings schon einiges von Jadranka, unter anderem dass sie wenige Wochen zuvor einen Bericht über die Zustände in ihrem vom Krieg zerrütteten Land im Deutschen Bundestag abgeliefert hatte – verhüllt! Die Wut darüber, wie lang der Arm von Armeen und Geheimdiensten auch in Demokratien wie der unsrigen ist, spiegelt sich in ihren Augen, wann immer sie davon erzählt.

Jadranka musste damals inkognito auftreten, um das Leben ihrer Eltern und des Sohnes Miki zu schützen, die noch in Prijedor waren.

Völlig überraschend für Jadranka kam dann im Mai 1993 ein riesiger Hilfstransport aus der Region Trier an. »Der sollte für die Frauen aus dem Konzentrationslager sein«, erinnert sie sich. »Ich bewohnte eine kleine Wohnung im Keller.« Der ihr unbekannte Fahrer zeigte Jadrankas Adresse her, mehr führte er nicht mit sich an Papieren, und lud die Sachen aus Deutschland an der Straße ab: keine Zeit für einen Aufenthalt. Dass Katrin diesen Transport organisiert und gezahlt hatte, ahnte Jadranka damals nicht, und es sollte lange dauern, bis sie die Wahrheit erfuhr. Katrin geht mit ihren Werken nicht hausieren, sie tut sie eben, weil sie getan werden müssen. Diesen Zug schätzt die kroatische Freundin besonders an ihr. Die Lieferung hat das Elend vieler Menschen in dieser schlimmen Zeit gelindert, was die nie vergessen werden. »Längst ist Katrin in ganz Slawonien bekannt.«

Bevor Katrin und Jadranka sich persönlich schätzen lernten, musste eine andere IGFM-Aktivistin Schicksal spielen. Auf Jadrankas zweiter IGFM-Jahreskonferenz 1994 wagte sie es nicht, das Präsidiumsmitglied anzusprechen. »Katrin strahlte für mich so viel Autorität aus, dass ich mich nicht getraute.« Eine Scheu, die mich sehr überrascht hat. Jadranka nimmt selten ein Blatt vor den Mund. Bill Clinton beispielsweise saß sie, wohlgemerkt zur Zeit seiner Präsidentschaft, im Weißen Haus gegenüber, als er die Pizza aus dem Karton mehr fraß als aß, die Füße auf dem Stuhl, und sich am Ende mit den Fingernägeln die Essensreste zwischen den Zähnen herausfischte. Amerika verlieh über die Mazowiecki-Kommission und durch Hillary Clintons Intervention 1996 einen renommierten Anwaltspreis an Jadranka, als Bill Clinton sie formlos mit »Hi« begrüßte und auf seinem Stuhl sitzen blieb. Hillarys Gebaren sei im Übrigen nicht viel besser gewesen, berichtet Jadranka. Und keinem Geringeren als Kofi Annan teilte sie mit, was er von Richard Holbrooke zu halten habe – eher wenig.

Dieselbe klare Jadranka sprach Katrin Bornmüller nicht an, weil sie in ihr ein Höchstmaß an Autorität zu spüren glaubte. So erfuhr die Kroatin erst 1996, dass der 14 Meter lange Hilfstransport im Mai 1993 aus Wittlich kam und dass Katrin dahintersteckte. Heidi Valerius erzählte es ihr während einer Jahrestagung der IGFM, ganz diskret, bei einer Tasse Kaffee. Es war gerade Sitzungspause, da trafen sich die beiden zufällig auf dem Flur des Hotels »Haus der Begegnung« in Königstein, das häufig Schauplatz für Treffen der Gesellschaft war. Es kam endlich zum Kontakt der beiden. »Zum ersten Mal sah ich direkt in Katrins Augen«, erinnert sich Jadranka, »und sah diese Güte und Menschlichkeit, von der ich so viel profitieren durfte.«

Erst Katrin habe ihr das Vertrauen zurückgegeben – wenn auch nicht an DIE Menschen, so doch zumindest an manche Menschen. »Als der Krieg vorbei war, dachte ich, ich könnte nie mehr an einen Menschen glauben. Eigentlich braucht Katrin mir gar nichts mehr zu geben. Dass sie mir diesen Glauben zurückgebracht hat, das ist das Wichtigste.«

Entscheidend im Heilungsprozess der misshandelten Kroatin war ihr Buch »Appartement 102, Omarska«. In der Heimat war das Buch zu diesem Zeitpunkt bereits ein Erfolg. Inzwischen – wir schrieben das Jahr 2002 – hatte sich zwischen den Frauen eine Freundschaft entwickelt. Katrin teilte Jadranka ihren Plan mit, das Buch nun auch auf Deutsch herausbringen zu wollen. Menschen reden viel, dachte Jadranka, und gibt zu, dass sie diese Idee am Anfang nicht sehr ernst genommen habe.

Doch da kannte sie die Preußin Katrin schlecht: Was sie macht, macht sie richtig. 2003 folgte der erste Besuch im Hause Bornmüller, und auch Hermann mochte Jadranka auf Anhieb. Seitdem ist sie buchstäblich immer willkommen. Nur das Rauchen, ohne das Jadranka nie lange existieren kann, findet inzwischen ausschließlich im Garten statt. Zu sehr wird Hermann von seinem schlimmen Husten gequält. Und Hermann, da ist sich Jadranka mit Katrin einig, der wird geschont, wenn es geht. Als »eine der schönsten Liebesgeschichten, die ich je gesehen habe«, bezeichnet die Kroatin diese Beziehung. Überhaupt zeichne Katrin diese starke Liebesfähigkeit aus: Sie sei eine liebende Frau, eine liebende Mutter, eine liebende Tochter (Jadranka hat Vera Beate noch gekannt), ein liebender Mitmensch. Kein Wort der Klage von der eigenen schweren Zeit im Kinderheim oder im Krieg käme je über ihre Lippen. »Manchmal habe ich Angst um sie«, gesteht Jadranka. So viel gebe sie her von sich, so viel helfe sie anderen, so oft sei sie Stütze und Beistand für andere, die der Hilfe bedürfen.

Richtig garstig wird sie, wenn sie hört, wie mancher Wittlicher Mitbürger schlecht über Katrin spricht. Wenn sie in Leserbriefen aufgefordert wird, sich um die Not in Afrika zu kümmern, statt Jeans und Skier in den Ostblock zu schicken. Wenn ihr ein Helfersyndrom vorgeworfen wird, um eigene Unzulänglichkeiten zu kompensieren. Wenn Fremde ihr raten, sich mehr um ihren Mann und die Kinder als um ferne Schicksale zu kümmern. Die meisten Menschen reden nur, sagt Jadranka, Katrin handelt, und das habe sie immer getan. Dass ihre Freundin nach drei Jahrzehnten unermüdlicher humanitärer Arbeit endlich Anerkennung im größeren Stil erfährt, macht die Überlebende von Omarska sehr glücklich.

Vieles haben die beiden starken Frauen gemeinsam. Dazu gehört der Einsatz für andere in der IGFM. Beide sind in ihren Ländern die Vorsitzenden. Bei meiner Arbeit an diesem Buch habe ich oft gestaunt. Als Jadranka, eine ausgesprochen emanzipierte und beeindruckende Frau, mir von ihrer Erfahrung mit Frauenrechtsorganisationen erzählte, war so ein Moment. »Wir haben keinerlei Hilfe von Frauengruppen bekommen«, sagt sie und zieht resignierend die Augenbrauen hoch. »Null.« Schön reden, debattieren, Artikel schreiben und sich echauffieren über die Schlechtigkeit in der Welt, ja, das könnten sie gut. Wirklich etwas tun sei eine ganz andere Sache, und etwas getan haben immer nur Menschenrechtler. Diese Erfahrung teile sie mit restlos allen kroatischen Frauen, mit denen sie nach dem Krieg gesprochen habe.

Deshalb engagiert sich Jadranka heute selbst im Dienste der Humanität. Ihre Projekte sind die Nähstube in Zagreb und das Projekt »8+« in Vincovci. 1.160 Kinder versorgt sie, allein in Zagreb sind es 37 Familien. In ihrem Flur stapeln sich oft die Pakete, Nachbarinnen helfen nach der Arbeit beim Umpacken. Jeder bekommt, was er benötigt – soweit es eben geht. Durch Katrin ist das eine ganze Menge.

Mitte der 1990er-Jahre haben die Amerikanerinnen Mandy Jacobson (Soziologin) und Karmen Jelincic (Filmemacherin) über Jadranka und deren Freundin und Kollegin Nusreta Sivac einen Film gedreht. »Calling the ghost – a story about rape, war and women« bezieht sich auf eine Szene während der Haft in Omarska. Die gefangenen Frauen fanden irgendwo eine Kerze, setzten sich in die Runde, zündeten sie an und »riefen die Geister an«. Es war als winzige Aufmunterung in den Tagen des Elends gedacht.

Der Film will einer breiten Öffentlichkeit zeigen, dass Vergewaltigungen nur ein Mittel sind, um den »Feind« zu schwächen. Sie dienen ebenso als Waffe wie Bomben und Granaten, beileibe nicht nur im Balkankrieg, aber dort besonders. Auf 20.000 weibliche Opfer schätzen Experten die Zahl, die meisten sind Muslimas und sprechen kein Englisch. Jadranka und Karmen Jelincic sprachen englisch. Sie kämpfen seit Kriegsende ihren eigenen Kampf und haben zumindest ein Etappenziel erreicht. Im Juni 1996 hat das Internationale Tribunal der Vereinten Nationen zum ersten Mal in der Geschichte bestimmt, dass Vergewaltigung nicht wie in vorangegangenen Nachkriegsgerichtsverhandlungen als eine Randerscheinung des Krieges toleriert werden kann. Es bleibt abzuwarten, ob jene, die der Vergewaltigung für schuldig befunden werden, auch wirklich verurteilt werden.

Das vielleicht schwerste Projekt, für Katrin auf jeden Fall das, was ihr am meisten am Herzen lag, war die Veröffentlichung des Buches ihrer Freundin Jadranka in deutscher Sprache. »Keine Ahnung« hätte sie von dem gehabt, auf das sie sich da einließ. Die Probleme begannen mit der Übersetzung. Mehrere versuchten sich daran, niemand lieferte diese ersten Proben umsonst ab. Die österreichische Sektionsvorsitzende Katharina Grieb las in Wien, Katrin las in Wittlich. Am Ende stand fest: Sie konnten es alle nicht. »Wir mussten jemanden finden, der zweisprachig aufgewachsen war«, beschloss Katrin. Die Probe einer Wiener Übersetzerin, die Katharina ausfindig gemacht hatte, dauerte zwar lange, war aber »gar nicht so schlecht«, erinnert sie sich. Den Auftrag bekam schließlich am 31. Oktober 2003 Vlatka Frketic.

Danach ging Katrin ziemlich blauäugig und planlos auf die Suche nach einem geeigneten Verlag. Keine Chance. Die rettende Idee kam von Tochter Beate, die ihrer Mutter riet, es mit Frauenverlagen zu versuchen. Auch die reagierten in der Mehrzahl nicht einmal, von Alice Schwarzers Emma erhielt Katrin immerhin eine bedauernde Absage. Hermann bewundert ihre Ausdauer immer, doch gerade in dieser Zeit, erinnert sich Katrin, habe er das ganz besonders oft gesagt. Am 23. November 2005 kam er dann, »der schönste Brief, den ich je gekriegt habe.« Frau Wilke vom Diametric Verlag wollte das Buch haben.

Die Arbeit war noch lange nicht zu Ende. Es galt, Rechte zu klären und Unterschriften einzutreiben. Jadranka, die sich ihr Buch sozusagen von der Seele geschrieben hatte, musste immer wieder Sachverhalte für die deutsche Leserschaft verdeutlichen, die ihr selbstverständlich schienen. Katrin spielte auch in diesem Buch die Vermittlerin: Die Verlegerin mailte ihr die Fragen zu, die Katrin weiterleitete nach Zagreb, dann ging das Ganze wieder retour, bis sie, wie sie sagt, selbst manchmal ein bisschen verrückt wurde.

Viele lesen Jadrankas Buch nicht bis zum Ende, andere, meist verwöhnte Ehefrauen gut verdienender Männer, lesen es gar nicht. Aussagen wie »Das verkrafte ich nicht« und »Ach wie schrecklich, aber was kann man ändern« kann Katrin in diesem Zusammenhang ganz schlecht hören. Wer, wenn nicht wir, fragt sie in solchen Fällen. Sie versteht es nicht, wenn Frauen sich nicht für das Schicksal ihrer Geschlechtsgenossinnen interessieren. Schieben sie es von sich, blenden sie aus, dass auch sie selbst, sollte der Krieg heute vor der eigenen Haustür ausbrechen, die immer selben Erfahrungen machen würden wie Millionen Frauen zu allen Zeiten und in allen Teilen der Welt?

So wird es wohl sein. Katrin hat hingesehen und angepackt. Das durch ihre Initiative, übrigens durch privates Geld, in deutscher Sprache herausgegebene Buch ist in Kroatien bereits in der zweiten Auflage erschienen. Die Dringlichkeit des Themas beginnt endlich ins Bewusstsein der Menschen vorzudringen. Nicht nur Jadranka, die für das Projekt »Stimme der Opfer – Stimme für die Opfer« von 1993 bis 1996 für die kroatische Sektion der IGFM mehr als 15.000 Aussagen gesammelt und bearbeitet hat, beschäftigt sich mit systematischen Massenvergewaltigungen in Kriegen und Bürgerkriegen. In mehr als 50 Fernseh- und Radiosendungen erzählte sie die Geschichte der Kriegsopfer und berichtete über deren Schicksal in Vorträgen vor europäischen und amerikanischen Parlamentariern. Für ihre humanitäre Arbeit wurde sie vielfach geehrt, unter anderem mit der Auszeichnung »Ludovic Trarieux« der französischen Rechtsanwaltskammer aus Bordeaux. 1995 ernannte die österreichische Tageszeitung *Der Standard*

Jadranka zur Person des Jahres. 1998 bezeichnete sie die amerikanische Frauenzeitschrift *Ms* als eine der sieben Frauen, die das Jahrhundert geprägt haben.

Auch der Film »Esmas Geheimnis – Grbavica« behandelt den systematischen sexuellen Missbrauch von Zivilistinnen im Bosnienkrieg. Die Regisseurin Jasmila Žbanić gewann damit 2006 auf der Berlinale den Goldenen Bären und war sogar für den Oskar nominiert. Es scheint voranzugehen. Es wird wahrlich Zeit. Am 26. Oktober 2009 begann der Prozess vor dem Internationalen Strafgerichtshof für das ehemalige Jugoslawien in Den Haag – ohne den angeklagten ehemaligen Präsidenten Serbiens (Bosnien und Herzegowina), Radovan Karadžić. Wie der Prozess ausgeht, steht in den Sternen. Und Karadžićs Ex-General Ratko Mladić? Der scheint weiterhin unbehelligt irgendwo in Ex-Jugoslawien zu leben, trotz eines Kopfgeldes in Höhe von fünf Millionen Dollar, das die US-Regierung für seine Ergreifung ausgesetzt hat.

Peteris Lazda, ehemaliger Häftling in der sowjetischen Psychiatrie, Lettland

Mit Peteris Lazda verbindet Katrin eine sehr intensive Beziehung. Bis heute erhält das Mitglied des ersten lettischen Parlaments (nach Ende der sowjetischen Besetzung 1990) regelmäßig nicht nur persönliche Hilfe, nein, Katrin steht – es lebe das Internet – in ständiger Verbindung mit ihm. Einerseits braucht es diesen Kontakt wegen der reibungslosen Zusammenarbeit. Lazda war nicht nur parteipolitisch aktiv, er ergriff ebenfalls 1990 die Initiative zur Gründung der lettischen IGFM-Sektion, für die er heute die humanitäre Hilfe abwickelt. Er war jahrelang der Vorsitzende der Sektion. Die Hilfe für die Kinderstation eines Krankenhauses in Tukums, das von der Wittlicher IGFM-Truppe mit medizinischer Ausrüstung, Gerätschaften, Medikamenten, aber auch mit Mobiliar, Hygieneartikeln und Wäsche beliefert wird, koordiniert er bis heute entscheidend, auch für Ingrid Osis und ihre Gemeinde auf dem Dorf.

»Ich war von 1978 bis 1982 in der Sowjetunion psychiatrisch interniert. Die Anklage lautete auf ‚antisowjetische Agitation und Propaganda‘ wegen 25.000 Flugblättern, die wir als Protest gegen die Besetzung Lettlands und die damit einhergehende Russifizierung und Einschränkung der Menschenrechte verteilten. Wir durften uns nicht wehren gegen die Besatzungsmacht eines totalitären kommunistischen Regimes, keinerlei Kritik dagegen äußern.

1940 war Lettland eine sowjetisch besetzte Provinz geworden: Die Sowjets verstaatlichten Land und Immobilien, die sich in privater Hand befunden hatten, sie machten Kolchosen aus gut geführten Bauernhöfen, kollektivierten Höfe, Tiere und Produktionsmittel. Wer sich in den 1940er-Jahren weigerte, in den Kolchosen mitzuarbeiten, wurde in die Verbannung nach Sibirien geschickt, die viele nicht überlebten. Die Daheimgebliebenen sahen sich mit der Beschneidung zahlloser Grundrechte konfrontiert. Von Amts wegen verordnete man statt der lettischen die russische Sprache, traditionelle Feiertage wurden ebenso wie Auslandsreisen verboten; Lieder, Bücher, Radio und Zeitungen fielen der Zensur zum Opfer. Wer nicht die kommunistische Partei verherrlichte, lebte gefährlich.

Unter diesen Umständen war ein Leben für Menschen, die sich einen eigenen Verstand bewahrt hatten, sehr schwierig. Als ich trotz des starken Drucks weder in die Kommunistische Partei eintrat, noch deren ‚große Leistungen‘ in der Öffentlichkeit verherrlichte, entfernte man mich 1969 aus der Akademie der Wissenschaften, als ich gerade meine juristische Doktorarbeit zum Thema ‚Die Kritik der Anschauungen der lettischen Ideologie im bourgeoisen Lettland‘ vorbereitete. Das kommunistisch Regime wollte damit beweisen, dass die kommunistische Ideologie die allumfassend bessere ist, doch in meiner Doktorarbeit ließ ich einige Gedanken zu, dass die ideologische Arbeit der KP ‚ein bisschen zu rau‘ ist. Die Partei hatte entschieden, dass niemand, der Zweifel an der kommunistischen Idee anmeldete, ein echter Wissenschaftler sein konnte. Dies alles blieb keineswegs ein Geheimnis. Im Westen lebende Letten waren stets bemüht, der Welt die Verhältnisse in der Heimat mitzuteilen. Sei es aufgrund erfolgreicher Sowjetpropaganda, sei es wegen des Kinderglaubens, dass der Mensch letztendlich eben doch gut ist – die Bemühungen meiner Landsleute waren nicht sehr erfolgreich. Im

Westen glaubten nur wenige an die geschilderten sowjetischen Gräueltaten. Dass dies bis heute vielerorts so geblieben ist, verstehe ich nicht. Immer noch werden die damaligen totalitären Verhältnisse verharmlost, und zu Unrecht verurteilte Dissidenten werden nicht rehabilitiert.

Was wir auf unseren Flugblättern in den 1970er-Jahren forderten, war uns schwarz auf weiß in der sowjetischen Verfassung garantiert: Lettland sollte aus der Sowjetrepublik austreten dürfen. Ich forderte also nichts Illegales. Das oberste Gericht hatte sich wohl eine Art Restrespekt gegen einen ausgebildeten Juristen wie mich bewahrt. Offenbar fürchteten die Richter die direkte Konfrontation, wohl wissend, dass ich mich mit überzeugenden Argumenten zu verteidigen wüsste. Gerade deshalb musste das Regime wohl mit mir abrechnen. Ich geriet in eine der schlimmsten Mühlen der Regimes: in die Psychiatrie. Durch die Intervention des Geheimdienstes KGB wurde ich kurzerhand für psychisch krank erklärt. Die dahinterstehende Logik ist bestechend simpel. Ein normaler Mensch würde schlichtweg nicht auf die Idee kommen, den ach so beglückenden Kommunismus zu kritisieren. Das Gericht in Riga verurteilte mich, mein Leben zur ‚Heilung' meiner Geisteskrankheit auf unbestimmte Zeit – das bedeutete in Wahrheit dauerhaft – in russischen Lagern zu verbringen.

Um es kurz zu sagen: Hilfe wurde mir durch die hartnäckigen Proteste im Ausland zuteil. Besonders durch den unermüdlichen Einsatz der IGFM wurde ich 1982 aus der Haft entlassen und hatte sogar das Glück, offiziell rehabilitiert zu werden. Die IGFM gab ein Gutachten dazu in Auftrag. 1989 erklärten mich Dr. Friedrich Weinberger und drei Kollegen aus Starnberg und München für gesund. Ich wurde als Regimeopfer anerkannt, das zu keiner Zeit an einer psychischen Krankheit gelitten hatte.

1989 kontaktierten mich die IGFM-Aktivisten Wolfgang Schwarz, Iwan Agrusow und 1991 Katrin Bornmüller. Sie wünschten sich, dass ich nach Deutschland komme. Es war nach dem Vergiftungsversuch des KGB im Jahre 1990. Es war ein wunderschönes Erlebnis. Am Bahnhof nahmen mich Katrin und ihr Mann Hermann in Empfang, der zu dieser Zeit noch in Diensten des Forstes stand. Die Atmosphäre in ihrem Haus empfand ich als ausgesprochen warm und unerwartet herzlich. Seit ich 1990 ins lettische Parlament gewählt worden war und die IGFM-Sektion gegründet hatte, leisteten Katrins Lkws aus dem fernen Deutschland unermessliche Hilfe beim Wiederaufbau meines armen Landes, das in fast jeder Hinsicht darniederlag. Die Okkupation hatte uns nicht nur wirtschaftlich um mehrere Jahrzehnte zurückgeworfen.

Von besonderer Bedeutung war Katrin Bornmüllers politische Unterstützung für Lettlands Freiheitskampf. Ein kleines Zeichen des Dankes stellt die Ehrenbürgerschaft dar, die ihr der Bezirk Tukums 1997 verliehen hat. Schwerer noch wiegt der lettische Drei-Sterne-Orden, überreicht 2001 von unserer Präsidentin Vaira Vike-Freiberga in der Hauptstadt Riga. Wir setzten unsere Zusammenarbeit kontinuierlich fort und tun das erfolgreich bis zum heutigen Tag. Immer wieder ist Katrin mit Familie und/oder Freunden zu Gast in unserem nun freien Lettland. Sie besucht mich zu Hause, schaut nach den Verteilungspunkten, stattet Altenheimen, dem Bezirkskrankenhaus und der Poliklinik, der sie zuverlässig Unterstützung bringt, Besuche ab und orientiert sich über die jeweils aktuelle Lage der Einrichtungen.

Sie hilft uns auch weiterhin, denn diese Hilfe ist wieder nötiger geworden. Die Wirtschafts- und Finanzkrise trifft ärmere Staaten immer stärker als reichere, so auch Lettland. Katrin verdient den Dank unserer armen Menschen sowie Hochachtung für ihre unermüdliche Sozialarbeit. Ich denke dabei auch an die bienenfleißige Truppe, die in Wittlich hinter Katrin steht. Natürlich ist man nur gemeinsam stark. Wir wissen das und richten unsere Dankbarkeit an alle, die in diesem tragfähigen Netz mitwirken. Katrin und ihren Helfern gelingt es, den Respekt für ganz Deutschland im Ausland zu steigern. Darum würden wir uns glücklich schätzen, wenn sie auch im eigenen Land die offizielle Anerkennung erfahren würde, die ihr zusteht. Immer wieder richten wir diesbezüglich Schreiben an die zuständigen Stellen, in denen wir um adäquate Orden für Katrin Bornmüller bitten. Leider scheint es viel Zwist unter den Parteien zu geben, anders können wir uns nicht erklären, dass sich der deutsche Staat derart schwer damit tut. Denn bisher waren unsere Bemühungen nicht von Erfolg gekrönt.

Wir lassen uns jedoch nicht entmutigen und werden weiter schreiben, auch an den Präsidenten persönlich. Irgendwann wird eine oder einer die Leistungen Katrin Bornmüllers richtig bewerten und die

Freundschaft, die ihre jahrzehntelange Arbeit unter den Völkern hervorgebracht hat, mit den Auszeichnungen und Orden würdigen, die sie unserer Meinung nach verdient. Ihre Hilfe kommt aus ganzem Herzen, das macht sie so einzigartig. Wir kennen keinen Menschen, der einen vergleichbar großen Teil seiner Lebenszeit in den Dienst der Armen stellt. Unserer Meinung nach gehört Katrin ins Guinnessbuch der Rekorde. Sie ist einzigartig! Auf Katrin können Wittlich, Deutschland und alle Menschen stolz sein!«

Weggefährten und Mitstreiter erinnern sich:

Monika Zarska, Tschechien

Monika Zarska ist die Tochter von Jan Dus, einem unbeugsamen evangelischen Pfarrer aus Tschechien, der 1986/87 in Haft war. Auch zu ihr hat Katrin ein freundschaftliches Verhältnis aufgebaut. Wenn Monika Zarska beruflich in Deutschland weilt, besucht sie immer wieder die Familie Bornmüller. Die Tschechin gehört zu jenen, die ich im Lauf der Recherchen kennenlernen durfte: Eine bedächtige, verbindliche, bemerkenswert intelligente und freundliche Frau, die keinerlei Aufhebens um sich selbst macht. Sie ist Übersetzerin und als Lehrkraft an der Karls-Universität in Prag tätig. Sie übersetzte die Zeilen, um die ich Jan Dus gebeten hatte, der auch des Deutschen mächtig ist, doch seine Tochter ist versierter.

»Ich war nie in der Haft. Während der schlimmsten Monate der Haft meines Vaters war ich schwanger mit unserem dritten Sohn. Wir haben inzwischen vier Söhne. Der während der Schwangerschaft veränderte Hormonspiegel wirkte wohl wie eine Schutzbarriere, und auch ein Verhör überstand ich damals sehr gut. Meine Mutter war sehr tapfer.

Meinen Vater haben sie schließlich entlassen, ganz ohne Vorankündigung. Es war eigentlich auch eine Art Schock, als er ganz unerwartet nach Hause kam. Meine Mutter, von Beruf Krankenschwester, war wie üblich in der Arbeit. Die insgesamt 13 Monate, die sich mein Vater in Gefangenschaft befand, waren nur Untersuchungshaft. Den Prozess wagten sie doch nicht, die Perestroika war ja schon im Gange. Offensichtlich waren sie sich aber nicht einig, weil wir später, nach der Wende, erfuhren, dass es Vorbereitungen für eine neue Verhaftung gab. Für uns kam die Novemberwende also gerade rechtzeitig. Ich kann mich nicht mehr erinnern, ob es noch vor der Entlassung meines Vaters war oder kurz danach, als Katrin uns ein Paket mit Kleidern schickte. Ein Brief lag bei, in dem die IGFM natürlich gar nicht erwähnt wurde. Katrin hatte nur sehr vorsichtige persönliche Grüße formuliert. Da ich damals mehr Zeit hatte als der Vater, leitete er den Brief an mich weiter. So kam es dazu, dass ich die danach folgende Korrespondenz mit Katrin führte, und nach der Wende konnten wir einander auch endlich kennenlernen, und es entwickelte sich eine Freundschaft. Katrin leistet bewundernswerte Arbeit.

Ich leite seit einigen Jahren die tschechische Sektion der ACAT (Action des Chrétiens pour l´Abolition de la Torture) und weiß sehr wohl, wie schwierig es in den postkommunistischen Ländern ist, Mitbürger für die Menschenrechte zu sensibilisieren. Katrin ist mir ein Beispiel dafür, dass Ausdauer und ein Sinn für Fair Play die wichtigsten Voraussetzungen sind, wenn man etwas Gutes bewirken soll.

Im Sommer 2005, als Katrin 65 wurde, habe ich einen längeren Artikel über sie geschrieben für die Monatszeitschrift ‚Protestant‘. Zwar ist alles in Tschechisch, aber dass ich über die IGFM schreibe, ist da gut ersichtlich.«

Virgilijus Čepaitis, Litauen

»Meinem Tagebuch zufolge lernte ich Katrin am 4. Juni 1990 in Kopenhagen kennen aus Anlass der KSZE-Konferenz, die gerade dort abgehalten wurde. Ich kam nach Dänemark als Delegierter des Komitees für Bürgerrechte und Minderheiten-Angelegenheiten des Litauischen Parlamentes und versuchte, für mein Land einen anerkannten Beobachterstatus zu erlangen. Katrin und eine weitere Dame waren als Vertreterinnen der IGFM anwesend.

Vor Kopenhagen hatte ich keinerlei Kontakt zur IGFM, die Bekanntschaft mit Katrin war die Berührung mit der Gesellschaft. Nach der ersten Begegnung hielt ich über Jahre einen rein schriftlichen Kontakt mit Katrin. Erst im Jahr 2000, als Katrin in Litauen den Großfürst-Gediminas-Orden erhielt, besuchte sie mich mit ihrer Familie zu Hause in Vilnius. Im August desselben Jahres besuchten meine Frau Auksuolė und ich Katrin anlässlich ihres 60. Geburtstages.

1992 wurde ich aus dem politischen Leben ausgeschlossen, da man mich beschuldigte, ein KGB-Agent gewesen zu sein. Erst 1994 fand sich bei Öffnung der Archive des Geheimdienstes die ausdrückliche Anordnung der KGB-Führung, gezielt ‚Informationen zu streuen, dass V. Čepaitis als KGB-Agent tätig ist‘. Vergeblich versuchte ich, meinen Fall erneut gerichtlich überprüfen zu lassen. Katrin verschaffte mir Zutritt zum Europäischen Gerichtshof in Straßburg. Ungefähr zur gleichen Zeit begann sie damit, meine Familie mit Hilfspaketen zu unterstützen. Durch ihre Hilfe und durch die Unterstützung aus Litauen stammender Amerikaner gelang es uns, die harten Zeiten zu überleben.

Es ist immer schön, Kontakt zu weit entfernten Freunden zu halten, selbst wenn es nur schriftlich ist. In ihren Briefen – heute sind es meist E-Mails! – erzählt mir Katrin von ihren Aktivitäten in der IGFM, von den Transporten, die sie unermüdlich nach Litauen, Lettland und auf den Balkan entsendet, und von der politischen Situation in Deutschland. Natürlich erfahre ich auch alles Wichtige über ihre Familie. Wir korrespondieren mehr oder weniger regelmäßig; manchmal helfe ich ihr beim Sammeln litauischer Unterschriften unter Petitionen der IGFM. 2005 haben wir Katrin und ihren Hermann sogar mit dem Auto in Wittlich besucht – ein gemütliches Haus!

Den größten Eindruck hinterließ bei uns Katrins Lager, in dem sie die Waren für ihre Hilfstransporte sammelt. Hermann zeigte uns die Sehenswürdigkeiten von Trier – unvergessliche Tage!«

Hierzu ergänzt Katrin Bornmüller: »Virgilijus Čepaitis hat vergessen, dass wir uns im Parlament 1991, als ich beim Präsidenten Vytautas Landsbergis war, persönlich getroffen haben und er mit zu Landsbergis gegangen ist.«

Don Mirko Barbaric, Pfarrer, Kroatien

»Ich habe Frau Katrin 2001 durch ihre gute Freundin Jadranka Cigelj, die gleichzeitig eine wertvolle Mitarbeiterin in der kroatischen IGFM-Sektion ist, kennengelernt. Jadranka hätte ich auch nicht kennengelernt, wenn wir nicht während des Krieges beide in serbischer Gefangenschaft gewesen wären. Ich bin Mitglied der kroatischen IGFM-Sektion seit Anbeginn. Große Hilfe kam während der dramatischen Kriegsjahre in Kroatien (1991–1995) von der IGFM Wittlich, von Frau Bornmüller und ihrer Gruppe. Diese Hilfe hält bis heute an: nicht nur humanitäre Unterstützung, sondern auch Hilfe für die Menschenrechte.

Ich selbst war acht Jahre mit meinen Salesianerbrüdern in Zepce in Bosnien-Herzegowina, wo wir 1999 das katholische Schulzentrum ‚Don Bosco‘ gründeten. In dieser Zeit bekamen wir viel humanitäre Hilfe aus Wittlich. In meiner Erinnerung bleiben die Sattelschlepper, unter anderem mit Möbeln, Kleidung und Schuhen, Sportbekleidung, Materialien für unsere Bastelgruppe, Musikinstrumenten, Medizin und Spielzeug. Alles, was wir nicht brauchten, gaben wir an arme Familien in der Umgebung weiter, die es sehr dankbar annahmen. Jetzt bin ich in Rijeka in Kroatien, aber die materiellen Hilfslieferungen werden weiterhin über den Verein ‚8+‘ nach Zepce geleitet. Auch die bosnischen Kinder, die in den Ferien bei uns in Rijeka betreut werden, bekommen davon ein Gutteil ab.

Meine stärkste Erinnerung an die humanitäre Hilfe ist mit Zepce verbunden. Bis dahin kannte ich Katrin nur durch E-Mails, und vom ersten Transport an konnte ich in jedem der zu uns geschickten Teile ihre Großzügigkeit und Liebe erkennen. Sie brachte unvorstellbare Freude in Kindergärten und Familien.

Durch den Krieg in Kroatien und Bosnien-Herzegowina entstanden insbesondere für Kroatien große Probleme mit der Versorgung der vielen Flüchtlinge und der Vertriebenen. Priorität hatten Mütter mit kleinen Kindern. Kroatien versuchte, diese Probleme mithilfe von Unterstützungen aus dem Ausland zu lösen. Frau Katrin war und blieb ein ‚Lichtblick und Stern am humanitären Himmel‘. Der wichtigste Ansprechpartner in der Nachkriegszeit ist bis heute der Verein ‚8+‘ in Vinkovci, der die humanitäre Hilfe ständig weiterleitet an die bedürftigen Familien mit acht bis elf Kindern sowie an Kriegswaisen.

Ich betrachte Katrins wohltätige Hilfe als frohe Botschaft für ein bestimmtes Land mit seinen Bedürfnissen. Nächstenliebe ist Hilfe und Liebe, die die Armut beseitigt, so wie Jesus Christus es uns gelehrt hat.

Katrins Arbeit ist für mich, wie die Heilige Schrift es ausdrückt: Barmherzigkeit. Katrin hat durch ihre Art und ihr Engagement Menschen angezogen und für ihre Sache gewonnen. Dadurch hat sie mit ihrer Gruppe und ihren ausländischen Ansprechpartnern viele soziale Probleme lösen und Armut bekämpfen können. Besonders die Frauen, die Opfer des Krieges waren, wurden versorgt.

,Katrin Bornmüller' – wie klingt das in meinen Ohren? Nicht nur in meinem Ohren, sondern auch im Herzen und in meiner Seele? Es fällt mir nicht schwer, sie leibhaftig vor mir zu sehen, seitdem ich sie kennenlernen durfte. Ich habe erlebt, wie sie mit ihrer Gruppe in Wittlich arbeitet. Ich habe mich immer gefragt, woher sie die ganze Energie nimmt. Sie ist eine Frau mit großem Herzen und mit Seele. Ich bin sehr begeistert, obwohl wir uns nicht kannten, mit welcher Leichtigkeit und Spontaneität sie trotz der großen Entfernung unser Projekt realisiert hat. Wir haben uns schnell angefreundet und auch geduzt. Katrin ist spontan, offen, kommunikativ, und sie besitzt die Fähigkeit, einem nah zu sein, ohne sich aufzudrängen, und sich dabei klar und deutlich auszudrücken.

Ihr kreativer Geist kommt durch ihre Persönlichkeit und ihre Aktivität zur Geltung. Durch sie habe ich die praktizierende Liebe erkannt, menschliche und christliche, die immer zusammengehören. Und das in einem fernen, unbekannten Land. Sie hat verstanden, welche Aufgabe der Herr von ihr verlangt, die Liebe zum Nächsten und insbesondere zu den Bedürftigen. Die Wahrheit ihres Glaubens erkennt man in der Wahrheit ihres Tuns.

Unsere Beziehung ergab sich durch dasselbe Ziel, helfen zu wollen. Ich bin in Katrins Arbeit ein Glied in der Kette. Durch ihre humanitäre Arbeit erfüllt sie Gottes Werk und findet die, die Hilfe brauchen, in Rumänien, Litauen, Lettland, Kroatien, Bosnien-Herzegowina und Albanien.«

Karl Hafen, der »Hauptamtliche«

Er ist »der Hauptamtliche«, der »pflichtbewusste Angestellte« –
sagt er. Er ist »der Idealist« – sagt Katrin. Dieses Kapitel beginnt, wie
manches andere in diesem Buch, im Jahr 1980. Damals kreuzten sich
die Wege von Karl Hafen und Katrin Bornmüller zum ersten Mal. In
den Dokumenten konnte ich zahllose Briefwechsel sichten, die die arbeitsamen Anfangszeiten dieser Beziehung belegen. Katrin fragte den
IGFM-Leuten »Löcher in den Bauch«, bevor sie mit ihrem Einsatz
wirklich loslegte. »Meine Funktion 1980 war die des Mitgliederbetreu-
ers«, erinnert sich Hafen. Es sei seine Sache gewesen, Aufgaben wie die
Anfragen Katrins sorgfältig zu bearbeiten. Uferlos lange Antworten
habe er auf uferlos viele Fragen geben müssen. Was sich auf den ersten
Blick in die Briefe erschließt: Fleiß und Ernsthaftigkeit sind gemeinsame Charakterzüge beider Menschenrechtskämpfer. Dennoch sollte es
viele Jahre dauern, bis man sich wirklich nahe kam. Jedenfalls empfindet
es Karl Hafen so.

Nein, an die erste physische Begegnung erinnert er sich nicht ex-
plizit. Aber eben an jene Briefe, die er übrigens, auch das offenbar ein
gemeinsamer Wesenzug der beiden, zum größten Teil gewissenhaft archiviert hat. Er bezeichnet sich selbst als so etwas wie das wandelnde
Gedächtnis der IGFM. Obwohl noch jung, kann er sich auf seine Gesundheit nicht mehr verlassen. Das lässt ihn weiterdenken. »Ich werde
dafür sorgen, dass einer unserer jüngeren Mitarbeiter sämtliches Material studiert, das wir im Büro gesammelt haben.« Vermutlich werden
dabei die Bornmüller'schen Archive gute Dienste leisten, hier und da
ergänzen, was in Frankfurt vielleicht verschwunden ist. Ein Verein müsse ein Gedächtnis haben, aber auch eine Seele, meint Hafen. Katrin und
er seien heute so etwas wie die Seele der deutschen IGFM. Sie die Vorsitzende, er der Geschäftsführer: ein eingespieltes Team. Das jedoch, da
sieht er völlig klar, irgendwann abtreten wird. Gehen müssen wir irgendwann alle, gehen musste auch Iwan I. Agrusow, der Hafens Ziehvater
innerhalb der Gesellschaft war.

1978, der Frankfurter Student der Sozialarbeit schrieb gerade an
seiner Abschlussarbeit – da hatten seinerzeit die meisten bereits einen
festen Job in Aussicht, Hafen noch nicht –, wies einer seiner Professo-

ren ihn darauf hin, dass die IGFM Mitarbeiter suche. »Ich glaube, Sie würden gut dorthin passen«, gab er Hafen mit auf den Weg, der im Mai des Jahres tatsächlich zum Vorstellungsgespräch geladen wurde. Es war kurz vor dem Bonner Besuch Leonid Breschnews als Generalsekretär der KPdSU. Entsprechend »brannte die Hütte«, als der interessierte Student am Morgen mit Zeugnissen und Empfehlungen unter dem Arm vorsprach. Vorsprechen wollte, muss man sagen, denn niemand im Büro nahm in all der Hektik von ihm Notiz. Flugblätter wurden formuliert, kopiert und portioniert, Pakete gepackt, Telefonate geführt, Mitarbeiter eingeteilt … Da packte Hafen als Mann der Tat kurzentschlossen mit an. Es war bereits Nachmittag, als er zaghaft daran erinnerte, wer er war und dass er ja eigentlich einen Job suche.

Iwan I. Agrusow fand eine Lösung. Das Gespräch mit Karl Hafen musste geführt, die Stelle besetzt und die Pakete vor Schalterschluss zur Post gebracht werden. »In seinem kleinen weißen Kadett erledigten wir alles auf einmal«, lacht der heutige Geschäftsführer, »ich musste alle meine Pläne über den Haufen werfen und war eingestellt.« Nichts mit Urlaub, nichts war mit einer Fahrt zur Freundin im fernen Norwegen. Am 19. Juli absolvierte Hafen die letzte Prüfung, und am 20. begann er im Frankfurter Büro der IGFM.

Der Liebe tat dies gottlob keinen Abbruch. Er heiratete seine Wenche gleich dreifach. Zum ersten Mal standesamtlich im Römer in Frankfurt, dann nach evangelischem Ritus in Oslo – die vereinbarte ökumenische Trauung fiel aus, weil der katholische Pfarrer erkrankte –, was dem streng katholischen Vater Hafen nicht genügte. Für ihn lebte der Sohn in wilder Ehe, und wenn er das nicht sofort ändere, werde er enterbt, klärte er ihn unerschütterlich auf. Also Trauung Nummer drei in einer katholischen Kirche im Westend von Frankfurt. Es hat geholfen, die Ehe hält und ist glücklich.

Katrin erinnert sich an das erste Zusammentreffen mit Hafen. Im Oktober 1980 müsse es gewesen sein, bei einer erweiterten Vorstandssitzung in der Kaiserstraße. Nichts Berühmtes sei diese erste Residenz der IGFM gewesen, beileibe keine Adresse, mit der man habe hausieren gehen können. Das änderte sich erst in der Borsigallee 9, wohin die IGFM später übersiedelte.

Zu Katrins 70. Geburtstag im Lüxemer Pfarrheim durfte Hafen natürlich nicht fehlen. In seiner kurzen Ansprache war die tiefe Zuneigung spürbar, die sich spät, aber dafür umso nachhaltiger zwischen den beiden entwickelt hat. Der rheinische Frohsinn des in Bad Honnef zur Schule gegangenen Hafen offenbarte sich in den wenigen Worten, die er an die Gesellschaft richtete. Schön sei es hier, eine lustig feiernde, internationale Runde, die über aller Arbeit den Spaß nicht vergesse. Das Fest sei ein gelungenes Beispiel dafür, wie viel Freude und Glück ehrenamtliche Arbeit denjenigen stets zurückgebe, die zu leisten sie bereit sind. Und Prösterchen!

Da war sie, die Seele des Vereins, von der Hafen mir gegenüber gesprochen hat. Diese Seele ist herangereift. Über viele Jahre, vielleicht Jahrzehnte, habe er eher aufgeschaut zu Katrin. Sie sei eine, die andere Menschen immer wieder begeistere, mit hineinziehe in die Arbeit, die einfach getan werden müsse, die mit ihrer Kraft und ihrem Optimismus andere infiziere und Motor für Großes sei. Und die auf der anderen Seite sogar repräsentieren könne. »Bei ihr fallen Zurückhaltung und Format zusammen.« Deshalb habe man sie von Anfang an für einen Sitz im Vorstand in die engere Wahl gezogen. Nicht allein wegen der französischen Sprachkenntnisse, die mit Katrin 1980 wie ein Geschenk des Himmels zur IGFM kamen.

Alternativen zu Katrin hatte man nicht, als man den Beobachterstatus bei den KSZE-Konferenzen bekam und seine Delegationen in die ganze Welt entsenden durfte. Katrins Interesse kam wie gerufen, ihr Fleiß war von unschätzbarem Wert. »Damals war ich nicht dabei, wenn der Vorstand tagte«, weiß Hafen noch genau. Zu Zeiten des Kalten Krieges war das Misstrauen groß, die Furcht vor Wanzen und Spionen reell und begründet. »Der pflichtbewusste Angestellte« ist selbst erst seit 1990 im Vorstand. »Da war Katrin schon zehn Jahre dabei.«

Nicht jeder kann repräsentieren, nicht jeden »kann man schicken«, wie Karl Hafen es ausdrückt. Katrin konnte man schicken. Das hatte ja auch Ludwig Martin auf den ersten Blick gespürt, als er schon 1980 sagte: »Sie baue ich auf, aus Ihnen mache ich etwas Großes.« Sie haben Katrins Karriere kommen sehen, wenn es auch keine Karriere ist, die ihr Geld eingebracht hat. Ganz im Gegenteil, denn oft genug legt Katrin bis heute Geld aus der eigenen Kasse dazu, wenn es irgendwo fehlt. Davon können all ihre »Fälle« ein Lied singen.

Schlimmes haben Karl Hafen und Katrin in all den Jahren hören, sehen und lesen müssen. Anders als die Mehrheit zeigen sie den Tatsachen die Stirn, konfrontieren sich, tauschen sich aus, suchen nach Möglichkeiten, Not und Verzweiflung zu mildern. Katrin packt ihre Transporte, Hafen muss sich Filme ansehen, die der Frankfurter Zentrale zugespielt werden. Steinigungen sind dabei, Folterungen in Gefängnissen, Vergewaltigungen von Frauen, das Dahinschlachten von Kindern: furchtbare Dinge, die jeden Tag überall in der Welt geschehen. Warum die Medien es uns nicht zeigen? Hafen glaubt, weil man auch die Würde des Zuschauers aufs Tiefste verletzen kann. Und die würde verletzt, wenn man in der Tagesschau diese Grausamkeiten zeigen würde, sagt er.

Ein normaler Mensch empfindet völlige Hilflosigkeit, wenn er Zeuge solcher Abscheulichkeiten wird. Daraus kann Wut werden, maßlose, nicht mehr kontrollierbare Wut. »Wer sich nicht mit Worten wehren kann, der wehrt sich irgendwann mit Fäusten.« Davon ist der Sozialarbeiter überzeugt, und wenn er Zeit hat, erläutert er dem Neugierigen gerne die entsprechenden Theorien und praktischen Erfahrungen. Wer diese Bilder freigibt für die Öffentlichkeit, könnte eine Welle von Gewalt in Gang setzen, die alles niederwalzt. Und die rechts und links auch Männer und Frauen mitreißen könne, die ansonsten niemals töten würden. Sagt Hafen.

Und er selbst? Wie hält er das aus, wie kommt es, dass er nicht abgestumpft ist bei der Arbeit, die oft an die Grenzen der Belastbarkeit geht? Das Rezept für sich selbst hat er gefunden: »Die Freude am Helfen in den Vordergrund stellen.«

Genc Kola aus Albanien, heute in Österreich lebend

Genc Kola absolvierte sein Studium in London, bevor er vorübergehend zurückkehrte in sein Heimatland Albanien. Seine heutige Frau arbeitete an der Universität von Tirana. Gemeinsam organisierten Katrin und Genc einige Hilfstransporte, bevor das Paar nach Wien ging. Heute lebt Genc in Gänserndorf vor den Toren der österreichischen Hauptstadt und ist daher für Katrins Netzwerk ausgefallen. Inzwischen haben Ramazan Dervishi, der Vorsitzende der nationalen IGFM-Gruppe Albanien, in Tirana und der Leiter des humanitären Menschenrechtsvereins »BESA 03« in Shkoder seinen Platz eingenommen.

»Wann trafen Sie zum ersten Mal mit Katrin zusammen? Auf welchem Weg haben Sie von ihrer Arbeit erfahren?«

»Ich traf Katrin erstmals im April des Jahres 2007. Es war bei einer IGFM-Konferenz in Frankfurt/Main, aber ich hatte bereits zu Haue in Albanien von ihrer Hilfe erfahren.«

»Katrin berichtete mir, dass Sie mehrmals gut zusammengearbeitet haben. Bitte erzählen Sie uns etwas darüber.«

»Ja, das stimmt, wir haben mehrere Transporte nach Albanien gemeinsam durchgeführt. Wir organisierten die Hilfstransporte: Katrin in Deutschland und ich in Albanien. Sie waren sämtlich sehr erfolgreich. Katrin sammelte eine Menge Waren ein, die für Bedürftige in Albanien bestimmt waren. Nicht nur das, sie bezahlte auch einen Teil der Kosten, die so ein Transport mit sich bringt. Ich schickte die Sattelschlepper von Albanien nach Deutschland, und Katrin kümmerte sich um die Ladung, um die notwendigen Papiere und um alles andere, was dazugehört. Das war bestimmt nicht einfach bei der unglaublichen Menge von Transporten, die Katrin nach ganz Osteuropa geschickt hat, schickt und noch schicken wird!«

»Was ist Ihre stärkste Erinnerung, wenn Sie an Katrin denken?«

»Wenn ich an sie denke, erscheint sie mir als eine starke Frau, die es als ihre Bestimmung sieht, im Leben notleidender Menschen eine Veränderung zum Besseren zu bewirken, die alles dafür tut, dass sie dabei erfolgreich ist, und der das immer irgendwie gelingt. Da ich mit Katrin zusammengearbeitet habe, kann ich sagen, dass ich das große Glück hatte, sie näher kennenzulernen. Wir trafen uns auf der internationalen Konferenz der IGFM in Frankfurt. Dort suchten wir nach Möglichkeiten, die albanische Bevölkerung mit humanitärer Hilfe zu unterstützen. Bereits nach dieser ersten Zusammenkunft war ich sehr beeindruckt von ihrem unbedingten Willen, möglichst vielen Menschen in möglichst vielen Ländern zu helfen. Katrins Arbeit setzt eine Unmenge an Organisationstalent, an logistischem Geschick, an Managerqualitäten voraus; Menschen mit ganz unterschiedlichem kulturellem Hintergrund, von ganz unterschiedlicher Herkunft und Nationalität müssen unter einen Hut gebracht werden.

Katrin hat Prinzipien in ihrem Leben: Entschlossenheit, Erfolg, Willenskraft, den Geist der Nächstenliebe, und sie kann im Team arbeiten. Was die zahllosen Transporte betrifft, die die Wittlicher IGFM-Gruppe in all den Jahre organisiert hat, so ist das allein für sich betrachtet bereits ein Riesenerfolg, eine Riesenleistung, die Katrin verzeichnen kann. Doch das ist ja nicht das Einzige: Darüber hinaus hat sie, ebenfalls schon seit vielen Jahren, eine Schlüsselrolle in der deutschen Sektion der IGFM inne, wo sie im Dienste der Menschenrechte auf dem ganzen Erdball wirkt.

Abschließend möchte ich sagen, dass ich persönlich finde, Katrin arbeitet äußerst erfolgreich. Sie schafft es immer wieder, dem schlimmen Leben vieler Menschen eine neue, eine schönere, hoffnungsvollere Richtung zu geben, ein wenig Glück zu schenken, ein Lächeln auf das Gesicht eines Kindes zu zaubern, kurz, ihren Beitrag dazu zu leisten, dass die Welt sich ändert, dass die Welt ein Stück weit besser wird.«

Marija und Anton Trbuk, Kroatien, im Namen der Organisation »8+«

»Wir, die Organisation ‚8+‘, haben bereits im Jahre 2002 durch unser Ehrenmitglied, die Vorsitzende der Sektion der IGFM Kroatien, Jadranka Cigelj, Kontakt mit Katrin Bornmüller und der IGFM Wittlich aufgenommen. Seit dem Jahre 2002 haben wir 70 Transporte mit humanitärer Hilfe in Form von Kleidern, Schuhen, Hausrat, Möbeln und Spielzeug und vieles mehr von Katrin bekommen. Die medizinischen Hilfsgüter konnten wir an das Allgemeine Krankenhaus von Vinkovci, ein Heim für psychisch Kranke und den Verband der katholischen Krankenschwestern weiterleiten.

Die Arbeit von ‚8+‘ besteht in der Hauptsache darin, die Transporte in Empfang zu nehmen, die Hilfsgüter zu sortieren und anschließend an bedürftige kinderreiche Familien weiterzuleiten. Wir achten streng darauf, dass wirklich jede Familie gleich viel und vor allem das bekommt, was sie benötigt. Wir kümmern uns um insgesamt 150 Familien mit – rechnen Sie es sich aus – über 1.400 Kindern, etwa die Hälfte davon minderjährig. Diese Hilfe ist für unsere betreuten Familien lebenswichtig, da das übliche Monatseinkommen nur ca. 300 Euro beträgt.

Ohne Katrins Hilfe wären diese Kinder buchstäblich nackt und barfuß. Angesichts der Tatsache, dass in den meisten Familien bis zu neun schulpflichtige Kinder und Studierende leben, können Sie sich sicher vorstellen, wie wichtig die von Katrin organisierten Transporte sind. Katrin hilft den kinderreichen Familien viel mehr als die kroatische Regierung, die sich um kinderreiche Familien nicht kümmert und sie dadurch abwertet. Inzwischen sind viele Häuser möbliert, und jedes Kind hat sein eigenes Bett und ein Fahrrad, dank Katrins Hilfe.

Unsere persönliche Meinung über Katrin Bornmüller ist so, dass wir angesichts der Hilfe für die zahlreichen Familien in Kroatien und für uns keine wirklich angemessenen Worte finden können, um unseren Dank auszudrücken. Wir beten zu Gott, dass diese mutige Frau, deren Herz größer als ganz Europa ist, noch lange mit ihren guten Taten das Überleben für viele Familien in Kroatien ermöglicht.

Uns selbst hat sie so viel geholfen: Wir hatten durch einen Brand alles verloren. Auch weiterhin werden wir mit viel Aufmerksamkeit und Liebe unterstützt. Es gibt wenige Menschen, die so unbeirrt und liebevoll anderen Menschen helfen wie unsere liebe Katrin.«

Jurgita Samoskiene, Lehrerin, Litauen

Jurgita ist Lehrerin für Deutsch und Englisch an der Mittelschule im litauischen Städtchen Skapiskis. An ihrer Schule lernen etwa 300 Schüler. Im Jahr 2007 war Jurgita Klassenlehrerin in einer achten Klasse. »Viele meiner Schüler lebten in ärmlichen Verhältnissen und kamen aus Familien, die auch anderweitige Probleme hatten.« Die Hälfte der Klasse aß zu Mittag in der für sie kostenfreien Schulkantine. So will es das litauische Gesetz, wenn Kinder aus sozial schwachen Familien stammen.

»Jeden Tag sollte ich viele Probleme mit unserer Sozialpädagogin wegen meiner Schüler lösen«, erinnert sie sich. Mal hatten die Eltern die notwendigen Schulmaterialien nicht besorgt, mal fielen sie durch problematisches Verhalten während des Unterrichts auf. Lange habe sie darüber nachgesonnen, wie sie helfen könne, wen sie ansprechen und davon überzeugen könne, dass Hilfe nötig und sinnvoll sei. Das eigene Land fiel mehr oder weniger aus: Zu vieles lag im Argen, es brannte auch damals an allen Ecken und Enden. »Irgendwann hatte ich dann die Idee: Ich schrieb einen Brief, erklärte die Situation sehr offen und begann, mein Projekt zu entwickeln.«

Jurgita recherchierte fleißig im Internet, las viel über mögliche Unterstützung, über andere Hilfsprojekte, über Aktionen in Europa und darüber hinaus. Sie fand zahlreiche Adressen von Vereinen, Programmen und Organisationen und sandte ihren Brief an alle Stellen, die sie für potenzielle Unterstützer hielt. »Auch an die IGFM, weil ich wusste, dass diese Organisation auf der ganzen Welt bekannt ist. Frau Katrin war die erste, die auf meinen Brief geantwortet hat.« Wie sehr die weit über das Normalmaß engagierte Lehrerin sich gefreut hat, mag man sich gut vorstellen. »Sie hat mir eine positive Antwort gegeben.« Es entspann sich ein reger Briefwechsel, der im Jahr 2007 bereits auf elektronischem Wege erfolgte. Katrin hatte sich längst mit den Erfordernissen der Zeit vertraut gemacht. »In jeder E-Mail erzählte ich Frau Katrin über die Situation in meiner Schule und in meiner Umgebung.«

Sie selbst lebe in einem kleinen Dorf, erzählt sie, in dem die Armut größer sei als in den Großstädten Litauens. Wie viele andere, denen Katrin geholfen hat, spricht sie von der offenen Art Katrins, die es den Hilfesuchenden erleichtert, von ihren Bedürfnissen zu erzählen. Allzu oft siegt die Scham armer Menschen über die Notwendigkeit, Hilfe zu suchen – wir kennen das auch in Deutschland besonders von alten Witwen, die unterhalb der Armutsgrenze ihr Leben fristen und sich nicht aufs Amt wagen. Jurgita Samoskiene: »Mit Frau Katrin ist es sehr einfach, über alles zu reden, denn sie ist sehr freundlich und offen.«

Das Muster bleibt erfolgreich. Im Netzwerk der Hilfstransporte lernt man sich irgendwie und irgendwo kennen, schreibt sich, telefoniert, entwickelt Vertrauen zueinander. Jurgita wurde einer der Bausteine im System Litauen. »Ich bin die direkte Person in meinem Umkreis«, schreibt sie, »für Nordlitauen, den Bezirk Rokiskis.« Von dort aus fährt sie nach Vilnius, wenn mal wieder ein Transport aus Wittlich angekommen ist, und nimmt die Hilfsgüter für die Bedürftigen in ihrem Umfeld in Empfang. Sehr nützlich sind dabei Jurgitas Kontakte ins Ausland. Sie beherrscht drei Fremdsprachen, weshalb Menschen aus ganz unterschiedlichen Gruppen sich an sie wenden. Bescheiden spricht sie von ihrem eigenen Netzwerk. »Natürlich arbeite ich nicht allein, das wäre gar nicht möglich. Immer helfen mir unser Pfarrer, der Bürgermeister, eine Sozialpädagogin und andere gute Menschen.« Oft ist sonntags nach der Messe »Bescherung«: Dann nämlich findet die Verteilung eines Großteiles der Hilfsgüter statt.

Die, die auf die Güter aus dem Lager an der Rommelsbach warten, sind kinderreiche Familien, alleinerziehende Eltern, kranke und alte Menschen, Familien aus bildungsfernen Schichten, wie man hier seit Neuestem sagt, Arbeitslose, aber auch Institutionen wie Schulen, Kindergärten, Kirchen oder Gemeindehäuser. »Die Arbeit der Wittlicher IGFM hat eine riesige Bedeutung für die Menschen in meinem Umkreis.« Jurgita könnte ohne sie keines ihrer Projekte umsetzen. Ich stelle sie mir ganz ähnlich vor wie Katrin selbst: quirlig, immer in Aktion, Augen und Ohren stets offen, um da anzupacken, wo Not am Mann, an der Frau und am Kind ist. Katrin ist für sie die einzige Person, die ihre Ideen und guten Wünschen verwirklichen hilft. Sie versteht sie immer. Sie schenkt ihre gesamte Freizeit anderen Menschen, arbeitet ununterbrochen, um das Glück anderer, ihr meist ganz fremder Menschen zu vermehren. »Es ist eine Ehre für mich, sie kennengelernt zu haben.«

Zweimal schon durfte Jurgita nach Wittlich reisen. Im Juli 2009 besuchte sie die Bornmüllers für eine Woche zusammen mit Ehemann Tomas und Tochter Greta. Die Einliegerwohnung, Sammelpunkt für Besuch aus aller Herren Länder und selten leer, leistete wie immer gute Dienste. Auch zum 70. Geburtstag 2010 im Lüxemer Pfarrheim waren Jurgita und Greta dabei. Inzwischen ist Jurgita arbeitslos; man hatte ihr am Ende eine Fünfstundenstelle an der Schule angeboten. So bringt Tomas zurzeit (Dezember 2010) die Familie mit dem Lohn durch, den er als Hilfsarbeiter auf einem österreichischen Bauernhof verdient. Mit diesen rund 1.000 Euro ist das Paar zwar voneinander getrennt, steht aber anders als die meisten seiner Freunde wirtschaftlich ganz passabel da.

Eduardas Potašinskas, Litauen

»Ich wurde Katrin zum ersten Mal im Büro der litauischen Freiheitsbewegung Sajudis vorgestellt, das sich genau vor der Kathedrale von Vilnius befand. Bis heute ist dort in der Gediminasstraße 1 ein mahnendes symbolisches Sajudis-Büro eingerichtet. Katrin war eine schlanke und gut gekleidete Frau. Mir fielen sofort ihre Eleganz und ihre bezaubernde, freundliche Art auf. Ich erinnere mich auch, dass ich beeindruckt von Hermann Bornmüller war: Sein Gesicht und seine Augen strahlten Güte und Intelligenz aus.

Der Besuch der beiden Bornmüllers bewies unserer gerade wieder auflebenden litauischen Nation, dass wir im Widerstand gegen jederzeit immer noch mögliche Angriffe der Sowjets nicht allein standen. Frau Bornmüller ermutigte uns, die Internationale Erklärung der Menschenrechte zu studieren und die nationale Sektion der IGFM auch in Litauen zu gründen. Das brachte die humanitäre Hilfe für unsere Bevölkerung ins Rollen und versetzte uns in die Lage, Tausende notleidende Menschen zu unterstützen.

Für mich ist Katrin ein herausragendes Beispiel des christlichen Gebotes der Nächstenliebe. Seit den 1990er-Jahren hat sie ein starkes, gut funktionierendes Netzwerk kontinuierlicher humanitärer Hilfe für Litauen aufgebaut. Nur ihrer unerschöpflichen Begeisterung und ihren organisatorischen Fähigkeiten, engagierte Helfer in Wittlich zusammenzubringen und zusammenzuhalten, ist es zu verdanken, dass wir bis heute 109 Sattelschlepper mit Hilfsgütern in Empfang nehmen konnten. Diese Güter haben wir an unsere Kranken- und Waisenhäuser, Schulen und Altenheime, Behinderteneinrichtungen, Kindergärten sowie an Tausende hilfsbedürftige Einzelpersonen verteilt.

Bis heute ist diese Hilfe außerordentlich wichtig, so wichtig, dass wir Katrin den Beinamen ‚unsere Fee' oder auch ‚Mutter Theresa von Litauen' gegeben haben. Wenn Sie je ein Heim für Obdachlose besuchen würden, könnten sie das nachvollziehen. Oft bin ich im Wittlicher IGFM-Team dabei gewesen. Ihnen allen gilt mein Dank dafür, dass sie die eigene Freizeit in den Dienst humanitärer Hilfe stellen. Ich sehe die Wurzeln dieser Hilfsbereitschaft gerade bei der älteren Generation der Deutschen in deren eigener Erfahrung von Not und Armut der Nachkriegszeit.

Immer noch überrascht es mich, dass die gut situierte Katrin Bornmüller, Mutter von vier liebenswerten Kindern, anstatt fröhlich in der Welt herumzureisen, ihre ganze Kraft den Menschenrechten und Bedürftigen widmet, indem sie Tag für Tag Unmengen gespendeter Güter in ihrem Lager verwaltet.

Ich selbst wuchs in einer Musikerfamilie im unabhängigen Litauen (1918–1940) auf. Mein Vater war ein sogenanntes Wunderkind, ein Pianist, der bereits mit 14 das Konservatorium abschloss. Er setzte seine Studien fort und gab Konzerte in Deutschland und Italien. Nach dem Krieg war Mutter Opernsängerin, Vater leitete ein Orchester und war Professor am Konservatorium. Zu Hause genoss ich eine umfassende Bildung in Literatur und Philosophie, schloss das Gymnasium mit Auszeichnung ab und machte 1968 den Abschluss an der Polytechnischen Universität von Kaunas als Ingenieur für Hörfunk und Elektrotechnik. In meinem Beruf verdiente ich zwar ausreichend Geld, litt aber trotzdem wie ein Vogel im Käfig.

Schon in der Kindheit lernte ich Russisch, Polnisch und Englisch. Unsere Familie hörte häufig Radio Warschau, BBC, Voice of America, Radio Liberty, Deutsche Welle und andere – allesamt Sender, die im Gegensatz zur sowjetischen Propaganda unabhängige Nachrichten übertrugen. Ich lernte stetig weiter Englisch: Mein größter Traum war es, der Sowjetunion zu entkommen. Warum? Aus zwei Gründen. Es begann, als ich versuchte, meine Kenntnisse über die Theorien von Sigmund Freud zu vertiefen. Seine Bücher waren verboten. Um überhaupt Originalzitate zu bekommen, war ich gezwungen, Bücher zu lesen, in denen sowjetische Autoren Freud kritisierten. Ich hasste das Regime, das sich anmaßte, mir vorzuschreiben, welche Bücher ich lesen durfte und welche nicht. Mein Zorn wuchs Jahr um Jahr. Der zweite wesentliche Baustein war der Existenzialismus. Von Sartre, Kierkegaard, Camus und Kollegen fühlte ich mich in meiner traurigen Verfassung zutiefst verstanden: Wir werden ins Leben geworfen ohne jede Bestimmung. Daraus leitete ich ab, dass ich geboren wurde – niemand hat mich gefragt – und nur ein einziges Mal auf dieser Müllhalde namens Erde leben würde, und die Sowjetmacht nahm mir die Chance, jemals irgendein anderes Stückchen Welt sehen zu können.

Ich wurde ständiges Mitglied am Runden Tisch der Professoren in Vilnius. Wir trafen uns im bekannten Café Neringa, einem Treffpunkt für Dichter, Schriftsteller und andere Prominente, in der Mehrzahl Vertreter der Vorkriegsgeneration, des ‚bourgeoisen Litauens'. Unter ihnen befanden sich etliche Intellektuelle, die aus dem sibirischen Gulag zurückgekehrt waren. Sie bestärkten mich endgültig in meiner antisowjetischen Haltung. Im August 1988 war es so weit: Ich war ganz und gar bereit, der Unabhängigkeitsbewegung Sajudis beizutreten und im Zweifelsfall für die Freiheit mein Leben zu lassen.

Bereits im darauffolgenden Oktober gründete ich die Sajudis-Gruppe im staatlichen Radio und Fernsehen Litauens und leitete sie bis 1993. Als gewählter Personalchef genoss ich in diesen Jahren einen gewissen Schutz und verfügte über ausreichend Einfluss, sodass – wir schrieben die Zeit Michail Gorbatschows und seiner Perestroika – nicht einmal die Kommunisten es noch wagten, mich zu entlassen. Als Beauftragter für besondere Aufgaben unterstand ich direkt Herrn Professor Dr. Vytautas Landsbergis.

Rasch nach unserem ersten Zusammentreffen fanden Katrin und ich heraus, dass unsere menschlichen und kulturellen Wertvorstellungen dieselben sind. Das legte den Grundstein für unsere Freundschaft, die immer weiter wuchs. Ich mochte gleich die Atmosphäre in Katrins Familie: höflich, freundlich, liebenswert, intelligent und behaglich. Unsere gemeinsame Arbeit für die Menschenrechte und für die IGFM macht uns zu Seelenverwandten. Ich weiß das aufrichtige Interesse sehr zu schätzen, dass Frau Katrin immer wieder mir und meiner ganzen Familie entgegenbringt. Sie machte kluge Vorschläge, wenn es um die Erziehung meiner beiden Kinder ging, richtete mich auf, wenn ich in Depressionen versunken war, versuchte bei jedweder Schwierigkeit zu helfen. Sie wurde so etwas wie meine große Schwester, und in der Tat: Durch unsere manchmal täglichen E-Mail-Kontakte steht sie mir näher als meine eigene Schwester.

Ich kann gar nicht beschreiben, wie viele Schwierigkeiten ich überwunden habe, allein weil es die Unterstützung von Frau Katrin gibt. Oft ertappe ich mich bei dem Gedanken: Wäre ich wohl noch am Leben ohne ihren Einfluss, ohne ihren Optimismus und ohne ihre Hilfe? Im Lauf meines Lebens wuchs in mir ein starker Glaube: Gott schickt im Leben eines jeden im richtigen Moment die richtigen Menschen. Deshalb nennen wir Katrin ‚unsere gute Fee'.«

Ingrid Osis, Lettland

1993 reiste Ingrid Osis zum ersten Mal nach Wittlich. Ein Onkel lebte hier, mit dessen Familie sie Freundschaft schloss. »Meine Verwandten kannten Katrin«, erzählt sie. Was sich als Glücksfall erwies: Damals fehlte es zu Hause in Lettland schier an allem – bis hin zur Unterwäsche. Edith Jondral, die hilfsbereite Tante, nahm Ingrid Osis mit zu Katrin. Die sammelte 1993 noch in der Garage am eigenen Wohnhaus. »Ich durfte mir Sachen aussuchen. Katrin war sehr großzügig.«

Allerdings fehlte der Lettin die Phantasie, wie all die Dinge in ihr Heimatland kommen sollten; schließlich waren die Russen noch da, es gab Probleme an den Grenzen. Im Herbst schließlich stand ein Mann aus Riga vor der Tür und überreichte die ersehnten Pakete. Dass Katrin für den Transport viel hatte zahlen müssen, war Ingrid bewusst. Sie verteilte alles und beglückte damit nicht nur die eigenen Verwandten. Es war der Beginn einer wunderbaren Freundschaft und einer wunderbaren Zusammenarbeit. Ingrid Osis ist zum zuverlässigen Verteilerposten geworden. In 18 Jahren erreichten 77 Sattelschlepper ihr Ziel, beladen mit Kleidung, Betten, Lebensmitteln, mit Fahrrädern, Rollstühlen, Waschmaschinen und Spielsachen, »Hilfe in einer Größenordnung, die kaum zu beschreiben ist«: pro Lkw etwa fünf Tonnen Hilfsgüter. Längst helfen im Depot die Kinder mit.

Für 2.000 Bürger des Dorfes Mazlauki sichern die Sattelschlepper aus Wittlich das Überleben unter halbwegs menschlichen Bedingungen. Kindergarten und Mittelschule werden mit Inventar versorgt. Nur wenige Menschen sprechen deutsch. Wenn Katrin in Mazlauki weilt, übersetzt Ingrid Osis gern: Es sind freundliche Worte, die sie übersetzen darf. Die nimmermüde Deutsche heißt dort »Mutter Teresa aus Wittlich«.

Eine ganze Familie hilft beim Verteilen der Hilfsgüter in Lettland: Ingrid und Bruno Osis, dahinter Tochter Gunta und Sohn Aldi.

Ramazan Dervishi, Albanien

Diesen Brief sandte Ramazan Dervishi, Präsident der albanischen IGFM, im Januar 2011 an Kurt Beck, Ministerpräsident von Rheinland-Pfalz. Albanien gilt als eines der Armenhäuser Europas. Die Unterstützung der Wittlicher Truppe wird von Herrn Dervishi als sehr bedeutsam eingeschätzt, weshalb er sich für die Anerkennung von Katrin Bornmüller im eigenen Land einsetzt.

Herrn Ministerpräsident Kurt Beck
Staatskanzlei Rheinland-Pfalz , Postfach 3880, 55028 Mainz

Tirana, 06. Januar 2011

Sehr geehrter Herr Ministerpräsident,

die IGFM Albanien hat alle Hochachtung für Sie und Ihre Mitarbeiter. Erlauben Sie uns, dass wir eine Anfrage über eine besondere Ehrung für Frau Katrin Bornmüller, die Vorsitzende der deutschen Sektion der IGFM, an Sie richten.

Im Namen mehrerer Sektionen der IGFM sowie mehrerer Persönlichkeiten wende ich mich an Sie mit der Bitte, Frau Katrin Bornmüller für ihren großen Einsatz mit der Verleihung der nächsthöheren Stufe des Bundesverdienstkreuzes zu würdigen.

Die IGFM–Arbeitsgruppe Albanien schätzt vor allem die hervorragende Arbeit, die Frau Bornmüller bei der Führung der deutschen Sektion der IGFM geleistet hat. Ihre außergewöhnliche Arbeit besteht darin, humanitäre Hilfe auch für die Benachteiligten in armen Ländern wie Albanien, Bosnien, Kroatien, Rumänien, Litauen, Lettland bis in den Kongo usw. zu senden.

Wir sind informiert, dass Frau Bornmüller bereits eine Anzahl internationaler und nationaler Auszeichnungen für ihre Arbeit und für ihre Beiträge zugunsten der Unterprivilegierten erhalten hat.

Der Bundespräsident verlieh ihr 1990 den Verdienstorden erster Klasse, in Litauen verlieh ihr im Jahre 2000 der litauische Präsident den Gediminas-Orden, die Präsidentin der Republik Lettland verlieh ihr im Jahre 2001 den Vaterlandsorden.

Sie ist auch Ehrenbürgerin in der Stadt Vidukle in Litauen, in der Stadt Tukums in Lettland, in der Stadt Mediasch in Rumänien und in der Stadt Lezha in Albanien. In Tirana ist ihr zur Nationalkonferenz der IGFM Albanien vom 23. bis 24. Oktober 2010 die Medaille »Mutter Teresa für die Menschenrechte« verliehen worden.

Frau Bornmüller hat ihre Tätigkeit zuerst in Rumänien, Litauen und Lettland im Jahr 1989, das heißt nach Zerfall des Ostblocks begonnen, wo der erste Transport von einem ihrer Söhne gefahren wurde. Mitte der neunziger Jahre hat sie humanitäre Hilfe während des Balkankrieges vor allem nach Bosnien und Kroatien geschickt. Die Hilfsgüter gingen besonders an arme Familien und Behinderte, waren für Krankenhäuser und für die Altenpflege bestimmt.

Im Jahre 2006 brachte sie die ersten Hilfsgüter nach Albanien, die für ein Altenheim in der Stadt Lezhe erforderlich waren.

Im Jahr 2010 gab es eine Hochwasserkatastrophe in Albanien, bei der die Städte Shkoder und Lezhe überflutet wurden. Frau Bornmüller gehörte zu den ersten internationalen Organisationen, die in den überfluteten Regionen für humanitäre Hilfe sorgten. Sie brachte einmal 30 Tonnen Hilfsgüter in zwei Lkws mit je 120 Kubikmetern Ladevolumen, danach brachte sie drei weitere Lkws, wobei der Transport jeweils zwischen 1.800 und 2.000 Euro kostete.

Die Stadt Wittlich, wo alle Hilfstransporte geladen und danach transportiert wurden, ist inzwischen in vielen Ländern auf der ganzen Welt bekannt geworden, bis in den fernen Kongo.

Im August des Jahres 2010 hat Frau Bornmüller mit ihrer Arbeitsgruppe zudem noch alle entbehrlichen, noch voll funktionsfähigen medizinischen Ausrüstungen des alten Wittlicher Haftkrankenhauses abbauen können und hat sie dann an ein katholisches Krankenhaus im Kongo verschenkt. All diese Arbeit, ca. 313 Hilfstransporte, wird von der deutschen Sektion der IGFM geleistet, besonders von Frau Katrin Bornmüller, die jetzt ein gutes Beispiel geworden ist. Die nächsten Hilfstransporte sind für Kroatien und Albanien geplant. Eine Arbeitsgruppe von Freiwilligen regelt die Sammlung, die Verarbeitung, die Verladung und den Transport der humanitären Hilfe. In unserem Land ist Frau Bornmüller eine bekannte Persönlichkeit – nicht nur in jenen Schichten der Bevölkerung, die ihre Hand und ihre Unterstützung bekommen haben, sondern in mehreren Regionen in Albanien und der Republik Kosovo, wo sie durch die öffentlichen Medien bekannt wurde. Sie hat mit ihrer kolossalen Arbeit ihre Stadt Wittlich und besonders die deutsche Nation weltweit bekannt gemacht.

Weil Frau Bornmüller eine ganz außerordentliche Persönlichkeit ist, hat sie es mehr als verdient, dass man ihren unermüdlichen Einsatz mit der Verleihung der nächsthöheren Stufe des Bundesverdienstkreuzes würdigt.

Im Namen der IGFM Albanien und in unserem persönlichen Namen wären wir Ihnen von Herzen sehr dankbar, wenn Sie und Ihre Mitarbeiter sich engagieren könnten, dass Frau Bornmüller diese verdiente Ehrung erhält.

Mit freundlichen Grüßen
IGFM Albanien
Exekutivdirektor Lulzim Brahja
Präsident Ramazan Dervishi

Als »Kontrabandisten« zwölf Mal um die Erde!
von Michaele Schneider

Der 150. Transport der Wittlicher Truppe startete von der Rommelsbach aus nach Kroatien. Damals machte sich die Nachbarin Michaele Schneider die Mühe, die bis dahin geleistete Arbeit einmal in Zahlen zusammenzufassen. Die schon hier beeindruckenden Ziffern lösen ein großes Staunen aus und dürfen inzwischen mehr als verdoppelt werden.

»Unsere Zeit, eine Zeit der Zahlen, Fakten, messbaren Größen. Aber wie misst man Mitmenschlichkeit und Solidarität? Unermesslich ist somit das richtige Wort für die Leistung der ehrenamtlichen Mitarbeiter der Internationalen Gesellschaft für Menschenrechte (IGFM), Sektion Wittlich. Seit fast 24 Jahren verschickt das Team um Katrin Bornmüller Kleidung, Lebensmittel, Haushaltswaren, Schulmaterialien und vieles mehr an Notleidende in europäischen Ländern. Der 150. Hilfstransport startete vor wenigen Tagen nach Kroatien, Anlass für eine kleine Feierstunde im Edeka-Lager an der Rommelsbach.

Ganz gleich ob Litauen, Lettland, Rumänien, Kroatien oder Bosnien: Überall herrscht Armut, es fehlt am Notwendigsten. Die inzwischen 35 Aktivisten, elf Lader und unzähligen stillen Helfer haben viel bewegt, auch im wahrsten Sinne des Wortes. So wurden in 59 Transporten nach Litauen, 40 nach Lettland, 42 nach Rumänien, fünf in kroatische Flüchtlingslager, drei zu Kriegsflüchtlingen nach Kroatien und einer in ein katholisches Schulzentrum nach Bosnien insgesamt 2.760 Tonnen verladen. 150 Sattelschlepper, zum Teil mit Anhängern, machten sich, rein rechnerisch, zwölf Mal auf den Weg rund um die Erde, um die Hilfsmittel an ihren Bestimmungsort zu bringen. Dass die Unterstützung dort ankommt, wo sie benötigt wird, beweisen die vielen persönlichen Dankesschreiben, die Katrin Bornmüller Tag für Tag ins Haus flattern. Ein Dank, den sie gern an die Mithelfer, Spender, Sponsoren und ihren Mann Hermann weitergibt.

In den Empfängerländern warten langjährige Freunde der ,Truppe' um sicherzustellen, dass die Ware in die richtigen Hände gelangt.

Aber bis dahin ist eine lange Odyssee zu bewältigen: Ware erbitten, verpacken, Schenkungsurkunden, Desinfektionserklärungen, detaillierte Zollpapier bereitstellen, Bescheinigungen über die humanitäre Absicht in der Sprache des Einfuhrlandes ausfüllen, möglichst preiswerte Transportmöglichkeiten suchen, verladen und dann hoffen, dass der Zoll ohne weitere Probleme passiert werden kann. Denn die Einfuhrbedingungen werden immer schwieriger. So muss selbst für gebrauchte Fahrräder Zoll gezahlt werden, der lettische Zoll erwartet eine Bescheinigung über die Umweltverträglichkeit der Kartons und Plastiksäcke, Beschimpfungen wie ‚Kontrabandisten' (Schmuggler) gehören für die Hilfsorganisation schon fast zum ‚täglichen Brot'.

‚Wenn nicht dieses erdrückende Elend wäre, man könnte fast den Mut verlieren', kommentiert Katrin Bornmüller diese Arbeit. Auch die Geldmittel für die Lastwagen müssen ‚erbettelt' werden. So kostete der Wagen, der jetzt nach Kroatien ging, 1.700 Euro und war damit vergleichsweise preiswert. Für einen deutschen Lkw mit Fahrer müssten fast 5.000 Euro aufgebracht werden. Rechnet man die für 150 Transporte benötigten Mittel zusammen, so kommt man auf rund eine viertel Million Euro.

In diesem Jahr werden insgesamt 16 Hilfslieferungen Wittlich verlassen, nach Angaben der IGFM im Wert von 1,8 Millionen Euro, davon allein Waren der Firma Aldi für 305.000 Euro.«

Die IGFM ist eine Menschenrechtsorganisation, die im April 1972 in Frankfurt/Main gegründet wurde. Sie unterstützt Menschen, die sich gewaltlos für die Verwirklichung der Menschenrechte in ihren Ländern einsetzen oder die verfolgt werden, weil sie ihre Rechte einfordern. Nach dem Recht auf Leben und Sicherheit der Person sind laut Auffassung der IGFM die bürgerlichen Rechte wie Meinungs-, Versammlungs-, Religions- und Pressefreiheit die wichtigsten Menschenrechte. Ohne sie kann es weder Frieden noch sozialen Fortschritt geben. Grundlage der Arbeit bildet die Allgemeine Erklärung der Menschenrechte der Vereinten Nationen vom 10. Dezember 1948.

Die IGFM ist weltweit durch 26 Sektionen und vier nationale Gruppen vertreten. Die deutsche Sektion der IGFM hat etwa 3.000 Mitglieder. Sie hat Beobachterstatus beim Europarat sowie ECOSOC-(Roster)Status beim Wirtschafts- und Sozialrat der Vereinten Nationen. Als gemeinnützig und mildtätig anerkannte Nichtregierungsorganisation (NGO) wird ihre Arbeit überwiegend durch Ehrenamtliche geleistet. Die IGFM erhält keine staatlichen oder kommunalen Zuschüsse; sie bemüht sich aber um zweckgebundene Fördermittel für Projekte zum Aufbau der zivilen Gesellschaft, zur Förderung der Völkerverständigung und zum Abbau von Vorurteilen zwischen verfeindeten Ethnien und Religionsgemeinschaften.

Die IGFM unterstützt Menschen, die sich gewaltlos für die Verwirklichung der Grundrechte in ihren Ländern einsetzen oder sie in Anspruch nehmen und deswegen verfolgt werden. Mittel dazu sind unter anderem Appelle, Unterschriftenaktionen und Protestbriefe: Öffentliche Aufmerksamkeit ist eine wichtige Voraussetzung, um auf Einzelschicksale hinweisen und strukturelle Probleme lösen zu können. Öffentlichkeitsarbeit bedeutet aber nicht nur Presse-, Lobby- und Bildungsarbeit, sondern auch Aufklärung und Menschenrechtserziehung. Die IGFM veranstaltet Seminare für Demokratie, Rechtsstaatlichkeit und Menschenrechte. Zu ihren langfristigen Kampagnen gehört unter anderem der Einsatz für die Überwindung barbarischer Strafen wie Steinigungen und Amputationen.

Die IGFM leistet weiterhin humanitäre Hilfe in Form von Paketaktionen und Hilfsgütertransporten als vertrauensbildende Maßnahme und weil sie glaubt, dass die Lösung humanitärer Probleme zur Verwirklichung der Menschenrechte beiträgt. Seit 1980 hat die IGFM mit Zigtausend Tonnen »Hilfe von Mensch zu Mensch« denen geholfen, die aus politischen Gründen keine oder nicht genügend staatliche Hilfe zu erwarten hatten. In den vergangenen 20 Jahren wurde eine Reihe von Projekten mit finanzieller Unterstützung der Europäischen Kommission durchgeführt. Dazu gehörten unter anderem die Suche von Zeugen und Opfern von Kriegsverbrechen im ehemaligen Jugoslawien, die Durchsetzung des Internationalen Strafgerichtshofes, die Humanisierung des Militärwesens in der Ukraine und die Erhöhung der Lebenstüchtigkeit von Heim- und Straßenkindern in Osteuropa.

Neben der vierteljährlich erscheinenden Zeitschrift »Menschenrechte« veröffentlicht die Gesellschaft in unregelmäßigen Abständen zusätzlich die »Menschenrechte special« zu aktuellen Themen, unter anderem zu Menschenrechtsverletzungen in China, Ägypten und Lateinamerika, zu Frauen oder zu 20 Jahren Mauerfall. Über die Internetseite der IGFM sind Exemplare zu beziehen. Dort finden sich interessante Publikationen und Dokumentationen, die das weite Wirkungsfeld der Gesellschaft beleuchten. Als PDF-Dateien sind umfassende Abhandlungen über nationale und internationale Themenfelder vom heimischen Schreibtisch aus kostenlos zugänglich: von Zwangsadoptionen in der DDR über die Falun Gong in China und sogenannte Ehrenmorde und Steinigungen im Islam bis zur Gegenüberstellung der »Allgemeinen Erklärung der Menschenrechte« der Vereinten Nationen von 1948 und der »Kairoer Erklärung der Menschenrechte im Islam« von 1990. Exil-Iranern stellt die IGFM sogar eine eigene Plattform in ihrer Sprache Farsi zur Verfügung.

Hier finden sich aktuelle Aufrufe, Projektbeispiele und Unterschriftenlisten zu betreuten Fällen. Hier kann man nachlesen, was aus Menschen geworden ist, für die Aktivisten der IGFM sich einsetzten: ob sie überlebten, noch im Gefängnis sitzen oder getötet wurden. Hier finden sich auch Buchempfehlungen und entsprechende Bestellmöglichkeiten. Die Not hat viele Gesichter, diese Seite spiegelt einige davon wider.

Anschrift:
Internationale Gesellschaft für Menschenrechte (IGFM)
Deutsche Sektion e. V.
Borsigallee 9, 60388 Frankfurt/Main, Deutschland
Telefon: +49(0)69 420 10 80
Telefax: +49(0)69 420 10 833
E-Mail: info@igfm.de
www.igfm.de und www.menschenrechte.de

Spendenkonto:
Konto: 23 000 725
BLZ: 512 500 00
Taunussparkasse

Katrin Bornmüller und ihre Projekte, Aktivitäten, Ehrungen und Auszeichnungen

1979 Besuch von West- und Ostberlin und einer Ausstellung am Checkpoint Charly; Entschluss: ich will den Leuten in der DDR helfen!

1980
März: Wurde Mitglied der Gesellschaft für Menschenrechte durch Gerhard Löwenthals Sendung »Hilferufe von drüben«. Sammeln von Geld und humanitärer Hilfe auch durch Aufrufe in Zeitungen
• Schreibe alle Präsidenten der Rotary Clubs Deutschlands wegen Vorträgen und Spenden an, lerne Professor Dr. Wolfgang Hengst (Bundeswehrzentralkrankenhaus Koblenz) kennen, er ist Mitglied der IGFM
• Betreuung – auch mit Paketen – von 100 politischen DDR-Häftlingen und Ausreisefällen, auch in Rumänien
• Teilnahme an der KSZE-Konferenz Madrid mit Edgar Lamm, Übergabe von Listen politischer Häftlinge in den kommunistischen Staaten an die KSZE-Delegationen
• Betreue das GFM-Büro und die Ausstellung von Checkpoint Charly; u. a. Dr. Hildebrandt und FAZ-Korrespondent Claus-Einar Langen kennengelernt
• Herr Agrusov fragte, ob ich Mitglied im Vorstand werden wolle

1981 Jahreshauptversammlung in Königstein; saß durch Zufall neben Ludwig Martin, Generalbundesanwalt a. D., er schlug mich für den Vorstand vor. Die GFM wird international.
• Betreuung von Solidarność-Familien und deren Häftlingen, auch mit Paketen
• Meine 2. KSZE-Konferenz mit Edgar Lamm in Madrid, der DDR-Flüchtling Falko Voigt war mit uns, Ankettung an die Botschaft der Sowjetunion

• Teilnahme an der Demonstration »20 Jahre Berliner Mauer« in Berlin mit Ludwig Martin

Katrin Bornmüller in Berlin am 20. Jahrestag des Mauerbaus, dem 13. August 1981. Auf der Fahne wurde Geld gesammelt für politische Häftlinge in der DDR.
30 Jahre nach der Demonstration an der Berliner Mauer trägt sich das T-Shirt leichter: Katrin Bornmüller im Februar 2011 mit dem Relikt von einst.

1982 Meine 3. KSZE-Konferenz mit Edgar Lamm in Madrid mit dem »Solidarność«-Flüchtling Ryszard Batory, Demonstration vor der Botschaft der Sowjetunion, Festnahme durch spanische Polizei
November: Teilnahme an der IGFM-Anhörung »Zwangsarbeiter an der sibirischen Gasleitung« mit dem internationalen Sacharow-Komitee Kopenhagen

1983 Reise mit Ludwig Martin nach Paris, Gründung der Sektion Frankreich, Übersetzung seiner Ansprache
• Demonstration in Berlin »30 Jahre 17. Juni 1953« mit Ludwig Martin

1984   Besuch bei Arlette und Michele Le Roux, 1. Beigeordneter der Stadt Brunoy; Vortrag in Französisch über die IGFM-Arbeit in kommunistischen Staaten beim RPR-Gaullisten-Treffen in Paris

1985   Meine 4. KSZE-Konferenz mit Edgar Lamm in Ottawa, Jutta Gallus, politischer Häftling und Flüchtling aus der DDR, und Johannes Jägle, Russlanddeutscher; beide kämpften um die Freiheit ihrer Kinder; Demonstration vor der Botschaft der Sowjetunion mit Transparenten

1986   Betreuung von politischen Häftlingen in der ČSSR (Jan Dus, evangelischer Pfarrer, und Familie) und Charta 77
   • Meine 5. KSZE-Konferenz mit Edgar Lamm in Bern. Hermann und Johannes holen mich ab.
Oktober: 4 Bypässe-Operation Hermann

1987   Meine 6. KSZE-Konferenz in Wien
September: Demonstration in Trier beim Honecker-Besuch mit Transparent für Enzmann; Interview mit dem schweizerischen und französischen Fernsehen vor dem Karl-Marx-Haus

1988   Meine 7. KSZE-Konferenz mit Edgar Lamm in Wien

1989   8. KSZE-Konferenz in Paris mit 15 Außenministern und 3 Staatspräsidenten; Demonstration mit Transparent für Raaschs
   • 2 Transporte humanitärer Hilfe für Solidarność ins IGFM-Büro nach Frankfurt

1990   1. Transport nach Rumänien mit Studenten aus Trier über Dr. Jekeli
Mai: 5. Rumänien-Transport mit Sohn Andreas und Matthias Bollen und Deutscher aus Rumänien. 4.000 Pakete portofrei auf der Bahn nach Rumänien mit der Verbandsgemeinde Wittlich Land
Juni: KSZE-Konferenz mit Sylvia Wähling in Kopenhagen. Lernte Virgilijus Čepaitis kennen, Mitbegründer der Freiheitsbewegung Sajudis.
Juli: Bundesverdienstkreuz am Bande auf Vorschlag von Generalbundesanwalt a. D. Ludwig Martin, überreicht von Landrat Dr. Gestrich
   • 4. Juli - mein 50. Geburtstag, Familie Brambach kam.

Oktober: Treffen mit Gesundheitsminister Dr. Juozas Olekas (Litauen) und der CDU in Trier, Mainz und Bonn organisiert
November: 1. Hilfstransport nach Litauen ins Rotkreuzkrankenhaus mit Sohn Andreas

• Viele Vorträge über die IGFM und IGFM Wittlich in Schulen, in Rotary, Lions und anderen Service-Clubs, Johannitern etc.; Infostände vor allem vor Weihnachten; Hunderte von Paketen in die DDR, nach Rumänien, Polen, in die ČSSR

1991   10. KSZE-Konferenz in Helsinki mit Wanda Wahnsiedler. Im Rotary Club Helsinki berichtet
Juni: Informationsstand mit Transparenten für die Freiheit des Baltikums in Wittlich

• Demonstration für die Freiheit des Baltikums in Bonn mit baltischen Politikern

• Polizisten helfen Sattelschlepper laden

• Beim Inner Wheel Club Koblenz (rotarische Frauen), Vortrag mit dortiger Präsidentin Gundrid Hengst
September: 1. Reise ins Baltikum. Im Sajudis-Büro waren Eduardas Potašinskas, Beauftragter von Landsbergis für ausländische Gäste, und Andrius Kubilius (heute Ministerpräsident). Besuch bei Professor Dr. Vytautas Landsbergis (1. Staatschef nach dem Umbruch) mit Čepaitis, Fernsehinterview, Gründung der IGFM-Sektion Litauen (Foto unten)

• Bericht im Rotary Club Uelzen über die Litauenreise, Bitte um Hilfe für Angele Pladyte, Opfer des 13. Januar beim Überfall der Omon-Truppen, ein Bein unter Panzer; der Club zahlte den Krankenhausaufenthalt später und Reha-Maßnahmen

• Beginn der Konzerte mit einem litauischen Musikensemble aus Klaipeda

Dezember: Demonstration mit der kroatischen katholischen Gemeinde Köln-Lozo – mit mehr als 2.000 Leuten in Maastricht gegen den Krieg der serbischen Tschetniks in Vukovar und in Jugoslawien, holländische Polizei sperrte alle im Stadion ein bei Eiseskälte

• 8 Transporte: 2 Rumänien, 3 Litauen, 2 Lettland mit THW, 1 nach Kroatien in Flüchtlingslager

1992 Organisation einer Herzklappe für Litauer Juozas Salvis. 5.000 DM gezahlt

• Jahreshauptversammlung. Lernte Peteris Lazda kennen, ehemals politischer Häftling in der Psychiatrie der Sowjetunion. Reise nach Prag in die Tschechische Republik zu Jan Dus, ehemaliger politischer Häftling und evangelischer Pfarrer. Seine Tochter Monika und Familie sind Betreuungsfall

August: Zog mit meinem Lager zusätzlich in die Rauschmann-Garagen ein, IGFM-Gruppe wächst; Versorgung von vielen armen Familien

• Reise nach Lettland, Empfang im Parlament vom Parlamentspräsidenten Birkavs, Fernsehinterview; 2. Besuch in Litauen

Dezember: Französische Soldaten laden zum ersten Mal den insgesamt 24. Transport

• Dr. Ilze Kreicberga kommt als Gastärztin

• 9 Transporte: 3 für kroatische Flüchtlinge, 2 Rumänien, 2 Litauen, 2 Lettland mit THW (Foto Seite 197 oben)

1993 Berlin in der Gauck-Behörde zur Stasiakteneinsicht

• Petition an den Ministerpräsidenten von Rheinland-Pfalz wegen Auszugs aus dem staatlichen Wohnhaus, Tausende Unterschriften aus allen Ländern

• Jahreshauptversammlung (JHV). Landsbergis ist Referent. Hermann krank, ich abwesend

Der 15. Transport im Juni 1992 mit dem Technischen Hilfswerk

Mai: Ehrenbürgerin in Vidukle in Litauen
• Internationaler Rat tagt, ich lernte Jadranka Cigelj kennen, Opfer des serbischen KZ von Omarska
• Unterbringung von Tomas Sernas, einem von Omon-Truppen angeschossenen Zöllner aus Litauen, im Herz-Jesu-Krankenhaus Trier
• Pakete an Andrius Kubilius (heutiger Ministerpräsident) und den Abgeordneten Antanas Racas
September: 1. Besuch von Maja Caspari vom rumänischen Krebs- und Diabetiker-Selbsthilfe-Verein bei uns
Dezember: Dr. Irina Nulle ist Gastärztin
• 10 Transporte: 3 Rumänien, 5 Litauen, 1 Lettland, 1 Kroatien

1994 1. Reise nach Mediasch, Rumänien, mit Hermann und Johannes. Wir waren Gäste des Bürgermeisters Bucur. Interview mit Fernsehen (Foto Seite 198)
•Reise nach Varadzin, Kroatien, in Flüchtlingslager
Mai: Umzug mit dem Lager in ehemaligen Wittlicher Bahnhof
Juni: Mein Wahlergebnis für den Stadtrat: 4.525 Stimmen (von Platz 4 auf Platz 1)
Oktober: 1. Reise von Peteris Lazda nach Wittlich; er fuhr mit dem 40. Hilfstransport heim
• 9 Transporte: 2 Rumänien, 5 Litauen, 2 Lettland

September 1994: Besuch in Mediasch, Rumänien, in der Lehrküche der Selbsthilfe-
gruppe von Maja Caspari

1995
Februar: Eduardas Potašinskas kommt nach Wittlich.
  • 3. Reise ins Baltikum
  • 9 Transporte: 2 Rumänien, 4 Litauen, 3 Lettland, total: 53 Transporte

1996 Der Offene Kanal (Regionalfernsehen) filmt den 54. Transport
mit Lazda.
  • 2. Rumänien-Reise nach Mediasch und Bukarest
  • Interview im Fernsehstudio
Juni: Bundesverdienstkreuz 1. Klasse, überreicht durch Regierungspräsi-
dent Blankenburg in Trier auf Vorschlag von Potašinskas mithilfe von
Landsbergis und Außenminister Dr. Kinkel
  •10 Transporte: 3 Lettland, 3 Rumänien, 4 Litauen

1997 25. Geburtstag der IGFM bei JHV
  • Treffen in Wittlich von Potašinskas, Litauen (Foto Seite 199), Ka-
tharina Grieb, Österreich, Maja Caspari, Rumänien, Peter Marianek,
Slowakei, Heidi Valerius und ich
  • Franzosen in Ausgehuniform, Offener Kanal filmt wieder
  • Ehrenbürgerin im Kreis Tukums, Lettland

• Klage von Virgilijus Čepaitis beim Europäischen Gerichtshof für Menschenrechte in Straßburg gegen die Verleumdung des KGB
• 12 Transporte: 4 Lettland, 4 Rumänien, 4 Litauen

Laden mit französischen Soldaten und Eduardas Potašinskas, 4. November 1997 am alten Bahnhof

1998

25. März: Maja Caspari hier mit Katharina Grieb, Karl Hafen, Bürgermeister Hagedorn und Oberst Gallet
• 78. Transport nach Rumänien
• 3. Reise im Zug mit Heidi Valerius nach Mediasch, Rumänien (27 Stunden); Einweihung der von uns geschickten Zahnarztpraxis
• Serge Sitter, Franzose in Wittlich, kommt zur Lademannschaft, wird Mitglied der IGFM
• Artikel in allen Zeitungen: Wir brauchen ein neues Lager!
• Marktleiter des E-Centers Otmar Stoffel bietet mir den 700 Quadratmeter großen Keller in der Rommelsbachstraße an
• 13 Transporte: 4 Litauen, 3 Rumänien, 6 Lettland

1999   2 Transporte in 2 Tagen nach Litauen
März: Abschied der Franzosen. Fanfare spielt am Bahnhof
• Zum 2. Mal auf Platz 1 des Stadtrates mit 4.298 Stimmen gewählt

April: 90. Geburtstag von Ludwig Martin, Generalbundesanwalt a. D., in Karlsruhe

August: Krankenbetten etc. im Bundeswehrzentralkrankenhaus in Koblenz mit Serge Sitter und litauischem Sattelschlepper geholt

September: Gundrid Hengst stirbt
  • 100. Transport. Zum letzten Mal ist Wolfgang Hengst dabei.

November: Umzug ins E-Center
  •17 Transporte: 8 Litauen, 4 Rumänien, 5 Lettland

2000

Januar: Fax von Čepaitis, ich soll nach Vilnius zur Ehrung kommen, 3 Tage vorher: zu knapp
  • Litauischer Fahrer betrunken. Lkw blieb in Polizeischule stehen

Juli: 4. Reise ins Baltikum mit Sanchen
  • 4. Juli: Das litauische Ensemble kommt in Rügen ans Schiff und spielt zu meinem 60. Geburtstag.
  • 6. Juli: bekomme von Staatspräsident Adamkus den Großfürst–Gediminas-Orden 1. Klasse, meine Mutter und Johannes kommen, auch die Nonne Sadunaite. Großer Artikel von Čepaitis in litauischer Zeitung »Wie viel ein menschliches Wesen tun kann«
  • Lettland-Transport an der Grenze komplett ausgeladen vor dem Fernsehen, IGFM-Aktivisten werden »Kontrabandisten« genannt
  • Interview mit dem Südwestfunk
  • Feier zu meinem 60. Geburtstag mit vielen ausländischen Gästen, 11 Nationen, litauisches Ensemble spielt

2. September: Wolfgang Hengst stirbt

November: Lettland-Transport wird ausgeladen, als Grund wurde BSE-Gefahr in Kondensmilch genannt
  • 15 Transporte: 4 Rumänien, 6 Litauen, 5 Lettland

2001

15. März: Hans Brenner schwerst verunglückt, stirbt nach Jahren im Koma
  • 5. Reise ins Baltikum mit Sanchen,

4. Mai: Unabhängigkeitstag in Lettland. Bekam Dreisterneorden 1. Klasse in Gold des Vaterlandsordens von Staatspräsidentin Professor Dr. Vaira Vike-Freiberga. Großes Essen in Riga, am Tag danach in Vilnius

• Vike-Freiberga greift in die »Aktion Prozesse um Ausladen« erfolgreich ein, EU-Kommissar Verheugen überbringt meine Papiere

September: Rumänientransport wird geöffnet und fünfmal nach Ungarn zurückgeschickt: Grund diesmal: das Mehl sei Heroin und Rattengift

• Kontakt zum Richter Josef Hennes, er lässt mir 20.000 DM Bußgelder zukommen

• 16 Transporte: 8 Litauen, 4 Rumänien, 4 Lettland

2002   Einführung des Euro

• 4. Reise nach Mediasch, Rumänien. Werde Ehrenbürgerin von Mediasch, Urkunde überreicht von Bürgermeister Teodor Plopeanu

• Organisiere 6 Transporte für Flüchtlinge in Kroatien mit Jadranka Cigelj

• Besuch von Jadranka Cigelj und dem kroatischen Salesianerpater Don Mirko Barbaric aus Zepce, Bosnien-Herzegowina

• Engagement in Zeitungsaufrufen für leukämiekranken litauischen Jungen

August: Wittlicher Säubrenner Kirmes, das litauische Ensemble spielt

• Kontakt zu MdB Rita Sehn, FDP, Vorsitzende des Petitionsausschusses des Bundestags. Sie schafft es, dass unsere humanitäre Hilfe mautfrei wird

• Korrespondent Ion Trayor von »The Guardian« in London mailt mir sein Interview mit Jadranka Cigelj. Sie ist in Den Haag beim Milosovic-Prozess Zeugin.

• 14 Transporte: 6 Kroatien, 5 Lettland, 2 Rumänien, 1. Transport Bosnien-Herzegowina; Polizei beendet ihre Hilfe beim Laden

2003   Übersetzung von Jadrankas Buch »Apartment 102, Omarska« beginnt in Wien

• Dr. Irina Nulle kommt auf meinen Rat hin nach Tukums, Lettland

• IGFM-Gruppe hat 45 Mitglieder

• 17 Transporte: 6 Kroatien, 5 Litauen, 3 Lettland, 3 Rumänien

2004

Januar: Die baltischen Staaten kommen in die EU.

März: Kroatientransport komplett vom Zoll ausgeladen, Grund: 65 kg

Käse vom Wittlicher Demeter-Hof Breit. Jadranka schaltet den Finanzminister ein. Ich muss ein neues Schenkungsdokument schreiben.
- auf Platz 3 von 14 für den Stadtrat gewählt

I. Juli: 1. Transport nach Lettland mit vereinfachten Ladepapieren

Oktober: Eduardas hier gemeinsam mit Vertretern von Wittlichs Partnerstädten. Bürgermeister Bußmer begrüßt ihn beim Essen. Eduardas übergibt litauischen Christus, steht jetzt in Vitrine der Stadtverwaltung
- 20 Transporte: 4 Lettland, 5 Kroatien, 8 Litauen, 3 Rumänien
- Hilfstransporte von Maut befreit. Müssen bei Toll Collect Berlin angemeldet werden

2005   1 Transport nach Litauen mit vereinfachten Ladepapieren
- Wurde zur Vorsitzenden der Deutschen Sektion der IGFM in Königstein gewählt

März: 25 Jahre IGFM Wittlich

Juni : 200. Transport, er geht nach Litauen
- Zu meinem 65. Geburtstag Dankesbrief des Kardinals Audryz Juozas Backkis aus Vilnius

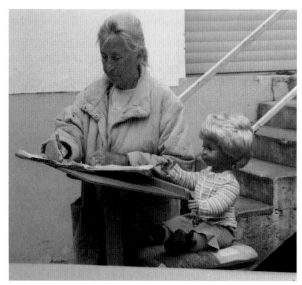

Ulla Türk 2004 beim Schreiben einer Ladeliste vor dem Lager an der Rommelsbach

Jahreshauptversammlung der IGFM 2005. Damals wurde Katrin Bornmüller zum ersten Mal zur Vorsitzenden der deutschen Sektion gewählt. Vordere Reihe von links: Man-Yan NG, Iwan Agrusov, Katrin Bornmüller, Ludwig Martin, Joachim Pelzer, Edgar Lamm; hintere Reihe von links: Martin Lessenthin, Karl Hafen, Professor Dr. Thomas Schirrmacher.

August: IGFM-Feier zu meinem 65. Geburtstag: 11 Nationen feiern mit
• Schreibe 50 Verlage wegen Jadrankas Buch an. Der Diametric Verlag aus Würzburg meldet sich.
• 21 Transporte: 5 Kroatien und Bosnien-Herzegowina, 10 Litauen, 4 Lettland, 2 Rumänien

2006
Februar: Neujahrsempfang des Bundes der Vertriebenen (BDV), spreche mit Bundeskanzlerin Dr. Angela Merkel
• Einladung ins Kloster Himmerod zum »Biblischen Nachtcafé«, um über die IGFM mit Pater Stephan Senge zu sprechen
• Bitte den FAZ-Korrespondent Karl-Peter Schwarz um Vorwort für »Apartment 102«
Mai: Jadranka zu Besuch in Wittlich
Oktober: 2. Reise nach Kroatien zu Jadranka in Zagreb. Don Mirko Barbaric fährt mit uns nach Vinkovci zum Verein »8+«. Lerne dort Marija und Anton Trbuk kennen

Empfang beim Bund der Vertriebenen, Berlin 2006: Katrin Bornmüller im Gespräch mit Bundeskanzlerin Angela Merkel und Erika Steinbach, Vorsitzende des Bundes der Vertriebenen

Immer im Dienst: Katrin Bornmüller im April 2006 auf der eigenen Terrasse, an der Strippe Jadranka Cigelj wegen eines Zeitungsinterviews

• 23. Oktober: Offener Kanal: Inge Schulze filmt im IGFM-Lager den 227. Transport, der nach Vilnius fährt

November: 1. Transport nach Vaudejes Shkoder zu »BESA03« in Albanien

• Wir ziehen aus den Rauschmann-Garagen aus

Dezember: Erscheinen des Buches »Apartment 102, Omarska«. Jadranka kommt nach Wittlich, signiert in der Bücherstube. IGFM steht mit Info-Stand davor

• 20 Transporte: 4 Lettland, 8 Kroatien und Bosnien-Herzegowina, 7 Litauen, 1 Albanien

2007

Mai: 2. Transport nach Albanien, das machen Rotary Clubs aus Epinal und Mittelmosel-Wittlich möglich

• Das E-Center zieht um, Schnäppchen-Markt Metzen zieht ein

• Edeka-Geschäftsführung Südwest genehmigt, dass wir mit dem Lager im Keller bleiben dürfen

Juni: 7. Reise ins Baltikum mit Sanchen, diesmal über Skandinavien, Estland, Lettland, Litauen. Ich besichtige alle Projekte in Tukums: Krankenhaus mit Dr. Irina Nulle, das Verteilerdepot von Lazda, in Litauen die Uni-Klinik Santariskes und die Caritas

November: Anfrage bei Südwestfunk, ob ein Transport vom Südwestfunk begleitet wird, zunächst heißt es »Nein«, später doch »Ja, im Januar«

• 21 Transporte: 6 Litauen, 8 Kroatien und Bosnien-Herzegowina, 4 Lettland, 2 Albanien, 1 Rumänien

Dezember 2007: Ana Müller mit Katrin Bornmüller »mit der Büchse« am Infostand in der Wittlicher Fußgängerzone

2008 Hermann und ich sind beim Shen Yun Chinese Spectacular in Frankfurt von Falun Gong eingeladen.

Januar: Südwestfunk kommt für ein Interview

• werde Mitglied im Kuratorium der Internationalen Stefan-Heym-Stiftung in Chemnitz. Preis von 40.000 Euro geht an Amos Oz

April: JHV, Festrednerin Rebiya Kadeer, Exil-Uigurin aus den USA (Foto unten)

   • Mitgliederversammlung: ich werde einstimmig als Vorsitzende wiedergewählt

   • 99. Geburtstag von Ludwig Martin in Karlsruhe (Foto Seite 207)

   • Geschäftsführender IGFM-Vorsitzender Karl Hafen bekommt das Bundesverdienstkreuz (Foto Seite 207)

Mai: Eiserne Hochzeit von Ludwig Martin in Karlsruhe

Juni: Journalistin Petra Geisbüsch beginnt mit den Interviews für dieses Buch

Die Präsidentin der Exil-Uiguren, Rabiya Kadeer, lebt in Amerika. Zur Jahreshauptversammlung der IGFM Anfang 2008 reiste sie mit Übersetzer nach Bonn.

Bei den Kueser Gesprächen im Juni 2008 traf Katrin Bornmüller mit Professor Dr. Hans Pöttering zusammen, dem Präsidenten des Europäischen Parlamentes.

Dezember: Hermann wird 80 Jahre alt, im Dankgottesdienst singt Johanna Werner

   • Daniela Engelhardt vom Südwestfunk nimmt Kontakt zu mir auf

   • 21 Transporte: 6 Lettland, 8 Litauen, 1 Albanien, 6 Kroatien und Bosnien-Herzegowina

Ohne sie geht im Lager gar nichts: das immer wieder anders und immer wieder gleich zusammengesetzte Team der Ladetruppe beim Beladen eines Lkws mit Hilfsgütern im Mai 2008.

Rechts: Katrin Bornmüller begleitete Karl Hafen zur Verleihung des Bundesverdienstkreuzes im Frankfurter Rathaus am 29. April 2008

Unten: Ein glückliches Paar. Katrin und Hermann Bornmüller im Sommer 2008

Rechts: Katrin Bornmüller mit Ludwig Martin, von 1963 bis 1974 Generalbundesanwalt, am 25. April 2008 in Karlsruhe, als er 99 Jahre alt wurde

2009

8. Januar: 2 Sattelschlepper in 6 Stunden geladen, je einen für Litauen und Lettland
 • Jadranka in Wittlich
Februar: Mit pakistanischer Menschenrechtsanwältin Aneequa Akhtar, einer verfolgten Christin, die mit Mord bedroht wird, in evangelischer Gemeinde Mülheim
März: JHV: Festredner DDR-Bürgerrechtler Arnold Vaatz
April: Frau Schmitz-Geisthardt vom Südwestrundfunk kam zum Interview für Fernsehsendung »Ehrensache« ins Lager
 • 16. April: Fernsehteam vom SWR-Fernsehen aus Mainz filmt den 278. Transport, es war der 68. für Lettland; Bürgermeisterkandidat Joachim Rodenkirch lädt mit

Katrin Bornmüller, Don Mirko Barbaric, Kroatien, und die in Kroatien geborene Ana Müller aus Bausendorf bei der Jahreshauptversammlung der IGFM im März 2009 in Bonn

Karl Hafen bei der IGFM-Jahreshauptversammlung 2009

Während der Jahreshauptversammlung im März 2009 mit dem Albaner Nikoll Lleshi, Chef des humanitären Menschenrechtsverein »BESA03« in Vaudejes/Shkoder

• 25. April: Ich spreche die Gratulation für die IGFM zum 100. Geburtstag von Ludwig Martin im Rathaus von Karlsruhe.

• 18. Mai: 280. Transport mit Gästen und Joachim Rodenkirch

• 20. Mai: SWR-Interview im Radio, Bericht im Fernsehen

Juni: Ehepaar Dres. Sonja und Ralf Raasch, ehemalige politische DDR-Häftlinge, kommen mit Tochter Johanna und Freund nach Wittlich

• Wahlkampf für Rodenkirch

• Wurde auf Platz 8 von 31 gewählt, Rodenkirch mit 59,4 Prozent Bürgermeister

2. Juli: Einführung des neuen Bürgermeisters. Ich rede für die Stadtratsfraktionen als am längsten dienendes Ratsmitglied.

• Bürgermeister wird Mitglied der IGFM

• Tochter Beate kommt mit Rasa Babliauskaite, Germanistikstudentin in Bonn, und Tochter von Vytautas Babaliauskas, Leiter des litauischen Ensembles, nach Wittlich

August: Jadranka ist in Wittlich

• Professor Dr. Vytautas Landsbergis schreibt das Schlusswort zum Buch.

• 18. August: Lehrerehepaar Jurgita und Tomas Samoskas mit Tochter Greta, 5 Jahre, kommt zu uns (Foto Seite 210 oben)

• Halte Vortrag über IGM beim 482. Treffen der »Zwanglosen«, einem Akademikerverein aus Wiesbaden, mit Dr. Verchau. Jurgita spricht über Litauen, Hermann über Forst

Joachim Rodenkirch empfing auch Jurgita Samoskiene mit Familie im Stadthaus, 24. August 2009. (Foto: Jan Mußweiler)

Oktober: Südwestfunk-Gala in Oppenheim. Interview mit Daniela Engelhardt
• Besuch bei Dres. Raasch
November: Treffen des IGFM-Vorstands bei mir
• 290. Transport, BM Rodenkirch dabei
• Artikel über IGFM-Arbeit in Tukumser Zeitung in Lettland

Im Herbst 2009 besuchten Katrin und Hermann Bornmüller das Ehepaar Sonja und Ralf Raasch in Isselbruch/Haminkeln.

Dezember: Infostand mit Johanna Werner, Ana Müller, Marlen Rodenbüsch

• 15 Transporte: 6 Litauen, 6 Lettland, 2 Albanien, 1 Rumänien
• telefoniere regelmäßig mit Ludwig Martin, er hofft, noch den 101. Geburtstag feiern zu können

Herta Müller besuchte im Herbst 2009 als frisch gekürte Literaturnobelpreisträgerin den IGFM-Stand auf der Frankfurter Buchmesse mit Alexander Freiherr von Bischoffshausen, dem Präsidenten der Internationalen Gesellschaft für Menschenrechte.

Oben: Ehepaar Bornmüller bei der SWR-Gala »Ehrensache« im Oktober 2009 in Oppenheim

Rechts: Katrin Bornmüller mit Daniela Engelhardt bei der SWR-Gala »Ehrensache«

2010

Februar: 3 Transporte nach Albanien ins Überschwemmungsgebiet, u. a mit Mobiliar aus dem ehemaligen Kloster St. Paul
 • Vortrag über IGFM im Rotary Club Wolfratshausen
März: IGFM Wittlich ist 30 Jahre alt
 • Lerne Julia Klöckner kennen, Kandidatin für rheinland-pfälzisches Ministerpräsidentenamt der CDU
 • Jadranka in Wittlich, gemeinsam zur JHV
 • 1. Besuch im alten Haftkrankenhaus, Verhandlungen wegen medizinischer Einrichtung für Klinik in Afrika
 • Mit Jadranka beim Bürgermeister
 • JHV mit Festredner Reza Pahlewi, treffe viele Albaner

Bürgermeister Joachim Rodenkirch (rechts) empfängt Jadranka Cigelj (2. v. l.) im Sommer 2010. (Foto: Thomas Steinmetz)

Festredner zur IGFM-Jahresversammlung 2010 in Bonn war Reza Pahlevi, ältester Sohn des früheren Schahs von Persien.

Jahreshauptversammlung März 2010. Von links nach rechts: Katrin Bornmüller, Jadranka Cigelj (Kroatien), Ana Müller (aus Kroatien stammend), zwei albanische IGFM-Mitglieder, Ramazan Dervishi (Albanien), Serge Sitter und ein am Rhein lebender Kosovo-Albaner

Alexander Freiherr von Bischoffshausen, Präsident der IGFM, und die Vorsitzende der deutschen Sektion, Katrin Bornmüller, März 2010 in Bonn

• 31. März: Ludwig Martin stirbt. Todesanzeige für die FAZ entworfen

Kai.. .mringt von Tochter, Schwiegersohn und Enkel des Peteris Lazda bei der Jahreshauptversammlung der IGFM im März 2010 in Bonn

April: Fotoshooting mit Sarah Traut im IGFM-Lager für Geschäftsbericht der Volksbank Trier

• Transport für Lettland mit Rollstuhl und Pflegeartikeln für misshandelten russischen Soldaten Roma Kasakov, St. Petersburg; Aufrufe in allen Zeitungen

Mai: Interview für den Trierischen Volksfreund

• 14. Mai: 300. Transport, es war der 110. für Litauen, mit MdB Patrick Schnieder (CDU), Landrätin Beate Läsch-Weber, MdL Rita Wagner (FDP), MdL Elfi Meurer (CDU), Bürgermeister Joachim Rodenkirch

MdB Patrick Schnieder (der Längste) hinter Landrätin Beate Läsch-Weber (mit rotem Schal). (Foto: Hanns-Wilhelm Grobe)

• Inge Schulze dreht Film, er läuft im Offenen Kanal

• 18. Mai: Gratulation von Herrn Metzen, Besitzer des Schnäppchen-Marktes, in dessen Keller wir unser Lager haben, zum 300. Transport; Mitteilung: Wir dürfen im Keller bleiben.

• IGFM Wittlich im Geschäftsbericht der Volksbank Trier

4. Juli: mein 70. Geburtstag, Familien- und Freundesfest inklusive einer Spendensammlung für IGFM-Arbeit. Gratulation des litauischen Ministerpräsidenten Andrius Kubilius

• 17. Juli: IGFM-Fest mit 110 Leuten und allen ausländischen Freunden, litauisches Ensemble spielt, Inge Schulze dreht Film

Die Besetzung des litauischen Ensembles, das mehrmals Wittlich besuchte, wechselte im Laufe der Zeit. Die Herzlichkeit blieb, hier am 70. Geburtstag von Katrin Bornmüller .

• Beladung von 3 Sattelschleppern der Spedition Elsen mit Krankenhausmaterial für Afrika

• 3 belgische Container fahren nach Antwerpen zum Verschiffen

• Hauptzollamt Saarbrücken ruft mich an: Beschwerde des Zollamts Tirana wegen EU-Ausfuhrerklärung. Nehme schriftlich Stellung

Beim Laden der Sattelschlepper der Spedition Elsen im Hof des ehemaligen Haftkrankenhauses im Juli 2010. Die Einrichtung ging nach Kongo-Brazzaville.

Wittlich, August 2010: einer der drei Container, die ins Krankenhaus »Christ Roi« nach Pointe Noire in Kongo-Brazzaville gingen

Oktober: Anfrage des Trierischen Volksfreunds, ob ich beim TV-Sozialprojekt »betterplace« mitmache. Sage zu.

• Anruf bei Claus-Einar Langen, ehemaliger FAZ-Korrespondent, wegen eines Artikels im Buch

November: Langen ist begeistert von Petras Artikel. Telefoniere bis Januar regelmäßig mit ihm

• Außerordentliche Mitgliederversammlung der IGFM: mein Bericht hat Zustimmung gefunden.

• Frage bei Landsbergis an, ob er IGFM-Ehrenpräsident wird

Dezember: Besuch aller Beteiligten am Hilfstransport Kongo-Brazzaville, Empfang beim Bürgermeister, gemeinsames Essen
- 4. Dezember: Julia Klöckner besucht IGFM-Lager
- 21 Transporte und 3 Container nach Afrika
- 7.000 Stunden Arbeit unserer IGFM-Gruppe

Empfang beim Bürgermeister im Dezember 2010: Serge Sitter, Jörg Beate, Generalvikar Père Alain Loemba, Joachim Rodenkirch, Katrin Bornmüller, Marcel Mahoukou (v. l. n. r.)

Julia Klöckner als CDU-Kandidatin für das Ministerpräsidentenamt zu Besuch im Lager an der Rommelsbach im Dezember 2010 (Foto: Helmut Thewalt)

Die beiden verbindet eine lange Freundschaft: Katrin Bornmüller und Wittlichs Bürgermeister Joachim Rodenkirch im Dezember 2010.

Im Lager an der Rommelsbach: Marlen Rodenbüsch, Rita Schäfer, Margret Herbort, Daniela Spiess, Katrin Bornmüller, Dorothee Kahl, Margret Zimmer (v. l. n. r.)

Ein Transport nach Kroatien, vor dem Sattelschlepper Josef Hennes und Dorothee Kahl

Der 287. Transport ging im Jahr 2010 nach Albanien. Willi Weber, Hubert Hayer und Leo Schäfer (v. l. n. r.)

Fotos wie dieses aus Litauen erreichen regelmäßig die Wittlicher IGFM-Truppe.

Ana Dusová und der tschechische Pfarrer Jan Dus mit den Töchtern Anna Hejlová und Monika Zarska, 2010

Johanna Spang vor den angelieferten, noch unsortierten Aldi-Kartons, 2010

2011

12. Januar: Claus-Einar Langen stirbt
   • 17. Januar: 1 Transport geht nach Kroatien
   • Litauentransport über die Aktion des Trierischen Volksfreunds »betterplace« eingegangen, 1.500 Euro Spendengelder erzielt
   • 21. Januar: Schreibe an Herausgeber der FAZ, Nachruf für Claus-Einar Langen erscheint

3. Februar: 315. Transport, der 12. nach Albanien für »BESA03« in Vaudejes/Shkoder
   • Neues Projekt in »betterplace« eingesetzt: Albanientransport

Imposant für eine Zivilistin: Katrin Bornmüllers Orden, Stand April 2011

Katrin und Hermann Bornmüller im Kreise der Nachkommenschaft, Sommer 2010

Schlusswort

Der lange und intensive Einsatz von Frau Katrin Bornmüller für die Internationale Gesellschaft für Menschenrechte (IGFM) ist nach meiner Einschätzung sehr bedeutend, denn sie hat Dissidenten in Osteuropa, die vom sowjetischen Regime verfolgt worden sind, genauso unterstützt, wie sie Familien litauischer Patrioten, die nach Sibirien deportiert worden sind, geholfen hat. Seit 1980 hat Frau Katrin Bornmüller der IGFM Litauen im Kampf um die Freiheit beigestanden und viele Aktionen durchgeführt, um die Unabhängigkeit der baltischen Staaten zu erreichen. Die IGFM unterstützt Litauen schon seit 1975.

Als Litauen im Jahre 1990 seine Unabhängigkeit wieder herstellte, bestrafte die UdSSR das Land mit einer wirtschaftlichen Blockade. In jenen harten Zeiten traf ich Katrin Bornmüller zum ersten Mal: diese mutige und eifrige Frau, die keine Angst vor den Gefahren hatte, die Grenze nach Litauen zu überqueren, und die eine der ersten war, die dem litauischen Volk IGFM-Unterstützung brachte. Seit jener Zeit sammelte die Wittlicher IGFM-Gruppe, die von ihr geleitet wird, Hilfsgüter für 107 Transporte mit humanitärer Hilfe an Waisenhäuser, Altenheime, bedürftige und große Familien, Krankenhäuser und Kindergärten, die Caritas und andere Hilfsorganisationen. So eine direkte Unterstützung für bedürftige Menschen im Ausland zeigt Sensibilität und den guten Willen des deutschen Volkes, aber wir fühlen diese Herzenseigenschaften und diese Energie besonders bei Katrin Bornmüller.

Es war ein kleines Zeichen der Dankbarkeit, dass ihre großartige Arbeit mit einem Orden der Republik Litauen ausgezeichnet wurde.

12. August 2009
Vytautas Landsbergis

APPARTEMENT 102 – OMARSKA
Ein Zeitzeugnis

Jadranka Cigelj
Internationale Gesellschaft für
Menschenrechte (IGFM), Deutsche Sektion
e. V. (Hrsg.)

3. Auflage 2007
Kart., 234 Seiten
ISBN 978-3-938580-11-0

Es gibt Ereignisse im Leben, die wir lieber vergessen würden. Aber haben wir das Recht dazu?

Appartement 102 war der Raum im KZ Omarska, Bosnien, in dem Jadranka Cigelj mit siebzehn weiteren Frauen acht Wochen lang gefangen gehalten und gefoltert wurde. Schonungslos offen schildert sie das tägliche Leben und Überleben in einer entmenschlichten Wirklichkeit, in der Folter, Vergewaltigung und das Töten mit Messern und Fäusten, ausgeführt von ehemaligen Nachbarn und Kollegen, zum Alltag gehörten. Einem Alltag, regiert von Willkür und Gewalt, in dem die Angst als das einzig noch Verlässliche erscheint. Und sie erzählt vom trotzigen Kampf der Frauen, auch an diesem Ort in sich ein menschliches Antlitz zu bewahren. Zugleich ist Appartement 102 die wahre Geschichte zweier Menschen, die ihr ganzes Leben nach der Liebe suchten und die ihnen dort begegnet ist.

Die Autorin, Jadranka Cigelj, 54, ist bosnische Kroatin, Rechtsanwältin, Politikerin und Menschenrechtsaktivistin. Sie wurde am 14. Juni 1992 für fast zwei Monate im Konzentrationslager Omarska eingekerkert, dem berüchtigten, von Serben errichteten Lager im bosnischen Krieg. Ungefähr 3.000 Männer, meist bosnische Muslime, wurden in Omarska ermordet. Der Kommandant des Lagers, Željko Mejakić, ist wegen Kriegsverbrechen vor dem Tribunal in Den Haag angeklagt. Jadranka Cigelj war eine von 37 gefangenen Frauen in Omarska, fünf von ihnen wurden getötet. Sie lebt heute in Zagreb und ist Zeugin der Anklage in diesem Prozess.